职业教育·城市轨道交通类专业教材

城市轨道交通列车自动控制系统维护

Chengshi Guidao Jiaotong
Lieche Zidong Kongzhi Xitong Weihu

主　编　刘　敏　赵　欣
副主编　倪伟光　薄长娜　王娅娴

人民交通出版社股份有限公司
北京

内 容 提 要

本书结合城市轨道交通企业实际典型工作任务,根据学生的实际情况和特点,以主流型号的信号系统为主,拓展少量其他型号的信号系统,详细介绍了卡斯柯 CBTC 系统及 ATP 子系统、ATO 子系统、ATS 子系统、DCS 子系统、MSS 子系统。本书图文并茂,内容由浅入深,涵盖各系统的构成、工作原理、基本操作、维护及常见故障处理等。

本书可作为高职院校、中职院校、技师学院、技工学校等城市轨道交通类专业的教材,也可作为相关专业技术人员的参考书。

本书配套有数字化教学课件、教师教案、学生学习工作单、课后习题、课程标准、案例分析等一整套学习资源,任课教师可加入职教轨道教学研讨群(QQ 群:229879783)获取。

图书在版编目(CIP)数据

城市轨道交通列车自动控制系统维护/刘敏,赵欣主编. —北京:人民交通出版社股份有限公司,2023.6
ISBN 978-7-114-18683-7

Ⅰ.①城… Ⅱ.①刘… ②赵… Ⅲ.①城市铁路—自动控制系统 Ⅳ.①U239.5

中国国家版本馆 CIP 数据核字(2023)第 045063 号

职业教育·城市轨道交通类专业教材
书　　名:城市轨道交通列车自动控制系统维护
著 作 者:刘　敏　赵　欣
责任编辑:王　丹　李　晴
责任校对:赵媛媛　魏佳宁
责任印制:张　凯
出版发行:人民交通出版社股份有限公司
地　　址:(100011)北京市朝阳区安定门外外馆斜街 3 号
网　　址:http://www.ccpcl.com.cn
销售电话:(010)59757973
总 经 销:人民交通出版社股份有限公司发行部
经　　销:各地新华书店
印　　刷:北京虎彩文化传播有限公司
开　　本:787×1092　1/16
印　　张:20.25
字　　数:467 千
版　　次:2023 年 6 月　第 1 版
印　　次:2023 年 6 月　第 1 版　第 1 次印刷
书　　号:ISBN 978-7-114-18683-7
定　　价:49.00 元

(有印刷、装订质量问题的图书,由本公司负责调换)

前言
FOREWORD

随着科学技术的不断进步和人们生活水平的不断提高,城市轨道交通行业迅速发展,各大院校也相继开设城市轨道交通信号、车辆驾驶等相关专业。城市轨道交通行业所运用的基础信号设备虽然与铁路信号设备相通,但是城市轨道交通列车自动控制相关的系统和技术与铁路信号系统存在一定差别,目前尚没有针对轨道交通行业信号系统的专业性教材,尤其是适用于技工院校、职业院校的教学资源仍比较短缺。

2019年,职业院校、应用型本科高校启动了"学历证书+若干职业技能等级证书"(简称1+X证书)制度试点工作,这也是《国家职业教育改革实施方案》(职教二十条)所倡导的。本书紧密结合1+X证书制度的要求,围绕如何使教学更满足企业对人才的需求,如何更快让学生符合岗位要求进行编写。"十四五"规划提出"深化新时代教育评价改革,建立健全教育评价制度和机制,发展素质教育,更加注重学生爱国情怀、创新精神和健康人格培养",本书结合"十四五"规划对教育提出的要求和本课程教学大纲(课程标准)要求,将时代、社会的正能量引入教学内容,从而让专业课程在内容上更具深度、在思想政治教育上更有力度;将社会主义核心价值观中的"爱国、敬业"贯穿于整个教材中,从而培养学生踏实严谨、吃苦耐劳等优秀品质,培养有创新能力、有时代担当的轨道事业建设者和接班人。

本书根据国家职业技能标准《轨道交通信号工(城市轨道交通信号工)(2019年版)》编写,适应经济社会发展和科技进步的客观需要,立足培育工匠精神和精益求精的敬业风气,把"职业活动为导向、职业技能为核心"作为指导思想。

城市轨道交通列车自动控制系统维护是一门基于工作过程开发出来的课程,是城市轨道交通信号专业的核心课程。为更好适应课程教育教学需要,本书分为六个项目,每个项目由多个任务组成,每个任务设置了任务描述、任务要求、任务实施、知识导航、任务拓展等版块。本书的典型工作任务源于生产实际,以学生为中心、以学习成果为导向，教材以促进自主学习的思路进行开发设计，具有结构化、形式化、模块化、灵活性、重组性、引导性、过程性、专业性、综合性等特点，为实现知识、能力、素养等综合职业能力的培养提供了路径。

  本书由济南市技师学院刘敏、赵欣担任主编，负责全书框架和编写思路的设计及全书的统稿工作；济南市技师学院倪伟光、薄长娜、王娅娴担任副主编；其他参编人员包括济南市技师学院李伟、姜艳秋、聂云清，济南工程职业技术学院王哲，济南轨道交通集团有限公司卢孟强。具体编写分工如下：项目一由刘敏、赵欣编写；项目二由倪伟光、赵欣编写；项目三由薄长娜、李伟编写；项目四由姜艳秋、王哲编写；项目五由王娅娴、聂云清编写；项目六由卢孟强编写。本书的编写得到了青岛地铁集团有限公司、济南轨道交通集团有限公司、济南工程职业技术学院和山东职业学院专家的大力支持，在此表示衷心的感谢。

  由于作者水平有限，书中难免有疏漏和不足之处，恳请广大读者批评指正。

编　者

2022 年 10 月

目录
CONTENTS

项目一　列车自动控制（CBTC）系统认知　/001

- 任务一　CBTC 系统的构成和功能认知 …………………………………… 003
- 任务二　CBTC 系统工作原理认知 ………………………………………… 009
- 任务三　信号系统运营模式认知 …………………………………………… 022
- 任务四　CBTC 系统驾驶模式认知 ………………………………………… 028

项目二　列车自动防护和驾驶（ATP/ATO）子系统认知与维护　/035

- 任务一　ATP 子系统认知 …………………………………………………… 039
- 任务二　ATO 子系统认知 …………………………………………………… 044
- 任务三　ATP/ATO 轨旁设备构成认知及维护 …………………………… 047
- 任务四　ATP/ATO 车载设备构成认知及维护 …………………………… 059

项目三　列车自动监控（ATS）子系统认知与维护　/091

- 任务一　ATS 子系统认知 …………………………………………………… 099
- 任务二　控制中心 ATS 子系统维护 ……………………………………… 106
- 任务三　设备集中站 ATS 子系统维护 …………………………………… 135
- 任务四　非设备集中站 ATS 子系统维护 ………………………………… 150
- 任务五　车辆段/停车场及培训中心 ATS 子系统维护 ………………… 155
- 任务六　ATS 子系统终端工作站操作 …………………………………… 160
- 任务七　ATS 子系统现地工作站操作 …………………………………… 188

项目四　数据通信（DCS）子系统认知与维护　/205

- 任务一　DCS 子系统认知 …………………………………………………… 208
- 任务二　DCS 子系统维护 …………………………………………………… 219

项目五　维护支持（MSS）子系统认知与维护　/231

- 任务一　MSS 子系统认知 …………………………………………………… 233
- 任务二　MSS 子系统维护 …………………………………………………… 258

| 任务三 | MSS 子系统操作 | 272 |

项目六 城市轨道交通列车自动控制系统典型故障案例 /287

任务一	车载系统典型故障处理	288
任务二	ZC/LC 典型故障处理	292
任务三	ATS 子系统典型故障处理	296
任务四	DCS 子系统典型故障处理	302

附录 /307

附录一	部分专业术语中英文对照表	308
附录二	评价表	311
附录三	学习工作单	314

参考文献 /315

列车自动控制(CBTC)系统认知

项目一

列车自动控制（Communication Based Train Control,CBTC）系统,利用感应通信或无线通信技术,实现列车和地面设备的双向通信,代替轨道电路实现对列车运行的控制。CBTC系统以其高精度的列车定位,双向、连续、信息量大的车-地通信等特点,被广泛应用于新建的地铁列车系统中。

2020年9月18日,重庆地铁环线、4号线互联互通直快列车上线载客试运营,在全国率先实现了CBTC互联互通。重庆轨道交通互联互通的CBTC系统研发及产业化项目,经技术攻关,已实现重大突破,研制出了符合互联互通接口规范的列车控制系统设备,实现了装载不同厂家车载设备的列车在不同线路的共线和跨线运行。专家对该项目给予了高度评价,认为项目"攻克了CBTC互联互通的世界性难题""整体技术处于国际领先水平""具有广泛的使用和推广价值""是真正意义上的CBTC互联互通的首次应用""最终将对世界市场产生影响"。

"十三五"城市轨道交通发展成就巡礼：央视"点赞"我国城市轨道交通发展迅速,央视《新闻联播》于2020年11月25日以"我国城市轨道交通发展迅速"为题,用3分30秒的黄金时间为城市轨道交通发展"点赞"。

"十三五"期间,我国城市轨道交通发展迅速,在满足人民群众交通出行需求、缓解城市交通拥堵、促进经济社会发展方面发挥了重要作用。城市轨道交通已成为改善城市居民生活品质,提升人民群众获得感、幸福感的重要载体。"十三五"期间,我国在交通的核心技术突破上,取得了骄人的成绩。北京郊区的燕房线,外表看上去与普通地铁并没有太大区别,但是对中国地铁的发展有着里程碑一般的意义。

燕房线是我国第一条具有完全自主知识产权的全自动运行的轨道交通线路,是按目前世界列车运行自动化最高级别进行设计和修建的。燕房线于2017年12月30日开通运营,实现了列车的一系列自动操作,如上下坡的运行、转弯时的速度控制,以及列车进站的精准停车和自动开闭车门等。燕房线建成后,我国许多城市的在建地铁都选择了我国自主设计的全自动运行系统。中国城市轨道装备的科技水平跻身世界一流。

北京地铁的发展是我国城市轨道交通发展的一个缩影。"十三五"期间,上海、北京、广州的城市轨道交通的运营里程已位居世界前三,形成了庞大的城市轨道交通路网。深圳、成都、南京等城市的轨道交通建设规模持续增长。在部分城市,城市轨道交通承担了公共交通50%以上的运输量;我国城市轨道交通运营里程的增长率约为110%。我国增加的城市轨道公里数,超过过去五十多年建成的城市轨道公里数的总和。"十三五"期间,我国城市轨道交通完成投资额持续增长,截至2020年底已超过2.6万亿元,完成客运总量约960亿人次;我国持续优化城市轨道交通网络,优化城市公共交通体系。到2020年底,服务人口规模达到3.9亿人。城市轨道交通逐渐成为大城市人民群众日常出行的首选。

以上对我国城市轨道交通健康、快速发展的概述,充分说明了我国自主研发的CBTC系统技术成熟且对我国经济社会的发展产生了巨大影响,体现了我国科技的进步,为进一步发展我国经济、提高综合国力,实现科技强国、交通强国迈出了重要的一步。科技的进步,可以使学生感受我国先进信号系统的发展,使学生形成爱国主义精神。依托城市轨道交通的发展,让学生厚植爱国情怀,规划自己的职业理想,坚定科技报国的信念,做到学思结合、知行合一,提高职业道德,实现匠心筑梦。

随着城市轨道交通的发展,CBTC 系统显得越来越重要。正常情况下,城市轨道交通列车的运行速度应是自动控制的,列车运行间隔也应是自动调整的,为了适应城市轨道交通发展的这种需求,需要一种控制系统来实现这种功能,这就是 CBTC 系统。

CBTC 系统是城市轨道交通信号系统最重要的组成部分,它能够实现行车指挥和列车运行自动化,能最大限度地保证列车运行安全,提高运输效率,减轻运营人员的劳动强度。

本项目从 CBTC 系统的构成、功能、工作原理、运营模式、驾驶模式等方面介绍 CBTC 系统在城市轨道交通中的应用。

任务一　CBTC 系统的构成和功能认知

任务描述

(1)图 1-1-1 为 CBTC 系统构成框架,试探究该系统的构成。

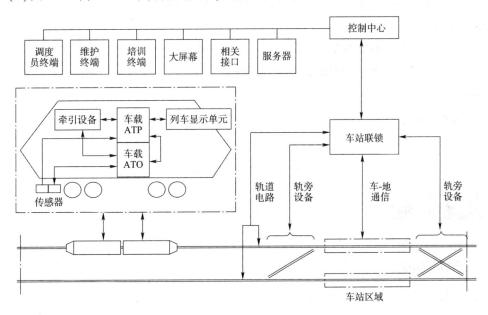

图 1-1-1　CBTC 系统构成框架

(2)图 1-1-2 为列车运行控制示意图,根据列车运行控制的相关知识,试概述 CBTC 系统的功能。

图 1-1-2　列车运行控制示意图

任务要求

知识要求:
(1) 能描述出 CBTC 系统的构成;
(2) 能区分 CBTC 系统不同的组成设备,并说出各设备的功能。

技能要求:
(1) 能对实训中心的 CBTC 系统设备进行简单的维护;
(2) 掌握不同型号的 CBTC 系统构成及功能。

素养要求:
(1) 养成良好的学习习惯;
(2) 认识到严谨的工作作风和职业素养的重要性;
(3) 为城市轨道交通的发展感到自豪,并愿意投身其中,贡献自己的力量。

任务实施

一、学习环境

CBTC 模拟仿真实训室,多媒体。

二、学时安排

建议 2~4 个学时。

三、学习步骤

(1)分组讨论,以4~6人为一个小组完成工作任务。

①各小组交流合作,熟悉CBTC系统构成示意图,会指认不同的设备;

②各小组分工合作,掌握CBTC系统各组成设备的功能,会简单绘制CBTC系统构成示意图。

(2)按照附录三中的表格,制作学习工作单。

(3)小组内互相协助考核学习任务,组内互评;根据其他小组成员在成果展示活动中的表现及结果进行组间互评。完成附录二中的附表2-1至附表2-3。

知识导航

卡斯柯信号有限公司(简称卡斯柯)成立于1986年3月,由中国铁路通信信号股份有限公司与阿尔斯通(中国)投资有限公司(ALSTOM)共同出资组建,是中国轨道行业第一家中外合资企业。卡斯柯信号有限公司作为ALSTOM的合资子公司,在技术转让方面具有得天独厚的优势。从2008年开始,母公司ALSTOM就开始对卡斯柯进行全面的技术转让,目前除平台由ALSTOM维护、极少部分ATC(列车自动控制)核心部件由ALSTOM供货外,其余设备[ATS(列车自动监控)、计算机联锁、MSS(维护支持系统)、车辆段联锁等]的供货、系统设计、测试、集成、项目管理、安装调试及质保服务均由卡斯柯负责。

截至2017年,ALSTOM已向卡斯柯转让了5套FIVP(工厂集成测试平台),使得各个并行的CBTC项目能够更加快速、可靠地执行,提高了系统验证和现场仿真的效率。卡斯柯人力资源丰富,员工总数超过1000人,具备年交付6条以上CBTC线路的能力。目前已在国内成功开通8条Urbalis888 CBTC线路,锻炼出了优秀的项目团队,积累了宝贵的经验。

Urbalis888信号系统中,联锁、ATS、综合维护支持系统全部由卡斯柯信号有限公司提供,数据通信子系统由卡斯柯信号有限公司负责采购集成。轨旁ATP/ATO(ATP:列车自动防护,ATO:列车自动驾驶)控制器的三取二平台(ZC:区域控制器,LC:线路控制器)和车载ATP/ATO控制器(CC:车载控制器)的绝大部分关键部件(包括主要电路板、机械部件)也已实现国产化,并在ALSTOM向卡斯柯进行技术转让后,由ALSTOM和卡斯柯共同指定审计通过的国内合格供应商生产。目前只有轨旁ATP/ATO控制器和车载ATP/ATO控制器的几块小的板卡由ALSTOM提供,轨旁ATP/ATO控制器和车载ATP/ATO控制器的所有部件的组装、集成和测试,由卡斯柯严格遵循ALSTOM的技术标准和质量要求完成。此外,Urbalis888项目的所有设计、测试、集成、安装调试及项目管理全部由卡斯柯信号有限公司负责。

一、CBTC系统构成

CBTC系统的整体构成如图1-1-3所示。

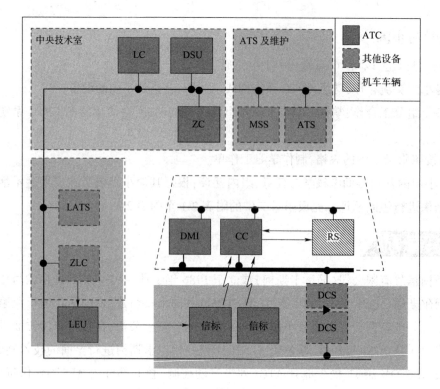

图 1-1-3　CBTC 系统整体构成示意图

按设备安装位置，CBTC 系统主要由轨旁设备、车载设备和控制中心设备三个部分构成。

1. 轨旁设备

轨旁设备包括线路上的设备以及信号设备室内的设备。轨旁设备构成如图 1-1-4 所示，主要包括区域控制器(ZC)、线路控制器(LC)、欧式编码器(LEU)、信标等设备。

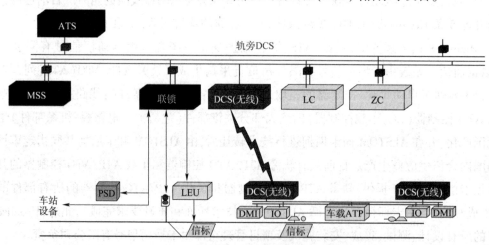

图 1-1-4　CBTC 轨旁设备构成示意图

（1）区域控制器。属于三取二冗余结构，与联锁系统相连，在 CBTC 模式下，为 CBTC 系统提供轨旁变量信息。主要功能包括计算自动防护、计算每列车的移动授权、管理防护区域、监控屏蔽门。

(2)线路控制器。为整条线路服务,不受区域限制。主要功能包括管理临时限速,保证 LC、CC 和 ZC 的时钟同步,管理 ATP+ATO 的数据和软件版本。

(3)欧式编码器(轨旁电子单元)。用于后备运营控制,从 CBI(计算机联锁)设备上获取各种轨旁信息,并为信号机附近的有源信标提供信息。

(4)信标(应答器)。根据功能不同,可以将线路上的信标分为 4 种:①重定位信标:线路上每一个信标都是重定位信标,用于消除列车的定位误差;②移动列车初始化信标(MTIB):两个相距 21m 的信标组成一对 MTIB,用于校准列车轮径;③准确停车信标:用于列车精确停车;④有源初始化信标:用于后备模式下的列车初始化。

2. 车载设备

车载设备是指安装在列车上的信号设备,包括车载 ATP 系统、车载 ATO 系统等。车载设备构成如图 1-1-5 所示,主要包括以下设备。

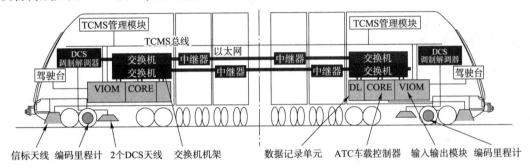

图 1-1-5 CBTC 车载设备构成示意图

(1)车载控制器(CC),主要由核心编码处理器和输入输出模块组成,分别负责信息的安全处理和安全输入输出,保证列车的安全运行。主要功能包括:列车运行防护,管理列车在车站准确停车,车站停车和发车时间管理,安全停车管理,管理车门和屏蔽门的打开和关闭,协助确保乘客安全(乘客在站台上下车),根据安全原则(限速和防护区段)调整约束,实现列车自动运行,辅助司机(通过 DMI 屏幕)。

(2)DMI,司机显示单元。

(3)编码里程计。

(4)信标(应答器)天线。

3. 控制中心设备

控制中心设备是指安装在控制中心的 ATS 设备。控制中心设备主要包括中心计算机系统、综合显示屏、运行图工作站、维修工作站、培训/模拟工作站、绘图仪/打印机、不间断电源(UPS)及蓄电池等。

二、CBTC 系统功能

CBTC 系统用于管理和驾驶列车,在保护列车和乘客安全的前提下优化列车运行。具体包含如下功能。

(1) 辅助运营。

(2) 为列车运行做准备,定义驾驶模式,激活驾驶室管理程序,显示驾驶室信息。

(3) 对列车在站台的运行情况进行调整。

(4) 驾驶列车。

(5) 管理列车自动防护设备。

(6) 保护列车及乘客的安全。

(7) 监控列车速度和间隔。

(8) 管理临时限速、紧急停车区域、列车车门以及屏蔽门的打开和关闭。

(9) 计算移动授权终点。

(10) 监测站台,保证安全停车。

(11) 授权列车离站。

任务拓展

(1) 根据所学内容,分别绘制卡斯柯和西门子两种型号的 CBTC 系统拓扑图。

(2) 以小组为单位讨论分析图 1-1-6 所示的信号系统中都有哪些设备是轨旁设备?哪些设备是车载设备?哪些设备属于控制中心设备?

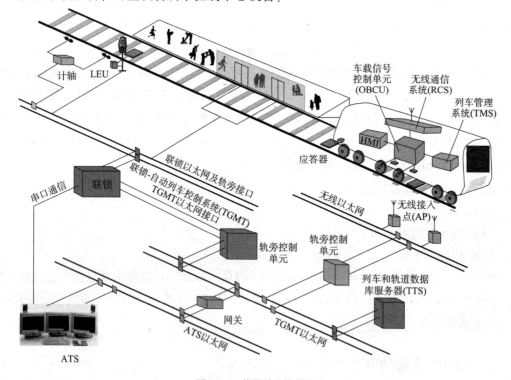

图 1-1-6 信号系统构成图

任务二　CBTC 系统工作原理认知

任务描述

图 1-2-1 和图 1-2-2 是不同 CBTC 系统的构成示意图，请同学们以学习小组为单位进行分析对比，指出其异同点。

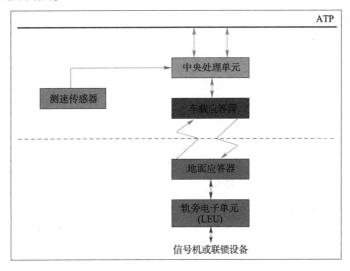

图 1-2-1　ATC 系统构成框架

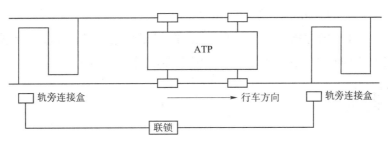

图 1-2-2　列车运行控制简单示意图

任务要求

知识要求：

(1)能够掌握不同闭塞方式的区别；

(2)能够掌握 CBTC 系统的工作原理。

技能要求：

(1)能够根据实际案例，将不同的闭塞方式运用于现场工作中；

(2)能够画图说明 CBTC 系统的工作原理。

素养要求：
(1) 养成良好的学习习惯；
(2) 以我国的高科技发展为荣，愿意投身轨道行业建设中。

任务实施

一、学习环境

CBTC 模拟仿真实训室，多媒体。

二、学时安排

建议 2~4 个学时。

三、学习步骤

(1) 分组讨论，以 4~6 人为一个小组完成工作任务。
(2) 各小组合作交流，完成以下任务。
①各小组合作交流，理解闭塞的含义和常见闭塞制式的特点；
②各小组合作交流，理解点式列车运行控制系统的构成及原理，能说出点式和连续式列车运行控制系统的区别；
③各小组合作交流，掌握 CBTC 系统的工作原理；
④按照附录三中的表格，制作学习工作单。
(3) 小组内互相协助考核学习任务，组内互评；根据其他小组成员在成果展示活动中的表现及结果进行组间互评。完成附录二中的附表 2-1 至附表 2-3。

知识导航

一、闭塞

CBTC 系统通过控制列车的运行速度来保证列车按照空间间隔法运行，各闭塞分区一般不设通过信号机，而由车载 ATP 系统予以显示，闭塞功能由 ATP 系统实现，不像铁路那样设置专门的闭塞设备。

闭塞是指按照一定的规律组织列车在区间内运行的方法。按照制式的不同，闭塞可以分为固定闭塞、准移动闭塞和移动闭塞三种。

1. 固定闭塞

1) 固定闭塞的概念

固定闭塞是指将轨道分成若干个闭塞分区（图 1-2-3），每个闭塞分区只能被一列车占用,而且闭塞分区的长度必须满足司机确认信号和列车停车制动的要求。闭塞分区的长度取决于列车的最大速度、刹车速度曲线以及信号显示的数目等,固定闭塞运行模式曲线如图 1-2-4 所示,固定闭塞示意图如图 1-2-5 所示。

需注意的是固定闭塞现已不适合城市轨道交通发展的要求。为了保证安全,地铁 ATP 系统在两列车之间还增加了一个防护区段,即双红灯防护区段。后续列车必须停在第二个红灯的外方,从而保证两列车之间至少间隔一个闭塞分区。

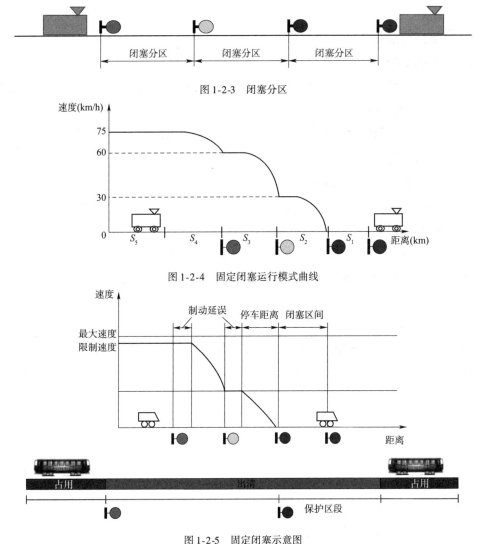

图 1-2-3 闭塞分区

图 1-2-4 固定闭塞运行模式曲线

图 1-2-5 固定闭塞示意图

2)固定闭塞的特点及优缺点
(1)固定闭塞特点。
①一个分区只能被一列车占用;
②闭塞分区的长度按最长列车、满负载、最高允许速度、最不利制动率等最不利条件设计;
③列车间隔为若干闭塞分区,闭塞分区数依划分的列车速度级别而定,与列车在分区内

的实际位置无关；

④列车制动的起点和终点总是某一分区的边界；

⑤采用阶梯式(入口/出口限制)速度控制方式或分级连续曲线速度控制方式控制列车速度，速度码模式需要一个闭塞分区作为保护区段。

(2)固定闭塞优点。

①可将闭塞分区的长度缩短到最小限度，可用最小的运行间隔放行列车，可提高线路通过能力；

②充分保证行车安全。

(3)固定闭塞缺点。

①通过轨道电路判断闭塞分区占用情况并传输信息码，因此信息传输需要大量的轨旁设备，维护工作量大，运营成本较高；

②轨道电路工作稳定性易受环境影响，如道床阻抗变化、牵引电流干扰等；

③轨道电路信息传输量小；

④利用轨道电路难以实现车对地的信息传输；

⑤闭塞分区长度是按照不利条件设计的，分区较长，且一个分区只能被一列车占用，不利于缩短行车间隔；

⑥无法知道列车在分区内的具体位置，因此必须在两列车之间增加一个防护区段，这使得列车间的安全间隔较大，降低了线路使用率。

2. 准移动闭塞

1) 准移动闭塞的概念

准移动闭塞是指预先设定列车的安全间隔距离，根据前方目标状态设定列车的可行车距离和运行速度，是介于固定闭塞和移动闭塞之间的一种闭塞方式。图1-2-6为准移动闭塞的运行模式曲线。

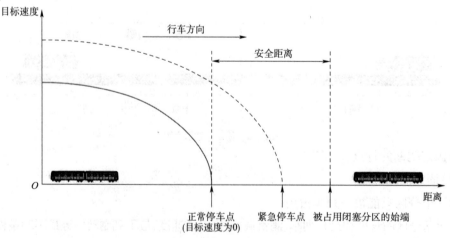

图1-2-6　准移动闭塞运行模式曲线

2)准移动闭塞特点、优缺点及原理

(1)准移动闭塞特点。

①线路被划分为固定的闭塞分区;

②一个分区只能被一列车占用;

③闭塞分区长度按最长列车、满载、最大允许速度、最不利制动率及最小列车运行间隔时间等最严格条件来设计;

④列车间隔是按照后续列车在当前速度下所需的制动距离加上安全余量计算和控制的,确保不冒进前行列车占用的闭塞分区;

⑤列车制动的起点是动态的,根据列车速度-距离曲线,生成速度-距离制动曲线,终点是前方列车占用闭塞分区的边界;

⑥前行列车的定位沿用了固定闭塞方式,后续列车可采用连续或移动闭塞的定位方式。准移动闭塞对前后列车的定位方式是不同的,准移动闭塞可同时采用移动闭塞和固定闭塞两种定位方式。

(2)准移动闭塞优点。

①在控制列车安全间隔上比固定闭塞更有优势;

②可以告知后续列车继续前行的距离,后续列车可根据这一距离合理地采取制动措施;

③改善列车速度控制能力,缩小列车安全间隔,提高线路利用效率;

④采用连续曲线速度控制方式,只需要一定长度的保护距离(和前行列车占用闭塞分区的边界的距离);

⑤列车控制精度较高,运行舒适性较好,降低了司机的劳动强度;

⑥站间闭塞比较容易实现。

(3)准移动闭塞缺点。

准移动闭塞中,后续列车的最大目标制动点仍必须在前行列车占用闭塞分区之外,因此它没有完全突破轨道电路的限制。

(4)准移动闭塞原理。

①列车占用或空闲检测采用在传统轨道电路上(固定闭塞)+信息报文(移动闭塞)的方法,把列车占用或空闲监测和 ATP 信息传输合二为一。

②通过轨道电路的发送设备向车载设备提供目标速度、目标距离、线路状态(曲线半径、坡道)等信息,ATP 车载设备结合固定的车辆性能计算出适合本列车运行的速度-距离曲线,保证列车在此速度-距离曲线有序运行,提高线路利用率。

③为了使后续列车能够根据自身测定的位置实时计算其最大允许速度,轨道电路应向其提供前方线路的各种参数以及前行列车的位置信息。

④在地面每隔一段距离设置一个定位标志(可以是轨道电路的分界标或信标等),列车通过时 CBTC 系统可向其提供绝对位置信息,以提高后续列车的定位精度。在相邻定位标

志之间,列车的相对位置由安装在列车上的轮轴转数累计连续测得。

准移动闭塞的追踪间隔和列车控制精度除取决于线路特性、停站时分、车辆参数外,还与 ATP/ATO 系统及轨道电路的特性密切相关。

3. 移动闭塞

1) 移动闭塞的概念

移动闭塞突破了传统的以固定闭塞分区追踪运行的观念,只要实时了解前方列车与本列车的实际间隔距离,通过车载信号设备实时计算确保列车停在安全距离外的最佳控制时间,即可实现列车追踪运行。

列车定位、安全距离、目标点是移动闭塞技术的 3 个基本要素。

移动闭塞设备由无线数据通信网、车载设备(包括无线电台、车载计算机和其他设备)、区域控制器、控制中心等组成。实现移动闭塞最主要的技术手段是无线通信(特指通过无线基站完成信息传输)。移动闭塞可以实现车-地间双向、大容量的信息传输,达到连续通信的目的,在真正意义上实现了列车运行的闭环控制。

德国西门子公司为广州地铁 4 号线、5 号线提供了双向无线通信闭塞系统;阿尔卡特为上海地铁 8 号线提供的 CBTC 系统的无线通信子系统以扩展频谱的国际标准为基础,使用直接序列扩频(DSSS)调制。

对于移动闭塞,虚拟闭塞分区的长度 = 列车长度 + 最大制动距离 + 防护距离。移动闭塞运行模式曲线及原理图分别如图 1-2-7 和图 1-2-8 所示。

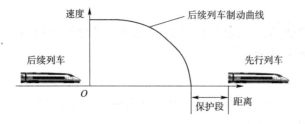

图 1-2-7　移动闭塞运行模式曲线

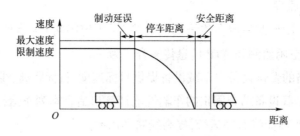

图 1-2-8　移动闭塞原理示意图

2) 移动闭塞的特点

移动闭塞行车间隔如图 1-2-9 所示,特点如下:

①没有在线路上划分固定的闭塞分区,行车间隔是动态的,并随前一列车的移动而

变化；

②列车间隔是按照后续列车在当前速度所需的制动距离加上安全余量计算和控制的，以确保不追尾；

③制动的起点和终点是动态的，与轨旁设备数量及行车间隔关系不大；

④可实现较小的行车间隔，移动闭塞使两列列车之间的间隔最小，提高了区间内的行车密度，大大提高了区段的通过能力；

⑤可实现车-地双向通信，信息量大，易于实现无人驾驶。

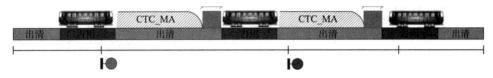

图1-2-9　移动闭塞行车间隔示意图

3）移动闭塞的原理

通过可靠的无线数据移动通信网，列车不间断地将其标识、位置、车次、列车长度、实际速度、制动潜能、运行状况等信息以无线方式发送给地面信号设备。地面信号设备可以得到每一列列车连续的位置信息和列车运行其他信息，并据此计算出每一列列车的移动授权，然后根据每一列列车的速度-距离曲线所反馈的信息，确定列车与列车之间的安全行车间隔，并将相关信息（如现行列车位置、移动授权等）实时、动态地发送给列车。

列车根据接收到的移动授权和自身的运行状态计算出列车运行的速度-距离曲线，车载设备保证列车在该速度-距离曲线下运行，控制列车的牵引、惰行及制动。

移动闭塞对列车的安全间隔控制更精准。通过不间断的车-地双向通信，控制中心可以根据列车实时的速度和位置，动态计算列车的最大制动距离。

列车长度加上最大制动距离并在列车后方加上一定的防护距离，便组成了一个与列车同步移动的虚拟分区，如图1-2-10所示。

移动闭塞行车间隔是按后续列车在当前速度下所需的制动距离加上安全富余量实时计算和控制的，以确保追踪运行不追尾。

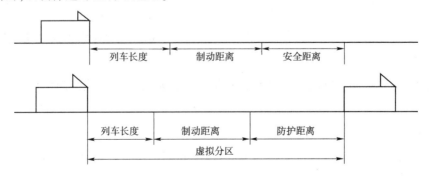

图1-2-10　移动闭塞行车间隔

二、不同结构的列车运行控制系统

1. 点式列车运行控制系统

(1) 点式列车运行控制系统概念。

点式列车运行控制系统的基本功能是实现列车超速防护,因此也称为点式 ATP 系统。所谓"点",是指车-地信息传输的不连续性或间断性,只有在设置点式设备(查询应答器)的特殊地点才能实现车-地信息传输。

(2) 点式列车运行控制系统构成。

点式列车运行控制系统的基本结构组成如图 1-2-11 所示,可分为地面设备和车载设备两部分。

地面设备包括:地面应答器、轨旁电子单元(LEU)。

车载设备包括:车载应答器、测速传感器、中央控制单元以及司机驾驶室显示单元。

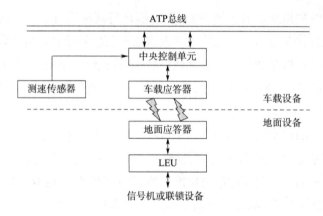

图 1-2-11　点式列车运行控制系统基本结构组成

(3) 点式列车运行控制系统原理。

点式列车运行控制系统的车载设备不仅接收信号点或标志点的应答器信息,还接收列车速度和制动压力信息,输出控制命令并向司机显示。地面应答器向列车传送每一信号点的限制速度、目标速度、目标距离、线路坡度、信号机号码等信息。车载中央控制单元根据地面应答器传至车上的信息以及列车自身的制动率(负加速度),计算两个信号机之间的速度控制曲线,如图 1-2-12 所示。

点式列车运行控制系统的主要缺点是车-地信息传输的不连续性,有时会对列车运行造成不利影响。

2. 连续式列车运行控制系统

(1) 按照车-地信息传输所用的媒介不同,连续式列车运行控制系统可分为有线系统和无线系统。其中,有线系统又可分为利用轨间电缆传输和利用轨道电路(模拟轨道电路、数字编码音频轨道电路)传输两种。

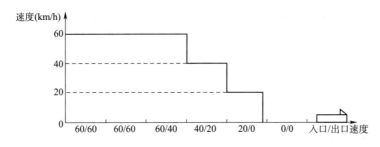

图 1-2-12　点式列车运行控制系统速度控制曲线

（2）按照车-地传输信息内容的不同，连续式列车运行控制系统可分为速度码系统和距离码系统。

速度码系统通常使用频分制方法，采用移频轨道电路，即用不同的频率代表不同的允许速度。

距离码系统将信息从地面传至列车上，传输内容是前方目标点的距离等一系列基本数据，车载计算机根据从地面传至列车上的各种信息以及储存在车载单元内的列车自身固有数据，实时计算出限制速度曲线，并按此曲线对列车的实际运行速度进行控制，如图1-2-13所示。

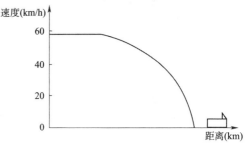

图 1-2-13　连续式列车运行控制系统（距离码系统）速度控制

三、列车运行控制系统工作原理

列车前方建立的进路信号开放后，列车进入正线指定区域，列车车载设备采集信标信息，计算列车位置后，通过连续的车-地无线双向通信，将信息发送至轨旁区域控制器（ZC）。区域控制器（ZC）结合管辖区内的其他列车位置信息、线路控制器（LC）的信息以及联锁子系统的联锁信息，计算出该列列车的自动防护区以及列车前行的授权终点，再将列车前行所需的相关信息打包后通过车-地无线通信发送至列车。列车车载设备接收信息后，将信息以速度-距离曲线的形式呈现，由列车ATO设备或人工根据速度码驱动列车前行。后车根据前车自动防护（AP）尾部位置追踪前车，而前车AP尾部根据列车的位移而移动，在联锁设备、ATC轨旁设备、车载设备相互作用下，实现CBTC列车追踪运行，即移动闭塞。

1. 列车防护原理

1）列车防护原则

（1）每列列车由一个基于列车位置（通信列车）或轨道占用（非通信列车）的自动防护系统进行防护；

（2）两列列车之间的最小距离由前面一辆列车的自动防护距离和安全余量确定；

（3）计算每列列车的紧急制动曲线以确保列车可遵循安全停车点的限制条件。

基于以上原则，列车运行控制系统有3种防护情况：防护前一辆列车（图1-2-14），限制信号机的列车防护(图 1-2-15),有安全防护区段的限制信号机的列车防护(图 1-2-16)。

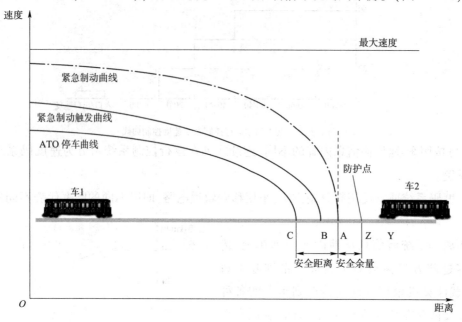

图 1-2-14　防护前一辆列车示意图

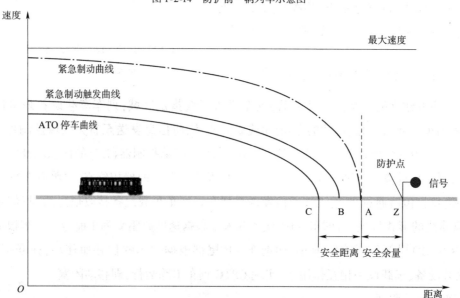

图 1-2-15　限制信号机的列车防护示意图

列车自动防护涉及防护点、制动曲线、安全距离、安全防护区段、安全余量、速度防护等 6 个方面。

自动防护由 ZC 管理,如果列车驶出自身的自动防护范围,ATP 将实施紧急制动。自动防护与预先定义的地理位置无关(其位置末端可能连续变化)。

列车的自动防护与最大车头位置以及最大车尾位置有关,CC 与 ZC 之间的无线通信所引起的时延已在最大车头位置与最大车尾位置中考虑。分为以下两种情况:

（1）对于具备通信功能（CBTC模式）的列车，司机室被激活的一端被认为是车头，另一端是车尾，两端之间的区域被定义为列车占用区域。

（2）对于不具备通信功能（非CBTC模式）或未装备信号设备的列车，自动防护距离为辅助列车监测区域。

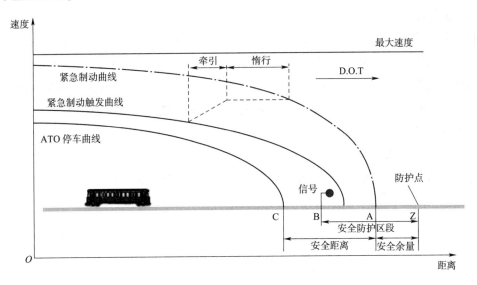

图1-2-16　有安全防护区段的限制信号机的列车防护示意图

2）列车自动防护说明

（1）防护点。

防护点是ATP需考虑的线路上列车不能越过的位置点，否则可能造成安全事故。防护点的位置通过实际的列车行车数据来计算。

（2）制动曲线。

制动曲线分为紧急制动曲线和紧急制动触发曲线。紧急制动曲线由车载ATP监控，以确保列车在任何时候都遵守对防护点的相关规定。它反映了列车可以保证的限制行为。它的计算考虑了列车能提供的最大制动保障力、列车位置和防护点的位置。紧急制动触发曲线保证了在最不利情况下，列车实施紧急制动后，紧急制动触发曲线仍低于紧急制动曲线。

（3）安全距离。

安全距离为常用制动曲线停车点和紧急制动曲线停车点间的距离。它由ATP常用制动曲线监控，主要与列车的制动加速度、列车切断牵引的保障时间、列车实施制动的保障时间、由CC计算所引起的定位误差、在考虑区段的估计最大坡度等因素有关。

（4）安全防护区段。

在进路或通过信号机（主要在车站用作出站信号机）之后也需要考虑一个距离，即安全防护区段。设置安全防护区段可以在停车过程中提高行车间隔性能。

(5)安全余量。

安全余量是防护点(ATP所考虑的限制约束点)和线路上实际需保护的点(前车尾部、限制信号机或安全防护区段末端)之间需考虑的距离。安全余量的计算与坡度所引起的计算误差、系统允许的列车最大倒退距离有关。

(6)速度防护。

任何情况下,列车速度均不可超过最大速度。列车的最大速度取决于列车的类型和驾驶模式。在完全ATP防护的模式(ATO模式或ATB模式)下,最大速度是被授权的。在ATP防护的限制向前模式(RMF模式)下,列车速度将被限制为25km/h;限速区域分为永久限速(PSR)区域和临时限速(TSR)区域,永久限速是由曲线、道岔、车站及桥梁等产生的,临时限速通常是由线路作业产生的。

2. ATO控制原理

ATO控制需考虑车辆、线路以及相关信息,以达到对列车的精确控制,ATO控制原理图如图1-2-17所示。

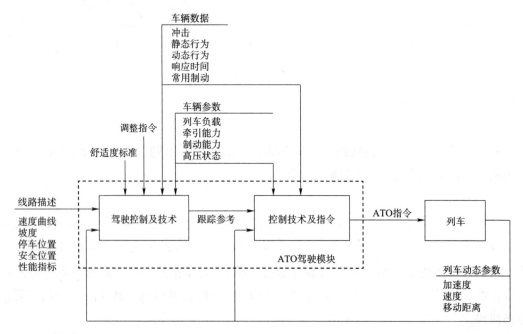

图1-2-17 ATO控制原理图

1)名词术语解释

冲击:列车加速度的变化率,单位为m/s^3。

静态行为:各作用力值(PWM)与牵引及制动加速度的对应关系。例如一个50%的PWM信号,对应的制动加速度为$-0.6m/s^2$。

动态行为:达到各相关PWM值的时延。

响应时间:车辆自ATO发出牵引、制动指令至其响应的时间。

常用制动：常用制动性能。

列车负载：列车的重量。

牵引能力：可用牵引的百分比，即如果列车配备10个牵引电机但1个电机故障时，则牵引能力为90%。

制动能力：可用制动的百分比。须区分是电制动还是液压（或气压）制动。

高压状态：列车供电的电压状态。

调整指令：包含ATS的指令，此指令对列车驾驶有影响（例如下一站到站时间）。

舒适度标准：根据坡度而得的加速度限制条件。

速度曲线：列车运行速度随运行距离的变化曲线。

坡度：线路坡度。

停车位置：运营停车点位置。

安全位置：轨旁设备可能的位置点。

性能指标：可高、可低或无，且各停车位置或安全位置均需考虑性能指标（例如车站停车、区间停车等）。

列车动态参数：包括加速度、速度和移动距离。

跟踪参考：一个ATO内部指令，是指应用于列车的目标牵引/制动力。

ATO指令：制动/牵引指令。

2）控制原理描述

（1）速度控制。

速度控制系统可按照所选的速度曲线控制列车速度，并尽量补偿由不同列车间的差异所引起的车辆特性偏差。

为提高乘客舒适度并达到可驾驶性、平稳驾驶和停车精度要求，加速度、减速度和冲击都被控制为限定值和可行值。

若列车在站间停车，则根据现场轨道坡度，通过制动使列车保持停稳状态。列车在常用制动变加速度时，纵向冲击率（jerk值）不超过$0.75 m/s^3$，以满足舒适度的要求。

（2）运营调整。

在正线的任何位置，ATO系统都可以通过连续的车-地传输系统接收ATS系统发送过来的调整指令。如：至下一个控制点的期望到达时间、站台停车点、调车进路、终点等。

任务拓展

（1）请将固定闭塞行车间隔和移动闭塞行车间隔示意图放到一起进行对比，找出其不同。

（2）从功能性、先进性、可靠性、可维护性等方面比较固定闭塞、准移动闭塞、移动闭塞三种闭塞制式的异同。

（3）对比分析图1-2-18a）、b），指出其不同之处。

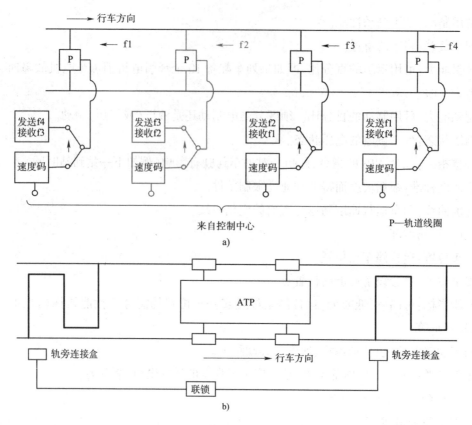

图 1-2-18 列车运行控制系统的工作原理

任务三　信号系统运营模式认知

任务描述

图 1-3-1 是 CBTC 模式的工作原理示意图,图 1-3-2 是 BM 模式(后备模式)的工作原理示意图,以学习小组为单位分析讨论两种模式的工作原理。

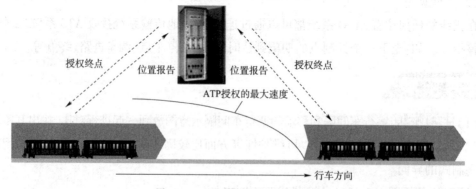

图 1-3-1　CBTC 模式工作原理示意图

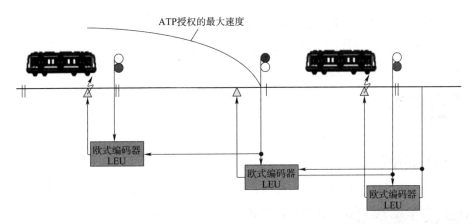

图 1-3-2　BM 模式工作原理示意图

任务要求

知识要求：
(1) 熟悉不同运营模式的工作原理；
(2) 理解不同运营模式之间的切换关系。

技能要求：
(1) 会根据实际情况选择合适的运营模式；
(2) 了解不同运营模式的特点，掌握不同运营模式之间的切换关系。

素养要求：
(1) 养成良好的学习习惯；
(2) 向行业模范看齐，努力提高自身的职业素养。

任务实施

一、学习环境

信号实训中心，多媒体。

二、学时安排

建议 2 个学时。

三、学习步骤

(1) 分组讨论，以 4~6 人为一个小组完成工作任务。
①各小组合作交流，掌握卡斯柯系统的线路控制模式；
②各小组合作交流，掌握卡斯柯系统的运营模式，理解并掌握各运营模式之间的切换关系。

(2) 按照附录三中的表格，制作学习工作单。

(3) 小组内互相协助考核学习任务，组内互评；根据其他小组成员在成果展示环节中的表现及结果进行组间互评。完成附录二中的评价表 2-1 至评价表 2-3。

知识导航

一、线路控制模式

卡斯柯系统的线路控制模式有中控模式（中央控制模式）、站控模式（本地控制模式）和紧急站控模式 3 种，如图 1-3-3 所示。

图 1-3-3 线路控制模式

1. 中控模式

系统处于中控模式时，线路运营模式由控制中心行车调度员设置。控制中心行车调度员操作和干预列车运行，车站监视，因此在中控模式下，系统具备 ATS 信息显示和自动功能。

2. 站控模式

系统处于站控模式时，站控模式区域内的线路区段由车站值班员控制，车站 ATS 具有集中站联锁区域的控制权，只能在集中站 HMI 工作站内进行进路办理和取消操作，控制中心不能操作进路。

车站值班员操作和干预列车运行，控制中心监视，系统具备 ATS 信息显示和自动功能。控制中心发生故障时，车站值班员将线防控制模式切换到站控模式，便可以行使控制权。

3. 紧急站控模式

紧急站控模式也是站控模式。紧急站控模式下，所有 ATS 自动功能被禁用。

站控、中控模式之间的转换操作共分以下 2 种情况。

(1) 站控模式转换为中控模式。

从站控模式转换到中控模式必须由中心调度员通过一定的运营规则执行。

从站控模式转换到中控模式的条件：没有办理引导信号、自动进路（连续通过进路）、自动折返、引导总锁，不处于紧急关闭状态，没有车站扣车命令，并且和控制中心通信良好。

在满足上述条件的情况下，由中心调度员通过"中控菜单"向车站值班员发出中控请求，车站值班员通过"中控菜单"确认同意转换为中控模式，得到车站允许后，中心调度员方可完成操作。

(2) 中控模式转换为站控模式。

车站值班员通过"站控菜单"向中心调度员发出站控请求，中心调度员通过"站控菜单"确认同意转换为站控模式，得到中心允许后，车站值班员方可完成操作。

站级控制（站控和紧急站控）具有较高的优先级，特殊情况下可通过特殊手段启动紧急站控，车站可强行获得控制权。

中控和站控的区别是,控制中心 ATS 具有控制权还是车站 ATS 具有控制权。站控和紧急站控的区别在于,从中控取得控制权时,站控需要对方确认,而紧急站控不需要对方确认。

二、线路调整模式

线路调整模式共 4 种,分别为按计划调整模式、等间隔调整模式、带自动触发进路的人工模式、全人工模式。

1. 按计划调整模式

按计划调整模式即缺省模式,根据计划计算列车运行命令、分配计划任务。当列车到站时,ATS 根据列车计划偏离情况(早/晚点时间)和运行时刻表,自动调整列车在下一个站间的 ATO 运行等级,自动缩短或延长列车停站时间,以使列车实际的运行时间尽可能地接近计划时间。列车停站时间的自动调整有范围限制,其最大停站时间和最小停站时间可根据需要配置。如果一列列车对应运行图中的列车识别号,但它的运行方向和运行图不符,则不对这样的列车进行调整,直到它回到正常的线路。当列车的早/晚点时间超出"非常早/晚点时间"限定值时,也不对这样的列车进行调整,但是 ATS 会发出报警信息。当列车运行经过的站台有调度员人工设置停站时间时,ATS 不执行停站时间的自动调整功能,而以人工设置的停站时间为准。当列车运行经过的站台有调度员人工设置运行等级时,ATS 不执行运行等级的自动调整功能,而以人工选择的运行等级为准。

对于非计划车,ATS 不控制列车的停站时间和运行等级,按照站台缺省停站时间控制其停站时间和运行等级。

2. 等间隔调整模式

在等间隔调整模式下,ATS 按照选择的交路运行路线、设定的运行间隔计算列车运行命令、分配运行任务。

当列车运行发生大规模晚点,当日的计划运行图偏离时间超过规定范围时,控制中心调度员可以选择将列车线路调整模式切换成等间隔调整模式。ATS 系统可以自动判断线路上所有列车运行的交路,并自动计算各交路的间隔时间,经调度员确认后即按指定的间隔时间对全线列车进行调整。调度员也可自己指定各交路的间隔时间,并要求 ATS 按此间隔时间调整。

3. 带自动触发进路的人工模式

在带自动触发进路的人工模式下,系统仅提供 ATS 自动进路触发功能,无自动调整、自动折返功能。当调度员想人工控制列车运行、折返,但仍由 ATS 根据列车识别号自动触发进路时,可选择此模式。

4. 全人工模式

全人工模式自动禁用所有进路的自动触发功能,所有车设置为人工车。

三、控制/调整模式的组合

根据不同的情况,可以对不同的控制模式和调整模式进行组合,如表 1-3-1 所示。

控制/调整模式组合表　　　　　　表 1-3-1

模　式	中控模式	站控模式	紧急站控模式
按计划调整模式	停站时间根据运行时刻表自动调整; 区间运行速度根据运行时刻表自动调整; 自动触发进路	停站时间根据运行时刻表自动调整; 区间运行速度根据运行时刻表自动调整; 自动触发进路	没有停站时间控制输出; 没有区间运行速度控制输出; 没有自动触发进路功能
等间隔调整模式	停站时间根据间隔参数自动调整; 区间运行速度根据间隔参数自动调整; 自动触发进路	停站时间根据间隔参数自动调整; 区间运行速度根据间隔参数自动调整; 自动触发进路	没有停站时间控制输出; 没有区间运行速度控制输出; 没有自动触发进路功能
带自动触发进路的人工模式	停站时间按缺省值控制; 区间运行速度按缺省值控制; 自动触发进路	停站时间按缺省值控制; 区间运行速度按缺省值控制; 自动触发进路	没有停站时间控制输出; 没有区间运行速度控制输出; 没有自动触发进路功能
全人工模式	停站时间按缺省值控制; 区间运行速度按缺省值控制; 没有自动触发进路功能	停站时间按缺省值控制; 区间运行速度按缺省值控制; 没有自动触发进路功能	没有停站时间控制输出; 没有区间运行速度控制输出; 没有自动触发进路功能

四、运营模式

卡斯柯系统运营模式有 4 种,分别为 CBTC 模式、BM 模式、非强制 BM 模式和联锁控制模式。

1. CBTC 模式

CBTC 意为基于无线通信的列车控制系统,在 CBTC 模式下,通过无线通信连续地获得轨旁信息,工作原理如图 1-3-1 所示。信息传输基于移动闭塞原理实现连续的车-地通信,CC 按照 ZC 给出的移动授权终点(EOA)监控列车。

2. BM 模式(后备模式)

在 BM 模式下,只有在固定点才能获得轨旁信息,其工作原理如图 1-3-2 所示。信息传输基于固定闭塞原理实现点式的车-地通信,CC 按照从有源信标接收到的变量监控列车。

3. 非强制 BM 模式

当系统运行在非强制 BM 模式下时，如果 CBTC 模式有效，将自动升级为 CBTC 模式，而无法升级为强制 BM 模式。

4. 联锁控制模式

在联锁控制模式下，联锁将通过控制信号机和道岔来确保列车的行车安全以及行车间隔。当 CBI(计算机联锁)正常运行时，该模式可用。

各运营模式之间的转换如表 1-3-2 所示。

各运营模式之间的转换　　　　　　　　　　　　　　　　　　　表 1-3-2

模式转换	司机操作	CBTC 指示灯状态
CBTC→强制 BM	按下 BM/CBTC 模式选择按钮，在 DMI 上弹出"确认"对话框后，选择 ACK(BM 强制)	进入强制 BM 后指示灯熄灭
CBTC→非强制 BM	按下 BM/CBTC 模式选择按钮，在 DMI 上弹出"确认"对话框后，选择 UNACK(BM 强缓)或者不选择 UNACK(BM 强缓)，等待 5s 左右	进入非强制 BM 后指示灯熄灭
强制 BM→CBTC	按下 BM/CBTC 模式选择按钮，在 DMI 上弹出"确认"对话框后选择 UNACK(BM 强缓)或者不选择 UNACK(BM 强缓)，等待 5s 左右，当 CBTC 模式有效后，升级为 CBTC 模式	进入 CBTC 模式后指示灯点亮
非强制 BM→CBTC	无须司机操作，当 CBTC 模式有效后，自动升级为 CBTC 模式	进入 CBTC 模式后指示灯点亮
强制 BM → 非强制 BM	按下 BM/CBTC 模式选择按钮，在 DMI 上弹出"确认"对话框后，选择 UNACK(BM 强缓)或者不选择 UNACK(BM 强缓)，等待 5s 左右	指示灯保持熄灭状态
非强制 BM → 强制 BM	按下 BM/CBTC 模式选择按钮，在 DMI 上弹出"确认"对话框后，选择 ACK(BM 强制)	指示灯保持熄灭状态

注：1. 当从 CBTC 模式切换至 BM 模式时，需要把主控端驾驶室的 BM/CBTC 模式选择开关打到 BM 位置，才能进入 BM 模式。

2. 当从 BM 模式切换至 CBTC 模式时，需要把两端驾驶室内的 BM/CBTC 模式选择开关都打到 CBTC 位置，才能进入 CBTC 模式。CBTC 模式与 BM 模式之间的转换应在停车时执行。若不停车就转换模式，将触发紧急制动。

任务拓展

请根据以上所学内容和知识，查阅资料，了解其他型号的信号系统运营模式都有哪些，并对比它们的异同。

任务四　CBTC 系统驾驶模式认知

任务描述

图 1-4-1 中的 RM 有何含义？你了解界面中的哪些信息？

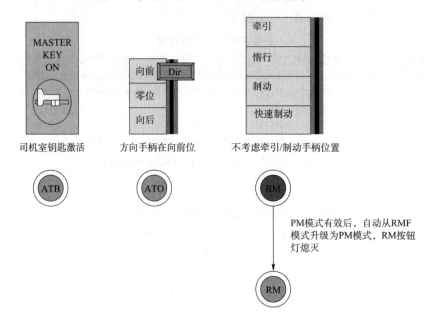

图 1-4-1　限制向前(RMF)模式切换到人工驾驶(PM)模式

任务要求

知识要求：

(1)能将不同的控制级别和驾驶模式对应起来；

(2)归纳并对比不同型号信号系统的驾驶模式的特点。

技能要求：

(1)运用所学驾驶模式，对列车进行简单的静调或动调；

(2)在实训中心模拟不同情况下运用不同驾驶模式控制列车运行，并实现各种模式之间的转换。

素养要求：

(1)养成良好的学习习惯；

(2)学习先进的驾驶技术，向行业标兵看齐；

(3)勤练技能，学习工匠精神。

任务实施

一、学习环境

信号实训中心,多媒体。

二、学时安排

建议4个学时。

三、学习步骤

(1)分组讨论,以4~6人为一个小组完成工作任务。

①各小组合作交流,掌握卡斯柯系统列车控制级别和驾驶模式的特点,理解二者间的对应关系;

②各小组合作交流,掌握卡斯柯系统的列车驾驶模式,理解各模式之间的转换关系。

(2)按照附录三中的表格,制作学习工作单。

(3)小组内互相协助考核学习任务,组内互评;根据其他小组成员在成果展示活动中的表现及结果进行组间互评。完成附录二中的附表2-1至附表2-3。

知识导航

列车的驾驶模式决定了被激活的车载功能,本任务以卡斯柯系统为例介绍驾驶模式。

一、列车控制级别

卡斯柯信号系统列车控制级别包含两种,即CBTC控制级别和点式控制级别。

当列车控制级别选择为CBTC控制级别时,系统可以选择自动驾驶模式(ATO-CBTC)、自动折返模式(ATB)、人工机车信号模式(PM-CBTC)等驾驶模式。

当列车控制级别选择为点式控制级别时,系统可以选择点式ATO-点式模式、点式PM-点式模式两种驾驶模式。

其中,在ATC关断的情况下,系统具有旁路列车驾驶模式(ATP切除模式)。在该模式下,列车不受ATP保护,安全由司机保证。

二、列车驾驶模式

系统提供限制驾驶模式(RM),包括正向限制模式(RMF)和反向限制模式(RMR)。

1. RMF模式

RMF模式分为RM1模式和RM2模式。在RMF模式下,列车以不超过25km/h的速度运行。列车的监控、运行、制动及开关车门由司机操作，车载设备对速度达到25km/h时的列车进行超速防护。

RMF模式的应用条件：

(1) 在正常运营模式下仅用于列车定位前、初始化后，或列车在车辆基地、停车场运行时；

(2) 对于降级模式，当列车发生故障时，可用此驾驶模式将列车撤出正线运营；当列车因故障停车后，以此驾驶模式行驶至下一站。

2. RMR模式

在该模式下，允许列车以低于5km/h的速度反向运行最多5m。当退行达到5m或退行速度超过5km/h时，ATP会触发紧急制动。

RMR模式的应用条件：RMR模式可在列车错过精确停车位置若干米(不超过最大可退行距离)时，后退以纠正列车停车位置(经调度员授权)。

3. PM模式（ATPM模式）

在该模式下，列车的监控、运行、制动及开关车门和地下站屏蔽门(高架站安全门)在ATP车载设备监督下由司机操作。ATP子系统保证列车的运行安全，司机根据司机显示单元(DMI)及站台发车计时器(DTI)显示的辅助驾驶信息，人工驾驶列车，ATP对列车的运行进行完全地自动防护。所有必要的驾驶信息将在车载信号显示器上显示。

PM模式的应用条件：列车的车门和地下站屏蔽门的控制，可自动控制，也可手动控制。

4. AMC模式

该模式是在司机监视下的自动驾驶模式，在线列车的启动、加速、巡航、惰行、制动、精确停车均由ATO子系统根据ATS指令自动控制(CBTC模式下)，除发车需要司机确认外，不需司机操作，列车的车门和地下站屏蔽门(高架站安全门)的控制，可自动控制，也可手动控制。

AMC模式的应用条件：

(1) CBTC模式下，当DCS(数据通信系统)、ZC、LC、CBI和CC都正常运行时，列车可以以ATO驾驶模式在正线任何ZC控制区域内运行；

(2) BM模式下，当DCS、CBI和CC都正常运行时，ATO模式有效，司机可以以AMC模式驾驶；

(3) ATO与车辆的自动驾驶接口可用。

5. EAM模式

EAM模式是在司机监视下的自动驾驶模式，在线列车的启动、加速、巡航、惰行、制动、精确停车均由ATO子系统根据ATS指令自动控制(CBTC模式下)，除在一定条件下发车需要司机确认外，无须司机操作，列车的车门和地下站屏蔽门的控制，可自动控制，也可手动控制。

EAM模式通过以下方式管理车站发车：

(1) 如果司机在区间运行期间预先按压了ATO启动按钮，当车门关闭且锁闭等所有安

全条件满足时,列车自动发车;

(2)当车门关闭且锁闭等所有安全条件满足时,人工按压 ATO 启动按钮(与 AMC 模式相同),列车由人工发车。

EAM 模式的应用条件:

(1)CBTC 模式下,当 DCS、ZC、LC、CBI 和 CC 都正常运行时,列车可以以 ATO 驾驶模式在正线任何 ZC 控制区域内运行;

(2)ATO 与车辆的自动驾驶接口可用。

6. AR 模式(ATB 模式)

在该模式下,ATO 将自动选择控制驾驶室并驾驶列车运行至折返区域,在规定位置停车后,自动换端,并控制列车自动驾驶至发车站站台停车,完成自动折返。

AR 模式的应用条件:列车完全位于自动折返区域且处于 CBTC 模式下,ATS、DCS、ZC、LC、CBI 和 CC 全部可用,ATO 与车辆的自动驾驶接口可用。

7. 几种驾驶模式之间的转换关系

RMF、PM、AMC 驾驶模式之间的转换关系如图 1-4-2 所示。

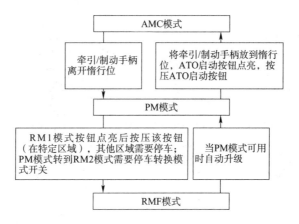

图 1-4-2　RMF、PM、AMC 驾驶模式之间的转换

1)RMF 模式切换到 PM 模式

RM1 模式到 PM 模式的转换可以在 PM 模式可用之后自动升级,RM2 模式到 PM 模式的转换需停车操作驾驶模式开关,如图 1-4-1 所示。

2)PM 模式切换到 ATO 模式

将牵引/制动手柄放到惰行位,在 ATO 启动按钮点亮后,按压 ATO 启动按钮,如图 1-4-3 所示。

3)AMC 模式切换到 PM 模式

将牵引/制动手柄放到牵引或制动位,如图 1-4-4 所示。

4)PM 模式切换到 RMF 模式

当列车回库时,从 PM 模式到 RM1 模式可以不停车转换。当列车到达转换轨时,司机可按压 RM1 模式按钮不停车转换到 RM1 模式。当列车在正线运行时，从 PM 模式到 RM1 模式需停车转换。列车从 PM 模式到 RM2 模式的转换需要停车操作驾驶模式转换，如图 1-4-5 所示。

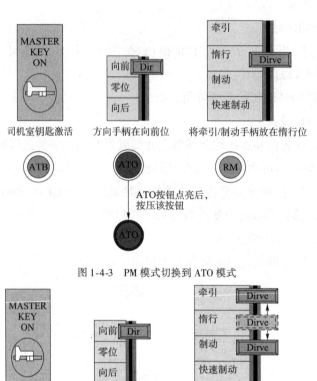

图 1-4-3　PM 模式切换到 ATO 模式

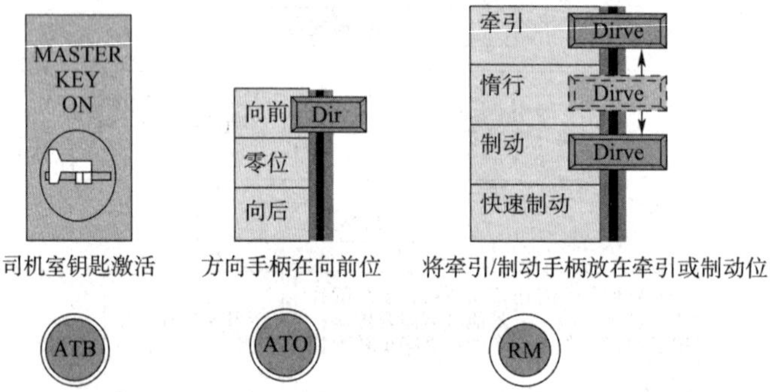

图 1-4-4　AMC 模式切换到 PM 模式

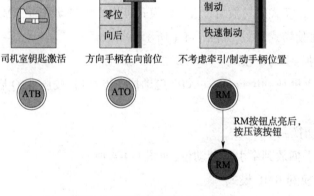

图 1-4-5　PM 模式切换到 RMF 模式

5）进入 RMR 模式

列车停车后,将方向手柄放到向后位置,即进入 RMR 模式,如图 1-4-6 所示。

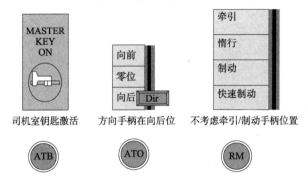

图 1-4-6　RMR 模式

6）进入 AR 模式

列车停在自动折返区域后,两头驾驶室的牵引/制动手柄放在惰行位,方向手柄放在零位,司机室钥匙断开,在 AR 模式按钮灯点亮后按压该按钮,如图 1-4-7 所示。

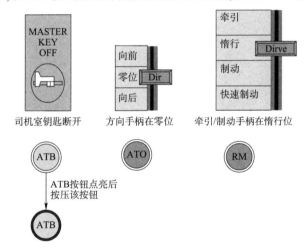

图 1-4-7　AR 模式

7）CBTC 下 EAM 模式和其他模式之间的转换

（1）司机将驾驶模式选择开关置于 EAM 位置:在 EAM 模式可用且牵引/制动手柄在零位时,司机按压 ATO 启动按钮后,进入 EAM 模式。

（2）由 EAM 模式转换到其他模式:司机将驾驶模式选择开关转换至其他模式以选择。

任务拓展

请查阅相关资料,了解西门子和泰雷兹两种型号的系统的列车控制级别和驾驶模式。

项目二 列车自动防护和驾驶(ATP/ATO)子系统认知与维护

1. 智能升级！列车的新"超级大脑"

2020年,"新型智能列车控制系统"广受瞩目,被誉为列车的新"超级大脑"。

列车控制系统(简称列控系统)是列车运行的"大脑"和"神经",是列车安全的"保护神"。

新型智能列控系统是利用北斗卫星导航技术、5G通信技术等构成空、天、地一体化的列控系统。与传统列控系统相比,新型智能列控系统将实现轨旁电子设备从多到少、从有到无的转变,是列控技术领域里程碑式的技术创新,需要攻克列车精确定位、多元融合测速、列车完整性检查、移动闭塞等关键技术难题。

新型智能列控系统主要有以下几个特点:

(1) 更高效。

新型智能列控系统的一项关键技术,就是采用移动闭塞替代传统高铁的固定闭塞,两列列车可以在紧密追踪的情况下安全运行,列车追踪间隔可由目前最短的3min缩短到2min左右,线路运输能力将提高30%以上。通过采用北斗定位替代传统的轨道电路,利用5G技术实现列车与列车间的直接通信,使得定位更准、安全保障更强。

(2) 更智能。

新型智能列控系统的研究目标包括逐步实现从人工驾驶到自动驾驶再到智能驾驶的转变,在现有自动驾驶功能基础上,增加列车环境主动感知、安全态势自动评估等智能技术,减少司机的操作,改善广大旅客出行体验。

(3) 更环保。

采用新型智能列控系统的动车组加速时最耗电,减速时不但不耗电还能够发电。新型智能列控系统是面向未来的列控系统,将列车群协同联控作为重要研究方向,实现一批车出站加速,另一批车到站减速,让电能在内部循环利用,理论上人均百公里能耗可降低30%左右。以京沪高铁为例,如果采用新型智能列控系统,动车组往返一次可节电9000kW·h左右。

2. 全自动驾驶的特点

全自动驾驶系统(Fully Automatic Operation,FAO),是基于现代计算机、通信、控制和系统集成等技术实现列车运行全过程自动化的新一代城市轨道交通系统。全自动驾驶系统的目的是进一步提升城市轨道交通运行系统的安全性与效率,是衡量城市轨道交通系统功能和性能先进水平的标尺,是城市轨道交通自动化的最高等级,具备不需要配置司机列车完全自动运行的能力。

实现全自动驾驶要求各专业必须高度自动化,系统之间深度集成,其主要特点有:

(1) 兼容性。

城市轨道交通自动化等级是向下兼容的,即按GoA4等级建设的线路可以按GoA2或GoA3模式运营。一般GoA4等级的线路在开通初期均按GoA2等级运营一定的时间,在通过各项安全性指标评估、考核、列车适应运营模式后逐步过渡到GoA4等级运营。(由于按GoA4等级建设的线路应用了更多的自动化设备联锁和安全冗余配置,即使开通初期在降级模式下由人工驾驶运营,全自动驾驶的安全联锁设备仍然发挥作用,在人为疏忽或判断失误的情况下,可及时介入,并最大限度地避免事故的发生。)

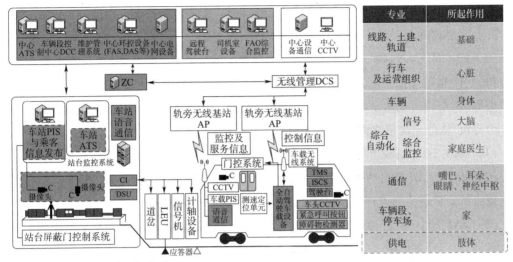

(2)高度自动化,深度集成。

以行车为核心,信号与车辆、综合监控、通信等多系统深度集成,提升轨道交通运行系统的整体自动化水平。具体体现在对列车上电、自检、段内行驶、正线区间行驶、车站停车及发车、端站折返、列车回段、休眠断电、洗车等的全自动控制。

(3)充分的冗余配置信号。

在既有设备冗余的基础上,增强了冗余配置,包括头尾终端设备冗余配置、ATO 冗余配置、与车辆接口冗余配置等。车辆加强了双网冗余控制,增加了与信号、PIS 的接口冗余配置等。

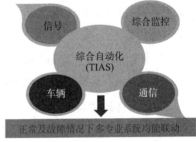

(4)完善的安全防护:实现列车运行全过程的安全防护。

①增强了运营人员防护功能,在车站及车辆段增设人员防护开关,对进入正线及车场自动化区域人员进行安全防护;

②增强了乘客防护功能,对乘客上下车及车内安全进行防护;

③扩大了 ATP 的防护范围,对车场自动化区域内列车的运行进行 ATP 防护;

④增加了轨道障碍物监测功能,在列车上加装脱轨/障碍物监测器,以实现轨道障碍物监测;

⑤增加了应急情况下各个系统的联动功能,如火灾情况下的通风、行车、供电、广播、视频的联动等。

(5)丰富的控制中心功能。

①列车全自动运行的全面监控;

②详细的各设备系统监测与维护调度;

③远程的面向乘客的服务；

④新增车辆调度及乘客调度功能，实现车辆远程控制、状态监控及乘客服务的功能；

⑤新增综合维护调度功能，实现供电、机电、信号、车辆的维护调度功能。

3. 我国现有的无人驾驶地铁线路

1）怎样才算无人驾驶

2002年，世界上第一条无人驾驶地铁在丹麦首都哥本哈根投入使用。

根据《城市轨道交通全自动运行系统建设指南》，将轨道交通线路自动化运营程度划分为5个等级，从低至高依次为GoA0~GoA4。

（1）GoA0：TOS（目视下行车模式）。

（2）GoA1：NTO（非自动列车运行），司机控制列车的启动和停车、车门的操作以及紧急情况或突然变更进路的处理。该模式下有自动列车防护ATP装置。

（3）GoA2：STO（半自动列车运行），启停与区间运营都是自动控制的，也可以司机确认列车启动，车门开关可由人工或自动实现，紧急情况需要人工介入。

（4）GoA3：DTO（有人值守下的自动化运行），无须司机，但是需要乘务员干预车门开关，甚至处理紧急情况。

（5）GoA4：UTO（无人值守下的自动化运行），所有运营场景和紧急处理场景全部实现自动化，无须人工干预。

上述5个等级中，GoA3和GoA4系统，即有人值守下的列车自动运行和无人值守下的全自动运行，GoA4系统即通常所说的无人驾驶。

2）无人驾驶运行安全吗

无人驾驶的地铁列车，无须司机操作，在信号系统的自动控制下，列车具备全自动正线运行、自动进/出站、自动开/关门、自动唤醒/休眠等功能，还能主动诊断故障，顺便给自己"洗澡"。

一位列车专业技术人员表示："无人驾驶的列车安全性、可操控性比人工驾驶的列车要强，乘客可以放心乘坐。"当无人驾驶的地铁遇到突发情况时，会第一时间由电脑程序自动反应并作出相应决策，比如某扇列车门发生故障，信号系统就会自动锁定对应的列车门，选择性开、关门。

无人驾驶的地铁列车遇到突发情况时不再依赖驾驶员的快速反应能力，很大程度上降低了人为因素导致的突发事件发生的概率，比有人驾驶系统的冗余度、可靠性更高。

相较于传统的地铁驾驶模式，全自动运行可以按照最优模式提供更精准的运营控制，运营的可靠性和效率显著提高，相比于人工驾驶列车故障率可降低75%。

3）无人驾驶地铁列车的三大突出优势

（1）更准点、效率更高。

能避免人为因素的影响，更准确地控制列车的运行速度和到发时间。

(2)运行更稳、更安全。

列车的加减速可精准控制,运行更稳,乘客不会因急刹车而感到不适。

(3)让司机摆脱繁重的人工操作的工作,让其主要职责变为监测系统运行状况。

无人驾驶离不开 ATP、ATO 等系统,本项目将从 ATP、ATO 子系统的构成、功能、原理及维护等方面介绍城市轨道交通列车自动控制系统的应用。在学习技能的同时,也要关注我国轨道交通行业核心技术的进步与广泛应用。列车自动控制系统的技术创新、技术难关的攻克、全自动无人驾驶的应用,充分说明了我国科技强国目标的实现与国家科技的进步与壮大。我们要做好未来职业规划,实现科技报国,在平时的学习中做到学思结合、知行合一,提高作业标准,做到理实结合,爱岗敬业。

任务一　ATP 子系统认知

任务描述

通过对前面内容的学习,我们已经对 CBTC 系统有了一定的了解,本任务主要学习 ATP 子系统在整个信号系统中的作用。请同学们通过图 1-1-1 继续探讨交流:ATP 系统能够实现哪些功能?这些功能是如何实现的?

任务要求

知识要求:

(1)熟悉 ATP 系统的主要构成及功能;

(2)熟悉实现 ATP 系统主要功能的原理。

技能要求:

(1)能描述出 ATP 系统的主要功能;

(2)理解并能描述出实现 ATP 系统功能的原理。

素养要求:

(1)养成良好的学习习惯;

(2)学习先进的科技知识,以国家科技的进步为荣;

(3)紧跟行业科技潮流,向大国工匠学习。

任务实施

一、学习环境

信号实训中心,多媒体。

二、学时安排

建议4个学时。

三、学习步骤

(1)分组讨论,以4~6人为一个小组完成工作任务。

①各小组合作交流,掌握ATP系统主要构成及轨旁、车载子系统的功能;

②各小组合作交流,掌握ATP系统的主要功能,理解其原理。

(2)按照附录三中的表格,制作学习工作单。

(3)小组内互相协助考核学习任务,组内互评;根据其他小组成员在成果展示活动中的表现及结果进行组外互评。完成附录二中的附表2-1至附表2-3。

知识导航

ATP系统分为ATP轨旁子系统和ATP车载子系统。

一、ATP系统详细功能及原理

ATP系统和联锁系统一起负责列车的运行安全。

在BM模式下,移动授权来自联锁系统,即通过轨旁电子单元(LEU)和可变数据应答器(VB)将信号机显示的信息发送给列车;在CBTC列车控制级,移动授权来自该列车的追踪功能,并且通过双向通信通道从轨道将移动授权信息发送至列车。位置报告信息和移动授权信息的双向交换,实现了基于无线通信的移动闭塞。

ATP系统主要功能及原理如下:

(1)列车定位。

通常,ATP系统利用查询应答器及测速电机和雷达完成列车定位。车载子系统(重新)启动后,列车位置是未知的,定位状态为"失去定位"。在监测到两个连续的应答器,同时所测量的两个应答器之间的距离与线路数据库(TDB)相符之后,定位状态会变为"已定位"。

列车定位的步骤如下:

①第一个应答器监测,从TDB确定应答器的位置;

②第二个应答器监测,确定列车运行方向和列车前进方向。

列车定位当中的道岔位置监督:由于网络中的路径对于列车位置至关重要,车载子系统必须了解道岔位置。如果列车位于道岔区域,而道岔位置未知,则定位状态将变为"失去定位"。

对定位状态为"失去定位"的反应:如果在CBTC下定位状态变为"失去定位",车载子系统将触发紧急制动,同时在停稳后列车驾驶模式将转为RM模式和联锁控制级。

(2) 速度和距离测量。

确定列车的速度和位置(距前方目标点的距离)是 ATP 车载设备的重要功能,列车当前速度显示在 HMI 上。列车实际运行速度是施行速度控制的依据,速度测量的准确性直接影响速度控制的效果。

通常,测速电机和雷达单元一起用于列车速度和距离的精确监测。

每个驾驶室车底都安装有一个测速电机(速度脉冲发生器 OPG,安装于非制动的旋转轴上),如图 2-1-1 所示;一个测速雷达(一般安装在驾驶方向左边第一个车轮前方),如图 2-1-2 所示。正常情况下,列车的实际速度是 OPG 和雷达综合测速的结果,但在高速情况下,主要以雷达测速为主。在速度很慢时,主要以 OPG 测速为主。引入雷达测速,主要是为了在列车空转、打滑时提高测速精度。

测速设备失效,将导致列车的速度防护功能失效,列车甚至无法在降级模式下运营,只能以非限制人工驾驶(NRM)模式运营。

图 2-1-1　测速电机/速度脉冲发生器
　　　　　OPG(霍尔效应)

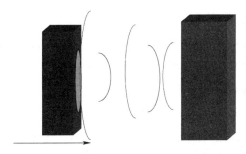

图 2-1-2　测速雷达(多普勒效应)

(3) 监督功能。

ATP 负责保证列车运行的安全。各监督功能之间的操作是独立的,且同时进行。

ATP 监督功能包括速度监督、方向监督以及车门监督、紧急制动监督、后退监督、报文(数据)监督、设备监督、列车完整性监督。以下简单介绍速度监督功能、车门监督功能和列车完整性监督功能。

①速度监督功能。城市轨道交通的速度限制分为以下两种:固定限速是在设计阶段设置的;临时限速是在一些特殊地段降低允许速度,该功能可以满足在特殊地段以较低速度运行的要求,例如一些正在进行轨道作业的地段等。

②车门监督功能。车载子系统仅在所有车门已实质"锁闭"时才允许列车移动。车门状态指示发生故障时,不允许列车移动。为了允许列车在故障发生时也能运行,司机可以通过车门允许按钮来越过车门监督。列车车门状态在 HMI 上显示。

车门模式开关允许司机选择车门控制的自动化等级。在自动驾驶(AM)模式下,车载子系统按照所选车门模式运行。列车一段支持下述车门模式:人工开启和人工关闭(MM),自动开启和人工关闭(AM),自动开启和自动关闭(AA)。

在下列情况下,车载子系统忽略所选车门模式并按照"人工开启和人工关闭"车门模式处理:列车驾驶模式是 RM;列车驾驶模式是 SM;通过车门允许操作强制进行车门解锁;列车控制级别为点式列车运行控制且站台装配了 PSD(屏蔽门)。

③列车完整性监督功能。CBTC 系统负责持续检查列车的完整性,并向车载子系统提供列车完整性状态信息。如果列车完整性信息丢失,车载子系统就无法确定列车两端位置,列车定位状态就会变为"失去定位"。列车完整性信息将在 HMI 上显示。

(4)停车点防护。

停车点有时就是危险点,在任何情况下都是不能越过的。

(5)列车间隔控制。

列车间隔控制既能保证行车安全(防止两列车发生追尾事故),又能提高运行效率(使两列车的间隔最短)。

目标距离追踪间隔控制的原理:车载 ATP/ATO 不断地监控列车位置,计算列车安全车速,使列车可以安全地停止在最远可以到达的目标点前,这个目标点又被叫作移动授权终点,ZC 通过 CBTC 无线通信系统将最大移动授权终点发给 CC,ATP/ATO 控制车辆速度,严格计算列车的运行速度曲线,保证列车在目标点前停车之前的安全运行。

(6)车门控制。

城市轨道交通车辆的车门控制是重要的安全措施之一。只有当 ATP 系统检查所有安全条件均已满足时,才能给出打开车门信号。通常在车辆没有停稳靠站时,ATP 系统不允许车门打开。

车载子系统提供了车门允许按钮以克服车门监督和车门解锁存在的问题。如果司机激活了车门允许操作,他将负责列车车门监督。

车门允许按钮实现两个功能:

①停稳时,车门可以在两侧开启,而不考虑列车位置;

②停稳时以及没有"所有车门已实质关闭和锁闭"信号时,可以解除车门监督。

车门允许操作独立于列车控制级别和列车驾驶模式。仅在列车停稳时,车门允许按钮才有效。

(7)站台屏蔽门控制。

ATP 轨旁设备与屏蔽门采用安全接点的物理接口。ATP 轨旁设备发送"屏蔽门开"或"屏蔽门关"命令到屏蔽门,同时得到来自屏蔽门"关闭且锁闭"的状态信息。

在点式通信级,不能实现对屏蔽门的控制功能。只有当列车停在 ATP 停车窗规定的停车点时,列车车门和屏蔽门才能打开。

(8)其他功能。

①紧急停车功能;

②给出发车命令;

③列车倒退控制;

④停稳监督。

二、ATP 轨旁子系统的主要功能

1. 跟踪和保护列车运行

(1) 确定指定区域内所有列车的位置；

(2) 参与轨旁防护，防止列车迎面碰撞、追尾以及侧面碰撞；

(3) 确定移动授权。

2. 进路防护

(1) 防止冲突列车运行；

(2) 侧防：通过操作、锁闭和监测相邻道岔，使所有通往已排列进路的路径无法通行。

3. 与联锁形成接口

(1) 发送命令到联锁；

(2) 读入和监督联锁状态。

4. 支持线路和系统维护

(1) 支持线路维护；

(2) 支持系统维护。

5. 控制和保护乘客换乘

(1) 站台屏蔽门控制；

(2) 安全门控制。

6. 列车与 ATS 及中央服务诊断系统的中枢接口

(1) 将列车运行状态和故障信息分发给 ATS 和中央服务诊断单元；

(2) 将 ATS 命令转发给列车。

三、ATP 车载子系统的主要功能

1. 提供与车辆的接口

(1) 采集数字输入单元(按钮、开关、显示)；

(2) 提供制动和牵引功能、车门控制功能，驾驶室外部的侧门也可通过 ATP 互锁，这是一个与安全相关的功能。

2. 列车定位

确定列车位置、速度和方向。

3. 管理列车控制级别和驾驶模式

(1) 确定当前控制级别；

(2) 确定当前驾驶模式；

(3) 授权驾驶模式之间的转换；

(4)按照控制级别和驾驶模式激活或停用各种功能。

4. 驾驶和保护列车

(1)按照当前驾驶模式运行列车,并保证列车运行安全;

(2)通过HMI向司机提供驾驶指令和信息;

(3)处理移动授权;

(4)监督来自临时限速(TSR)的约束条件。

5. 乘客换乘

(1)站台作业,如停稳监测和列车车门控制;

(2)确定屏蔽门命令,开启和关闭屏蔽门或安全门。

6. 提供乘客信息

为乘客信息系统提供相应数据。

7. 支持维护

支持系统维护。

任务拓展

ATP系统是ATC系统的基础,主要负责列车运行的安全,该系统性能的好坏会直接影响列车运行的安全,属于安全相关类系统,必须符合故障—安全的原则。

本项目从ATP系统的设备构成及维护、设备之间的数据传输关系和实现系统功能的原理等方面对目前城市轨道交通行业的通用ATP系统做了介绍和探究。

目前,常见的信号厂商在ATP设备构成及控车原理方面都有哪些异同呢?请同学们课外自行查阅相关资料,并交流探讨,分享心得。

任务二　ATO子系统认知

任务描述

ATO子系统能够实现哪些功能?这些功能是如何实现的?

任务要求

知识要求:

(1)掌握ATO子系统的主要功能;

(2)理解实现ATO子系统主要功能的原理。

技能要求:

(1)能描述出ATO子系统的主要功能;

(2)能描述出实现 ATO 子系统功能的原理;
(3)理解并掌握 ATO 子系统和 ATP 子系统共同实现精确停车的过程;
(4)理解并掌握 ATO 子系统控制车门的原理。
素养要求:
(1)养成良好的学习习惯;
(2)认识到严谨的工作作风和职业素养的重要性。

任务实施

一、学习环境

信号实训中心,多媒体。

二、学时安排

建议 2 个学时。

三、学习步骤

(1)分组讨论,以 4～6 人为一个小组完成工作任务。
①各小组合作交流,掌握 ATO 子系统的主要构成及功能;
②各小组合作交流,掌握 ATO 子系统的主要功能,理解实现主要功能的原理。
(2)按照附录三中的表格,制作学习工作单。
(3)小组内互相协助考核学习任务,组内互评;根据其他小组成员在成果展示活动中的表现及结果进行组间互评。完成附录二中的附表 2-1 至附表 2-3。

知识导航

一、ATO 子系统的基本功能

ATO 子系统的基本功能包括 3 个控制子功能,即自动驾驶、无人自动折返和自动控制车门开闭,这 3 个子功能相互之间独立运行,且只有在 ATO 模式中才有效。

1. 自动驾驶

(1)自动调整列车运行速度;
(2)停车点的目标制动;
(3)车站自动发车;
(4)区间内临时停车;
(5)区间限速。

2. 无人自动折返

无人自动折返是在 AR 模式下的情况之一,在司机下车后按压站台上的 AR 按钮,列车在无司机的情况下自动完成启动驶入折返轨,改变车头和轨道电路方向,并在折返轨至发车站台的进路排列完成后,自动启动列车驶入发车站台,并精确地停在发车站台上。

实现无人自动折返功能的输入条件:列车当前速度和位置,以及 ATP 速度曲线。

实现无人自动折返功能的输出条件:列车制动与牵引控制系统命令。

3. 自动控制车门(或屏蔽门)开闭

(1) 车门开闭。

列车接收来自 ATP 系统的数据,该数据显示列车的运行方向和车门打开的侧边。在 ATP 系统给出开门命令后,可由 ATO 系统选定合适的车门打开,也可由司机手动打开正确一侧的车门。但是,车门的关闭由司机完成(一些无人驾驶系统中车门关闭功能可由 ATO 系统自动执行)。

当列车空车运行时,车门的打开会被专门指定的目的地号阻止。列车将从 ATS 系统接收到的目的地号发送给 ATO 系统,指示列车不在载客服务状态。

车门打开功能的信息流向:

①输入。

a. 来自 ATP 系统:车门释放,运行方向,车门打开数据;

b. 来自 ATS 系统:列车目的地号。

②输出:将车门打开命令发送给列车系统,列车系统负责车门开闭。

(2) 屏蔽门开闭。

ATP 系统会检查列车是否停稳,并检查是否停靠在正确位置,若停车位置符合要求,列车车门打开的信号才会被释放,司机或车载 ATO 系统才可以打开车门。同时,车门打开的信号将被传送到 PSD(屏蔽门)系统,通过 PSD 系统打开屏蔽门。

ATO 系统自动控制车门开闭的原理:

①当列车到达定位停车点,ATP 系统监测车速为零,发送列车停站信号给站台定位接收器,此时 ATP 系统发送允许车门打开信号,列车收到 ATP 系统发送的允许车门打开信号,发送相应的车门打开信号给门控单元,打开规定的车门,同时列车发送信号给地面,打开相应的屏蔽门。

②列车停站结束后,司机按下关门按钮,发出关门信号,同时发送信号给地面关闭屏蔽门,车站检查屏蔽门关闭并锁好后,允许 ATP 系统发送运行速度命令信号,列车检查车门关闭锁好,随即列车启动。

二、ATO 子系统的服务功能

1. 列车位置

列车位置功能是指从 ATP 系统中接收当前列车的位置和速度等详细信息,根据上一次计算后所运行的距离来调整列车的实际位置。列车位置功能也接收地面同步的详细信息,由此确定列车的实际位置,并计算列车位置的误差。

2. 允许速度

允许速度功能为 ATO 速度控制器提供列车在轨道任意点的对应速度。这个速度没有被优化,只是低于当前的限制速度和制动曲线的限制速度。允许列车进行速度调整是为了优化能源配置或让巡航/惰行功能完成列车的运行。

3. 巡航/惰行

巡航/惰行功能的任务是按照运行时刻表自动实现对列车在区间运行的惰行控制,同时节省能源,保证最高能量效率。

列车的几种运行状态:启动、牵引(加速)、巡航(匀速)、惰行(匀减速)、制动(减速)。其中,惰行是指利用车辆自身的惯性滑行,是一种有效节约能源的运行模式。

对于速度限制区段和停车点,优先使用惰行,根据速度曲线适度使用巡航。如果此曲线使列车提前到达下一个停车点,那么惰行的起始点将转移到较早时间,在停车点到达制动曲线前,引入一段时间的附加低速巡航。

4. PTI（主动列车识别）支持功能

PTI 支持功能是指通过多种渠道传输和接收数据,在特定位置将接收的数据传给 ATS 系统,向 ATS 系统报告列车的识别信息、目的地号、乘务组号以及列车位置数据,以优化列车运行。

PTI 功能是由车载设备和轨旁设备实现的。由车载设备提供的数据,通过 ATO 功能,传输到 PTI 的轨旁设备,进而传给 ATS 系统。PTI 是一个非安全功能。

5. 司机人机接口功能

司机人机接口(西门子系统称为 MMI,卡斯柯系统称为 DMI,泰雷兹/安萨尔多系统称为 TOD)功能实际上由两个子系统组成,分别提供司机显示功能和外部接口功能。

（1）显示功能:向司机提供驾驶列车时所需的全部信息。

（2）外部接口功能:发出驾驶室内的音响报警;非安全数据输入,通过人机界面输入车次号、车组号、乘务组号、目的地号。

任务拓展

ATO 子系统的常用制动、紧急制动、精确停车和车门控制是如何实现的？请根据所学知识,并且查阅相关资料进行知识的延伸学习。

任务三　ATP/ATO 轨旁设备构成认知及维护

任务描述

图 2-3-1 是 ATP/ATO 轨旁设备构成图,试探究 ATP/ATO 轨旁设备的构成。

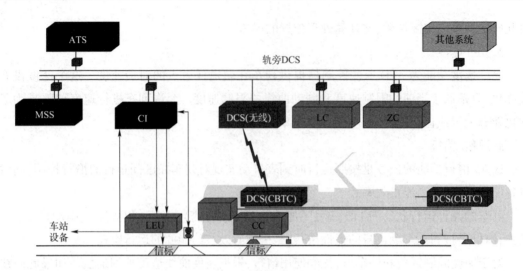

图 2-3-1 ATP/ATO 轨旁设备构成图

任务要求

知识要求：

(1) 能够叙述 ATP/ATO 轨旁设备的构成；
(2) 可以描述 ATP/ATO 轨旁设备的功能；
(3) 熟悉 ATP/ATO 轨旁设备常见故障及维护流程。

技能要求：

(1) 能绘制 ATP/ATO 轨旁设备构成拓扑图；
(2) 能指认不同的 ATP/ATO 轨旁设备，并描述其作用；
(3) 掌握 ATP/ATO 轨旁设备常见故障及维护流程；
(4) 能够选用正确的工具，对 ATP/ATO 轨旁设备进行简单的维护。

素养要求：

(1) 养成良好的学习习惯；
(2) 提高对社会主义核心价值观的认同感；
(3) 为轨道行业的快速、高质量发展感到自豪，并积极贡献自己的力量。

任务实施

一、学习环境

信号实训中心，模拟仿真多媒体。

二、学时安排

建议 4~6 个学时。

三、学习步骤

(1) 分组讨论,以 4~6 人为一个小组完成工作任务。

(2) 根据所学知识点,归纳总结并进行操作:

① ATP/ATO 轨旁设备有哪些?

② ATP/ATO 轨旁设备的修程如何划分?

③ 制订 ATP/ATO 轨旁设备定期维护工作计划,做好维护作业前的准备(注意团队合作和操作规范)。

④ 根据所学检修流程,对信标进行检修并填写检修记录表,如表 2-3-1 所示。

⑤ 根据所学检修流程,对 ZC 进行检修并填写检修记录表,如表 2-3-2(日检)、表 2-3-3(年检)所示。

(3) 按照附录三中的表格,制作学习工作单。

(4) 评价反馈。

小组内互相协助考核学习任务,组内互评;根据其他小组成员在成果展示活动中的表现及结果进行组间互评,完成附录二中的附表 2-1 至附表 2-3。

信标年检记录表   表 2-3-1

地点:　　　　　检修人:　　　　　检修日期:　　年　　月　　日

序号	设备编号	作业内容	标准	现场状态或参数	备注
1		外观检查	外观完好、无破损,安装牢固	正常□ 异常□	
		安装高度检查	顶部水平且低于轨面(5±3)mm	正常□ 异常□	
2		外观检查	外观完好、无破损,安装牢固	正常□ 异常□	
		安装高度检查	顶部水平且低于轨面(5±3)mm	正常□ 异常□	
3		外观检查	外观完好、无破损,安装牢固	正常□ 异常□	
		安装高度检查	顶部水平且低于轨面(5±3)mm	正常□ 异常□	
4		外观检查	外观完好、无破损,安装牢固	正常□ 异常□	
		安装高度检查	顶部水平且低于轨面(5±3)mm	正常□ 异常□	
5		外观检查	外观完好、无破损,安装牢固	正常□ 异常□	
		安装高度检查	顶部水平且低于轨面(5±3)mm	正常□ 异常□	
6		外观检查	外观完好、无破损,安装牢固	正常□ 异常□	
		安装高度检查	顶部水平且低于轨面(5±3)mm	正常□ 异常□	
7		外观检查	外观完好、无破损,安装牢固	正常□ 异常□	
		安装高度检查	顶部水平且低于轨面(5±3)mm	正常□ 异常□	

续上表

序号	设备编号	作业内容	标准	现场状态或参数	备注
8		外观检查	外观完好、无破损,安装牢固	正常☐ 异常☐	
		安装高度检查	顶部水平且低于轨面(5±3)mm	正常☐ 异常☐	
9		外观检查	外观完好、无破损,安装牢固	正常☐ 异常☐	
		安装高度检查	顶部水平且低于轨面(5±3)mm	正常☐ 异常☐	
10		外观检查	外观完好、无破损,安装牢固	正常☐ 异常☐	
		安装高度检查	顶部水平且低于轨面(5±3)mm	正常☐ 异常☐	
11		外观检查	外观完好、无破损,安装牢固	正常☐ 异常☐	
		安装高度检查	顶部水平且低于轨面(5±3)mm	正常☐ 异常☐	
12		外观检查	外观完好、无破损,安装牢固	正常☐ 异常☐	
		安装高度检查	顶部水平且低于轨面(5±3)mm	正常☐ 异常☐	
13		外观检查	外观完好、无破损,安装牢固	正常☐ 异常☐	
		安装高度检查	顶部水平且低于轨面(5±3)mm	正常☐ 异常☐	
14		外观检查	外观完好、无破损,安装牢固	正常☐ 异常☐	
		安装高度检查	顶部水平且低于轨面(5±3)mm	正常☐ 异常☐	
15		外观检查	外观完好、无破损,安装牢固	正常☐ 异常☐	
		安装高度检查	顶部水平且低于轨面(5±3)mm	正常☐ 异常☐	
问题记录					
备品、备件消耗记录					

序号	名称	单位	实际使用数量	备注

ZC 日检记录表

表 2-3-2

地点：　　　　　　检修人：　　　　　　检修日期：　　年　　月　　日

设备名称	作业内容	标准	现场状态或参数	备注
区域控制器	运行状态检查	MCCS 机柜面板主备机工作状态灯显示	正常□　异常□	
		NETPI-NETP4 交换机面板灯位显示	正常□　异常□	
		设备工作状态正常,无报警,无异常	正常□　异常□	
	外观检查	外观完好,无裂纹、刮花或破损	正常□　异常□	
	外部清洁检查	设备表面清洁,无积尘	正常□　异常□	
问题记录				

ZC 年检记录表

表 2-3-3

地点：　　　　　　检修人：　　　　　　检修日期：　　年　　月　　日

设备名称	作业内容	标准	现场状态及参数	备注
区域控制器	运行状态检查	MCCS 机柜面板主备机工作状态灯显示	正常□　异常□	
		NETPI-NETP4 交换机面板灯位显示	正常□　异常□	
		设备工作状态正常,无报警,无异常	正常□　异常□	
	外观检查	外观完好,无裂纹、刮花或破损	正常□　异常□	
	外部清洁检查	设备表面清洁,无积尘	正常□　异常□	
	设备运行检查	风扇运行正常,无异响	正常□　异常□	
		引接扁平电缆线插接正确,不打折	正常□　异常□	
		引入与引出端子有编号,标签清晰	正常□　异常□	
	各模块、连接线安装牢固程度及电缆状况检查	各模块、连接线安装牢固;电缆无磨损、虚接	正常□　异常□	
	冗余功能检查	联锁双机切换,确认联锁备机工作正常	正常□　异常□	
	重启 ZC	重启 ZC,重启后检查设备运行状态正常	正常□　异常□	
	内部检查	机笼内部、板卡清洁,无积尘	正常□　异常□	
		插接板插接牢固且密贴性良好	正常□　异常□	
		各接口的螺栓紧固,连接线连接牢固,无断线,无不良接脚,表皮无破损	正常□　异常□	
	板件检查	各接线端子及紧固零件无松动	正常□　异常□	
		槽路插拔电路板不卡阻、无松动,引接线接插稳固	正常□　异常□	
		各种手柄安装牢固,扭动灵活	正常□　异常□	
	地线检查	地线连接良好、安装牢固,表皮无破损	正常□　异常□	

续上表

问题记录

备品、备件消耗记录				
序号	名称	单位	实际使用数量	备注

知识导航

一、ATP/ATO 轨旁设备构成及功能

ATP/ATO 轨旁设备构成简图如图 2-3-2 所示。

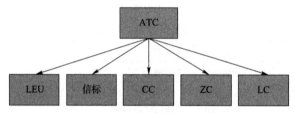

图 2-3-2　ATP/ATO 轨旁设备构成简图

轨旁设备包括线路上以及信号设备室内设备,主要包括 LEU(轨旁电子单元)、信标(应答器)、CC(车载控制器)、ZC(区域控制器)、LC(线路控制器),以下简述 ZC(区域控制器)、LC(线路控制器)、信标(应答器)、LEU(轨旁电子单元)的功能及接口情况。

1. ZC(区域控制器)

ZC 用于执行轨旁 ATP 功能,为列车提供移动授权,属于三取二冗余结构,与联锁系统相连,在 CBTC 模式下,为 CBTC 控制列车提供轨旁变量信息,主要功能如下:

(1) 计算自动防护距离;

(2) 计算每列列车的移动授权;

(3) 管理防护区域;

(4) 监控屏蔽门。

ZC 子系统通过 DCS 网络与 ATS、CI、MSS(维护支持系统)、LC、CC、相邻 ZC 子系统设备连接,如图 2-3-3 所示。

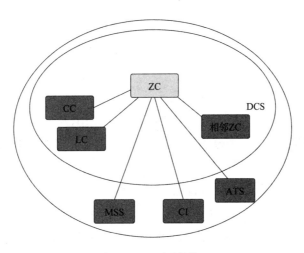

图 2-3-3　ZC 子系统接口

2. LC（线路控制器）

LC 用于管理临时限速（TSR）和 ATC 软件版本，为整条线路服务，不受区域限制，主要功能如下：

（1）管理临时限速；

（2）保证 LC、CC 和 ZC 的时钟同步；

（3）管理 ATP + ATO 的数据和软件版本。

LC 子系统通过 DCS 网络与 MSS、CC、ZC、ATS 子系统设备连接，如图 2-3-4 所示。

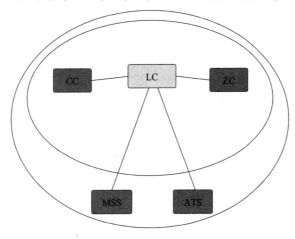

图 2-3-4　LC 子系统接口

3. 信标（应答器）

根据功能不同，可以将线路上的信标分为以下 4 种。

（1）重定位信标：线路上每一个信标都是重定位信标，用于消除列车的定位误差。

（2）移动列车初始化信标（MTIB）：两个相距 21m 的信标组成一对 MTIB，用于校准列车轮径。

（3）准确停车信标：用于列车精确停车。

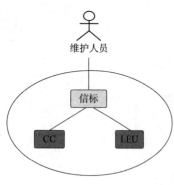

图 2-3-5　信标接口

(4)有源初始化信标:用于后备模式下的列车初始化。

信标接口如图 2-3-5 所示。

4. LEU（轨旁电子单元）

1)功能

LEU 用于后备运营控制,从 CI 设备获取各种轨旁信息,并为信号机附近的有源信标提供信息,用于执行后备模式功能。

2)特点

(1)LEU 是一种用于执行点式模式功能的产品。

(2)停车信号机由一个信标防护,每个信标从一个 LEU 获取信息并将信息传送至列车。

(3)接近信号机由两个信标防护,每个信标可从不同的 LEU 获取信息并将信息传送至列车。

(4)每个 LEU 最多可管理 4 个信标。

图 2-3-6 为点式模式轨旁子系统结构。

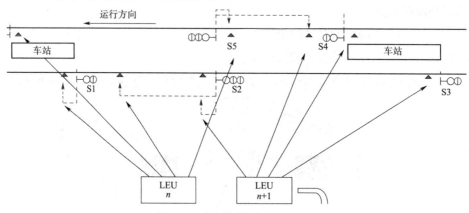

图 2-3-6　点式模式轨旁子系统结构

(5)LEU 是与安全相关的轨旁设备,提供与其相关的信号机、道岔和欧式信标接口,LEU 接口如图 2-3-7 所示。

二、ATP/ATO 轨旁设备维护

1. 规程说明

为使信号检修作业制度化、规范化、标准化、流程化,确保信号设备按周期检修,杜绝漏检漏修,保障设备正常运行,须按照规程进行检修维护作业。

信号维护人员应根据规程的规定,结合维修项目和现场实际情况开展检修作业。

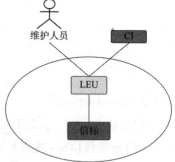

图 2-3-7　LEU 接口

检修过程中发现设备有问题时应及时处理,销点前须确保设备始终处于正常的工作状态。

检修作业结束后,应按照台账填写要求及时、准确填写检修记录,确保记录与实际一致。

2. 修程划分

信号设备检修实行一级保养、二级保养、小修、中修及大修等修程。其中一级保养包含日检,二级保养包含周检、月检、季检、半年检,小修即年检。信号设备的中修及大修是一项复杂的规程,本规程对中修、大修暂不作具体规定。

（1）一级保养:设备的一级保养是工作量最小、检修周期最短的计划维修。一级保养主要是对设备的外观和操作界面的检查和清洁,对设备状态和功能的确认,查看并记录设备的主要运行参数,及时报告设备的各类不良状态。

（2）二级保养:设备的二级保养是对设备的性能检查和功能测试,零部件清洁和紧固的计划维修。二级保养主要是对设备的功能进行检查和测试,检查主要零部件,并进行清洁、紧固、润滑,修复设备不良状态点（故障隐患点）,保证设备稳定运行。

（3）小修:对于实行状态监测维修的设备,小修的内容是针对一级保养、二级保养和状态监测诊断发现的问题,拆卸有关部件,进行检查、调整、更换或修复失效的零件,以恢复或维持设备的正常性能。对于实行定期维修的设备,小修的主要内容是根据设备的磨损规律更换或修复在维修间隔期内即将失效的零件,以保证设备功能正常。

3. 设备检修周期

ATP/ATO 轨旁设备检修周期有日检、月检、年检。

4. 作业前准备工作

提前制订检修作业计划和内容,按照规定开展工作,带好作业清单（表2-3-4）和施工作业令（表2-3-5）,清点好工器具,并分配好人员。

作业清单　　　　　　　　　　　　　　　　　　　　　　表2-3-4

一、当日工作内容									
作业令号		作业内容		请点时间			销点时间		
作业区域									
二、作业人员登记									
进入作业区域人员数量					作业完毕出清人员数量				
三、工具及物料登记									
工具及大物料					备品、备件、耗材等小物料				
序号	名称	作业前数量	作业后数量	消耗数量	名称		作业前数量	作业后数量	消耗数量
1									
2									
3									
4									
5									

施工作业令 表2-3-5

作业类别			作业令号	
作业单位			作业人数	
作业日期			作业时间	
请点地点			销点地点	
施工负责人			联系电话	
作业范围				
作业内容				
供电要求				
防护措施				
配合部门				
辅站				
签发人				
请点	批准时间		行值	
	施工号		行调/场调/行值/主所	
销点	批准时间		行值	
	施工负责人		行调/场调/行值/主所	

5. 作业过程

6. 作业后收尾

三、ATP/ATO 轨旁设备检修周期与工作内容

ATP/ATO 轨旁设备检修周期及工作内容如表 2-3-6 所示。

ATP/ATO 轨旁设备检修周期及工作内容 表2-3-6

设备名称	修程	周期	工作内容	标准
ZC/LC 机柜	一级保养	日检	设备运行状态检查	各设备指示灯显示正常，REDMAN 板显示"3oo3"
	小修	年检	同一级保养	同一级保养
			ZC/LC 机柜清灰	机柜内部无灰尘
LEU	一级保养	日检	设备外观、运行状态目视检查	每个 LEU 的 CRTE 板绿灯常亮且不闪烁
	小修	年检	同一级保养	同一级保养
			机柜清灰	机柜内部无灰尘
信标	小修	年检	设备外观检查及清洁	无破损，无积水浸泡
			分线盒内部配线检查(有源信标)	配线压接紧固
			信标安装部件紧固检查	紧固良好，无松动
			信标尾缆保护措施检查	信标线缆连接可靠

四、信标检修作业案例

1. 检修流程

检修流程为:作业前准备→登记请点→检修→复查试验→销点。

2. 工器具准备

信标检修作业所需工器具如表2-3-7所示。

信标检修作业所需工器具   表2-3-7

名称	数量	名称	数量
活动扳手	1	清洁布	若干
钢直尺	1	除锈剂(镀锌喷漆)	1
卷尺	1	毛刷	2
12件(套)一字螺丝刀、十字螺丝刀	1	扎带(包)	2
万用表	1		

3. 作业原则

(1)在检修作业开始前应召开安全交底工作会议,同时形成相应记录。

(2)作业安全准备,作业负责人采取安全作业的具体措施并做好安全预想。

(3)作业前须检查检修工器具及安全防护用品状态,发现状态不良的,应立即停用。

(4)作业过程中严格执行"三不动""三不离"等基本安全制度。

(5)作业结束后,应填写相应检修作业表格,与车控室值班员/车辆段值班员确认该设备显示无异常,做好现场出清。

4. 作业内容

(1)登记请点。

到车控室登记请点,经批准后方可在作业点开始检修作业。

(2)年检。

①结构外观检查。

信标及支架外观无损坏、变形、油污、锈蚀,标识标牌清晰、牢固,如图2-3-8所示。

②螺栓检查。

螺母紧固、不晃动,螺栓无锈蚀、无污物堆积,如图2-3-9所示。

③箱盒检查。

箱盒密封良好,无破损,内部配线良好、整洁,无破皮、混线,如图2-3-10所示。

④参数测量(信标)。

输入电压:100~120V(信标内小变压器输入端测);输出电压:8~10V(信标内小变压器输出端测)。

图 2-3-8　信标外观检查　　　　图 2-3-9　螺栓检查　　　　图 2-3-10　箱盒检查

(3) 作业收尾。

①清点、整理工具，清扫现场，保证工具无遗漏、作业现场无异物。

②填写设备检修表。

③作业完成后，联系正线车控室值班员/车辆段值班员确认设备无异常后，销点离开。

五、ZC 检修作业案例

1. 检修流程

检修流程为：作业前准备→登记请点→检修→复查试验→销点。

2. 工器具准备

吹吸风机、抹布、毛刷。

3. 作业原则

(1) 在检修作业开始前应召开安全交底工作会议，同时形成相应记录。

(2) 作业安全准备，作业负责人采取安全作业的具体措施并做好安全预想。

(3) 作业前须检查检修工器具及安全防护用品状态，发现状态不良的，应立即停用。

(4) 作业过程中严格执行"三不动""三不离"等基本安全制度。

(5) 作业结束后，应填写相应检修作业表格，与车控室值班员/车辆段值班员确认该设备显示无异常，做好现场出清。

4. 作业内容

(1) 到车控室登记请点，经批准后方可到作业点开始检修作业。

(2) 日检。

设备运行状态检查：各设备指示灯显示正常，REDMAN 板显示"3oo3"，如图 2-3-11 所示。

(3) 年检。

①设备运行状态检查：各设备指示灯显示正常，REDMAN 板显示"3oo3"。

②接地线检查：机柜接地线连接牢固，无锈蚀、无伤线、无断线、无打火痕迹，如图 2-3-12 所示。

③卫生清扫：用吹吸风机、抹布、毛刷等对机柜外表进行清洁，使设备清洁、无灰尘。

(4)作业收尾。

①清点、整理工具,清扫现场,保证工具无遗漏、作业现场无异物。

②填写设备检修表。

③作业完成后,联系正线车控室值班员/车辆段值班员确认设备无异常后,销点离开。

图 2-3-11　机柜外观检查

图 2-3-12　接地线检查

任务拓展

请自行查阅资料,了解其他型号的轨旁设备的构成,以西门子系统为例,了解 ATP/ATO 轨旁设备的构成和功能,以及轨旁子系统的整体结构图。

任务四　ATP/ATO 车载设备构成认知及维护

任务描述

图 2-4-1 是 ATP/ATO 车载设备构成图,试探究 ATP/ATO 车载设备的构成。

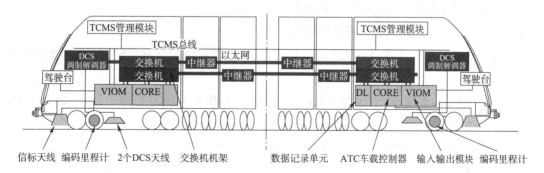
图 2-4-1　ATP/ATO 车载设备构成图

任务要求

知识要求：
(1) 能够叙述 ATP/ATO 车载设备的系统构成；
(2) 可以描述 ATP/ATO 各车载设备构成，并阐明各设备的功能；
(3) 会描绘各车载设备之间的联系思维导图。

技能要求：
(1) 做到熟练指认 ATP/ATO 各车载设备，并进行简单的维护；
(2) 熟悉各车载设备维护流程及方法。

素养要求：
(1) 养成良好的学习习惯；
(2) 养成严谨的工作作风，提高职业素养；
(3) 学习工匠精神，提高自身技术能力，积极投身社会主义事业建设。

任务实施

一、学习环境

信号实训中心，模拟仿真多媒体。

二、学时安排

建议 2~4 个学时。

三、学习步骤

(1) 分组讨论，以 4~6 人为一个小组完成工作任务。
(2) 根据所学知识点，归纳总结并进行操作：
①ATP/ATO 车载设备有哪些？分别实现什么功能？
②ATP/ATO 车载设备的修程如何划分？
③制订 ATP/ATO 车载设备的定期维护工作计划，做好维护作业前的准备（注意团队合作和操作规范）。
④根据所学检修流程，对 ATP/ATO 车载设备进行检修并填写检修记录表，如表 2-4-1（日检）、表 2-4-2（月检）、表 2-4-3（季检）和表 2-4-4（年检）所示。
(3) 按照附录三中的表格，制作学习工作单。
(4) 评价反馈。
小组内互相协助考核学习任务，组内互评；根据其他小组成员在成果展示活动中的表现及结果进行组间互评,完成附录二中的附表2-1至附表2-3。

车载设备日检记录表　　　　　　　　　　　表2-4-1

地点:　　　　　检修人:　　　　　检修日期:　　年　　月　　日

序号	设备	作业内容	标准	车组号	现场状态		备注
					TC1	TC2	
1	查询应答器天线	外观检查,螺栓、防松线、线缆等检查	表面无覆盖物、无裂纹		正常□ 异常□	正常□ 异常□	
			电缆外观无破损		正常□ 异常□	正常□ 异常□	
			螺栓紧固,防松线无错位		正常□ 异常□	正常□ 异常□	
2	接近传感器	外观检查,螺栓、防松线、线缆等检查	表面无覆盖物、无裂纹		正常□ 异常□	正常□ 异常□	
			电缆外观无破损		正常□ 异常□	正常□ 异常□	
			螺栓紧固,防松线无错位		正常□ 异常□	正常□ 异常□	
3	速度传感器	电缆外观检查,螺栓、防松线检查	表面无覆盖物、无裂纹		正常□ 异常□	正常□ 异常□	
			电缆外观无破损		正常□ 异常□	正常□ 异常□	
			螺栓紧固,防松线无错位		正常□ 异常□	正常□ 异常□	
4	TOD显示屏	系统自检,外观、状态检查	表面无裂纹、刮花、破损		正常□ 异常□	正常□ 异常□	
			上电后显示正常,图像清晰、色彩鲜艳,光暗度、对比度适中		正常□ 异常□	正常□ 异常□	
			通信正常,各图标显示正常		正常□ 异常□	正常□ 异常□	
5	车载控制系统(VOBC)机柜	外观、运行状态检查	板卡设备螺栓、插头紧固		正常□ 异常□	正常□ 异常□	
			插接件、连接器安装牢固、无破损,防松线无错位		正常□ 异常□	正常□ 异常□	
			各模块指示灯显示正常		正常□ 异常□	正常□ 异常□	

续上表

序号	设备	作业内容	标准	车组号	现场状态 TC1	现场状态 TC2	备注
6	加速度计	电缆外观检查,螺栓、防松线检查	无机械损伤		正常□ 异常□	正常□ 异常□	
			电缆连接良好,无破损		正常□ 异常□	正常□ 异常□	
			螺栓紧固,防松线无错位		正常□ 异常□	正常□ 异常□	
7	网络交换机	外观检查,螺栓、防松线、线缆等检查	安装牢固,无断线,接头与插座紧固,螺钉无松脱,连接线及接头外观良好,无破损		正常□ 异常□	正常□ 异常□	
					正常□ 异常□	正常□ 异常□	
					正常□ 异常□	正常□ 异常□	
		运行状态检查	指示灯显示正常		正常□ 异常□	正常□ 异常□	
问题记录							

车载设备月检记录表 表2-4-2

地点:　　　　　检修人:　　　　　检修日期:　　年　月　日

序号	设备	作业内容	标准	现场状态 TC1	现场状态 TC2	备注
1	查询应答器天线	外观检查	表面无覆盖物、无裂纹,电缆外观良好,螺栓紧固,防松线无错位	正常□ 异常□	正常□ 异常□	
		安装检查	安装牢固、方正,距轨面安装高度(321±3)mm	高度_____	高度_____	
		外部清洁检查	设备表面清洁,无积尘及油渍	正常□ 异常□	正常□ 异常□	
		插头检查	接头连接牢固,无断线,无表皮破损,插头紧固	正常□ 异常□	正常□ 异常□	
2	核心网(LTE)天线	外观检查	表面无覆盖物、无裂纹,电缆外观良好,螺栓紧固,防松线无错位	正常□ 异常□	正常□ 异常□	
		安装检查	安装牢固,安装角度无明显倾斜	正常□ 异常□	正常□ 异常□	
		外部清洁检查	设备表面清洁,无积尘及油渍	正常□ 异常□	正常□ 异常□	
		插头检查	接头连接牢固,无断线,无表皮破损,插头紧固	正常□ 异常□	正常□ 异常□	

续上表

序号	设备	作业内容	标准	现场状态		备注
				TC1	TC2	
3	接近传感器	外观检查	无机械损伤,各螺栓紧固,防松线无错位,线缆连接良好、无破损	正常□ 异常□	正常□ 异常□	
		安装检查	安装牢固、方正,距轨面安装高度(105±3)mm	高度_____	高度_____	
		外部清洁检查	设备表面清洁,无积尘及油渍	正常□ 异常□	正常□ 异常□	
		连接线检查	连接线连接牢固,无断线,无表皮破损	正常□ 异常□	正常□ 异常□	
4	速度传感器	外观检查	无机械损伤,各螺栓紧固,防松线无错位,电缆连接良好、无破损	正常□ 异常□	正常□ 异常□	
		外部清洁检查	设备表面清洁,无积尘及油渍	正常□ 异常□	正常□ 异常□	
		连接线检查	连接线连接牢固,无断线,无表皮破损	正常□ 异常□	正常□ 异常□	
5	加速度计	外观检查	连接线及接头外观良好,无破损	正常□ 异常□	正常□ 异常□	
		外部清洁检查	设备表面清洁,无积尘及油渍	正常□ 异常□	正常□ 异常□	
		安装检查	安装牢固,无断线,接头与插座紧固,螺钉无松脱	正常□ 异常□	正常□ 异常□	
问题记录						

车载设备季检记录表　　　　　　　　　　　　　　　　　　　　表2-4-3

地点：　　　　　检修人：　　　　　检修日期：　　年　　月　　日

序号	设备	作业内容	标准	现场状态		备注
				TC1	TC2	
1	查询应答器天线	外观检查	表面无覆盖物、无裂纹,电缆外观良好,螺栓紧固,防松线无错位	正常□ 异常□	正常□ 异常□	
		安装检查	安装牢固、方正,距轨面安装高度(321±3)mm	高度_____	高度_____	
		外部清洁检查	设备表面清洁,无积尘及油渍	正常□ 异常□	正常□ 异常□	
		插头检查	接头连接牢固,无断线,无表皮破损,插头紧固	正常□ 异常□	正常□ 异常□	

续上表

序号	设备	作业内容	标准	现场状态 TC1	现场状态 TC2	备注
2	TOD显示屏	系统自检、外观检查	外观无裂纹、刮花、破损	正常□ 异常□	正常□ 异常□	
			上电后显示正常,图像清晰、色彩鲜艳,光暗度、对比度适中	正常□ 异常□	正常□ 异常□	
			TOD通信正常,各图标显示正常	正常□ 异常□	正常□ 异常□	
		屏幕清洁检查	表面清洁,无积尘	正常□ 异常□	正常□ 异常□	
		静态测试	显示屏触控灵敏	正常□ 异常□	正常□ 异常□	
			输入功能正常,正确显示相关数据及列车实时状态	正常□ 异常□	正常□ 异常□	
3	VOBC机柜	外观、运行状态检查	板卡设备螺栓、插头紧固	正常□ 异常□	正常□ 异常□	
			插接件、连接器安装牢固、无破损,防松线无错位	正常□ 异常□	正常□ 异常□	
			指示灯显示无异常	正常□ 异常□	正常□ 异常□	
		线缆及插接件检查	计算机处理单元板卡主处理器单元(MPU)、电源和处理器单元(PPU)、车载断路器(OBRU)、交换机之间连接线位置正确,线缆无破损	正常□ 异常□	正常□ 异常□	
			设备板卡及插接件插接牢固	正常□ 异常□	正常□ 异常□	
		螺栓检查	各部件螺栓紧固,无锈蚀、滑丝、缺损	正常□ 异常□	正常□ 异常□	
		地线检查	地线连接良好、安装牢固,表皮无破损、无锈蚀	正常□ 异常□	正常□ 异常□	
		内部清洁检查	内部部件清洁,无积尘	正常□ 异常□	正常□ 异常□	
		按钮功能检查	ATO模式、ATO启动、区段开放、自动折返、VOBC复位按钮功能正常	正常□ 异常□	正常□ 异常□	
			问题记录			

车载设备年检记录表

表2-4-4

地点：　　　　　　检修人：　　　　　　检修日期：　　年　　月　　日

序号	设备	作业内容	标准	现场状态 TC1	现场状态 TC2	备注
1	查询应答器天线	安装检查	安装牢固、方正，螺栓紧固，防松线无错位	正常□ 异常□	正常□ 异常□	
		外部清洁检查	设备表面清洁，无积尘及油渍	正常□ 异常□	正常□ 异常□	
		安装高度检查	距离钢轨顶面(321±3)mm	高度_____	高度_____	
		动态测试	天线功能正常	正常□ 异常□	正常□ 异常□	
		外观检查	无机械损伤，各螺栓紧固，防松线无错位，电缆连接良好，无破损	正常□ 异常□	正常□ 异常□	
2	LTE天线	外部清洁检查	设备表面清洁，无积尘	正常□ 异常□	正常□ 异常□	
		驻波比测试	车载无线天线驻波比不大于2.0	驻波比_____	驻波比_____	
		动态测试	车-地无线通信功能正常	正常□ 异常□	正常□ 异常□	
3	接近传感器	外部清洁检查	设备表面清洁，无积尘及油渍	正常□ 异常□	正常□ 异常□	
		连接线检查	连接线连接牢固，无断线，无表皮破损	正常□ 异常□	正常□ 异常□	
		安装高度检查	距轨面安装高度最大不超过(105±3)mm	高度_____	高度_____	
		动态测试	设备功能正常	正常□ 异常□	正常□ 异常□	
4	速度传感器	连接线检查	连接线连接牢固，无断线，无表皮破损	正常□ 异常□	正常□ 异常□	
		外部清洁检查	设备表面清洁，无积尘及油渍	正常□ 异常□	正常□ 异常□	
		动态测试	设备功能正常	正常□ 异常□	正常□ 异常□	
		外观检查	无机械损伤，各螺栓紧固，防松线无错位，线缆连接良好，无破损	正常□ 异常□	正常□ 异常□	
5	TOD显示屏	屏幕清洁检查	表面清洁，无积尘，上电后显示正常，图像清晰，光暗度、对比度适中	正常□ 异常□	正常□ 异常□	
			TOD通信正常，各图标显示正常	正常□ 异常□	正常□ 异常□	
		内部清洁检查	内部部件清洁，无积尘	正常□ 异常□	正常□ 异常□	
		电缆及螺栓检查	电缆连接牢固，无断线，无接触不良，无表皮破损，各螺栓紧固	正常□ 异常□	正常□ 异常□	
		静态测试	显示屏触控灵敏	正常□ 异常□	正常□ 异常□	

续上表

序号	设备	作业内容	标准	现场状态 TC1	现场状态 TC2	备注
5	TOD 显示屏	动态测试	输入功能正常,正确显示相关数据及列车实时状态	正常□ 异常□	正常□ 异常□	
			显示内容与测试项目吻合,无延时	正常□ 异常□	正常□ 异常□	
		外观检查	电缆外观良好,无破损,表面无覆盖物,无裂纹	正常□ 异常□	正常□ 异常□	
6	VOBC 机柜	外观、运行状态检查	板卡设备螺栓、插头紧固	正常□ 异常□	正常□ 异常□	
			插接件、连接器安装牢固,无破损,防松线无错位	正常□ 异常□	正常□ 异常□	
			指示灯显示无异常	正常□ 异常□	正常□ 异常□	
		线缆及插接件检查	PPU、MPU、OBRU、交换机之间连接线位置正确,线缆无破损	正常□ 异常□	正常□ 异常□	
			设备板卡及插接件插接牢固	正常□ 异常□	正常□ 异常□	
		螺栓检查	各部件螺栓紧固,无锈蚀、滑丝、缺损	正常□ 异常□	正常□ 异常□	
		地线检查	地线连接良好,安装牢固,表皮无破损,无锈蚀	正常□ 异常□	正常□ 异常□	
		内部清洁检查	内部部件清洁,无积尘	正常□ 异常□	正常□ 异常□	
		按钮功能检查	ATO 模式、自动折返、点式通过、VOBC 复位按钮功能正常	正常□ 异常□	正常□ 异常□	
		板件清洁检查	各部件的面板、印刷电路板、插槽、插匙、端口(接口)清洁,无积尘	正常□ 异常□	正常□ 异常□	
		板卡检查	母板及各板卡外观良好,插针无缩针、退针	正常□ 异常□	正常□ 异常□	
		测试 TI 输出功率	正常值在 8~11dBm 之间	功率_____	功率_____	
7	加速度计	安装检查	安装牢固,无断线,接头与插座紧固,螺钉无松脱	正常□ 异常□	正常□ 异常□	
		接头检查	接头接触良好,无断裂、脱落	正常□ 异常□	正常□ 异常□	
		水平调整	测量加速度计比特位数值,预期数值为 0200±08	正常□ 异常□	正常□ 异常□	

续上表

序号	设备	作业内容	标准	现场状态 TC1	现场状态 TC2	备注
8	网络交换机	安装检查	安装牢固,无断线,交换机接头与插座紧固,螺钉无松脱	正常□ 异常□	正常□ 异常□	
		运行状态检查	指示灯显示正常	正常□ 异常□	正常□ 异常□	
		接头检查	接头接触良好,无断裂、脱落	正常□ 异常□	正常□ 异常□	
		动态测试	列车两端通信正常	正常□ 异常□	正常□ 异常□	
		外观检查	无机械损伤,各螺栓紧固,表面无覆盖物	正常□ 异常□	正常□ 异常□	
9	VOBC重置功能测试	VOBC复位按钮测试	按压激活端司机室VOBC复位按钮,备用端VOBC机柜重启	正常□ 异常□	正常□ 异常□	
			按压非激活端司机室VOBC复位按钮,无反应	正常□ 异常□	正常□ 异常□	
		ATP切除开关测试	将激活端司机室ATP切除开关置于切除位,两端VOBC机柜失电,TOD失电黑屏	正常□ 异常□	正常□ 异常□	
			将非激活端司机室ATP切除开关置于切除位,两端VOBC机柜失电,TOD失电黑屏	正常□ 异常□	正常□ 异常□	
			将两端司机室ATP切除开关拨到正常位,VOBC机柜得电重启	正常□ 异常□	正常□ 异常□	
10	紧急制动缓解及撤回测试	紧急制动缓解测试	在非激活端司机室缓解紧急制动,紧急制动不缓解	正常□ 异常□	正常□ 异常□	
			在激活端司机室缓解紧急制动,紧急制动缓解	正常□ 异常□	正常□ 异常□	
			VOBC主备切换,紧急制动不施加	正常□ 异常□	正常□ 异常□	
11	VOBC功能测试	OFF模式动车	模式开关置于"OFF"位,尝试将方向手柄置于向前(向后)位,推牵引/制动手柄,列车无法移动	正常□ 异常□	正常□ 异常□	
		RM模式下的运行	超速测试:列车以RMF模式运行,缓慢提速,产生报警后继续提速,产生紧急制动	正常□ 异常□	正常□ 异常□	

续上表

序号	设备	作业内容	标准	现场状态 TC1	现场状态 TC2	备注
11	VOBC 功能测试	RM 模式下的运行	车门测试：RMF 模式不对标停车，尝试打开左右侧车门，车门无法打开；继续 RMF 模式对标停车，尝试打开左右侧车门，TOD 上"列车门"下方显示"使能"，有开门码侧车门可打开，无开门码侧车门打不开	正常□ 异常□	正常□ 异常□	
			门旁路测试：车门保持开启状态，推牵引手柄，列车无法移动；客室门全关闭旁路，置于强制位，推牵引手柄，列车动车无紧急制动	正常□ 异常□	正常□ 异常□	
			过冲回退测试：列车 RMF 模式过冲站台小于 10m，转 RMR 模式，回退对标，TOD 显示"向后缓行可用"，转 RMR 动车，回退对标；过冲大于 10m，TOD 显示"向后缓行不可用"，转 RMR 模式，列车紧急制动	正常□ 异常□	正常□ 异常□	
		IATP 模式下的运行	模式转换：TOD 上显示"IATP 可用"后，转换模式开关至 PM。TOD 上显示驾驶模式为"IATP"，列车进入 IATP 模式运行	正常□ 异常□	正常□ 异常□	
			车门测试：IATP 模式运行至站台对标停车，TOD 上"列车门"下方显示"使能"，打开使能侧车门	正常□ 异常□	正常□ 异常□	
		ATPM 模式下的运行	模式转换：TOD 上显示"ATPM 可用"后，转换模式开关至 PM。TOD 上显示驾驶模式为"ATPM"，列车进入 ATPM 模式运行	正常□ 异常□	正常□ 异常□	
			车门、屏蔽门测试：ATPM 模式运行至站台对标停车，TOD 上"列车门""屏蔽门"下方显示"使能"，打开使能侧车门	正常□ 异常□	正常□ 异常□	

续上表

序号	设备	作业内容	标准	现场状态 TC1	现场状态 TC2	备注
11	VOBC 功能测试	ATO 模式下的运行	模式转换：TOD 上显示驾驶模式为"ATO"，列车进入 ATO 模式运行	正常□ 异常□	正常□ 异常□	
			车门、屏蔽门测试：将门模式开关置于"自动开门"位，ATO 模式运行至站台停车，TOD 上"列车门""屏蔽门"下方显示"使能"，列车自动打开使能侧车门	正常□ 异常□	正常□ 异常□	
			门旁路测试：车门保持开启状态，客室门全关闭旁路，置于强制位，按 ATO 发车。TOD 显示发车"ON"，按 ATO 按钮无效	正常□ 异常□	正常□ 异常□	
		DTB 模式下的运行	列车停站结束，关闭车门。两端司机室均置于"OFF"位，TOD 显示"DTB 模式可用"，按压激活端司机室"自动折返"按钮，关闭主控钥匙。TOD 显示驾驶模式为"DTB"，列车以 DTB 模式进入折返线，停在停车点后，自动改变运行方向，返回折返站台，停车后自动开门，TOD 显示驾驶模式为"OFF"	正常□ 异常□	正常□ 异常□	
			问题记录			

知识导航

一、ATP/ATO 车载设备构成及功能

ATP/ATO 车载设备构成图如图 2-4-1 所示。ATP 车载设备包括车载控制器（CC）、司机显示单元 DMI（车载信号显示屏）、信标（应答器）天线等，这些设备接入冗余的信号网络实

现与车辆制动装置的可靠连接,保证安全、连续地对列车实施有效的控制。

1. 车载控制器(CC)构成、接口及功能

1)构成及接口

CC 子系统为车载 ATP/ATO 系统的核心,包含安全处理器单元、数据记录单元、安全输入输出单元 3 套子系统,这 3 套子系统位于一个机架内,各子系统配置两套网络(蓝网和红网),以实现子系统之间的通信,保证系统的可用性。

CC 子系统构成如图 2-4-2 所示。CC 子系统通过 DCS 网络同 ATS、ZC、LC、CI、信标等信号子系统连接,如图 2-4-3 所示。

图 2-4-2　CC 子系统构成

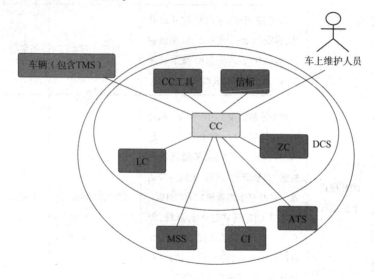

图 2-4-3　CC 子系统与其他信号子系统接口示意图

2)功能

CC 子系统主要实现列车防护功能,即控制列车的安全运行;列车驾驶功能,即负责监督和控制列车的运行。具体包括以下 10 个方面的功能:

(1)列车运行防护;

(2)列车在车站的准确停车管理;

(3)列车停车和发车时间管理;

(4)安全停车管理;

(5)车门与屏蔽门打开和关闭管理,确保乘客安全(乘客在站台上下车);

(6)根据安全原则(限速和防护区段),调整列车相关参数,以实现列车自动运行;

(7)通过 DMI 辅助司机;

(8)处理列车的初始化和自检;

(9)向上层系统(监控系统和区域控制系统)发送列车报告;

(10)处理和生成向上层系统(监控系统和区域控制系统)发送的列车运行中的报警信息。

2.司机显示单元 DMI(车载信号显示屏)

DMI 是车载司机显示单元,为司机提供信息,显示内容包含列车的当前速度、目标速度、运营模式、开关门模式等,其实物图及界面显示信息如图 2-4-4 所示。

a) 实物图　　　　　　　　　b) 界面显示信息

图 2-4-4　DMI 显示屏

3.信标(应答器)天线

应答器天线沿着轨道发送一个恒定激活信号给地面应答器,并且当地面应答器"回应"时接收地面应答器发出的信号。应答器天线给轨旁应答器发送一个激活信号,然后接收轨旁应答器发送来的数据,使车载系统识别列车的运行位置等信息,实现车地之间的信息传输。天线应安装在转向架下(需要减震器),如图 2-4-5 所示。

a) 天线　　　　　　　　　b) 天线和安装组件及减震器

图 2-4-5　应答器天线

4.里程计传感器(OPG)

OPG 运用的是霍尔效应,车轮每转一周,OPG 会输出一定数量的脉冲或方波信号,以实现对车轮的计数。把计算出的速度和距离送至 CC。对应的每个驾驶室车底都安装有一个测速电机(OPG,测速电机应当安装到非动力和非制动的旋转轴上),如图 2-4-6 所示。

a) 列车接口　　　　　　　　　b) 安全处理器单元接口

图 2-4-6　OPG

二、ATP/ATO 车载设备维护

1. 设备检修周期

ATP/ATO 车载设备检修周期有日检、季检、年检。

2. 作业前准备工作

提前制订 ATP/ATO 车载设备的检修作业计划和内容,按照规定开展工作,带好作业清单(表2-4-5)和施工作业令(表2-4-6),清点好工器具,并分配好人员。

作业清单　　　　　　　　　　　　　　　表2-4-5

一、当日工作内容							
作业令号		作业内容		请点时间		销点时间	
作业区域							
二、作业人员登记							
进入作业区域人员数量				作业完毕出清人员数量			
三、工具及物料登记							
工具及大物料				备品、备件、耗材等小物料			
序号	名称	作业前数量	作业后数量	消耗数量	名称	作业前数量	作业后数量	消耗数量
1								
2								
3								
4								
5								
6								

施工作业令　　　　　　　　　　　　　　　表2-4-6

作业类别		作业令号	
作业单位		作业人数	
作业日期		作业时间	
请点地点		销点地点	
施工负责人		联系电话	
作业范围			
作业内容			
供电要求			
防护措施			
配合部门			

续上表

辅站			
签发人			
请点	批准时间		行值
	施工号		行调/场调/行值/主所
销点	批准时间		行值
	施工负责人		行调/场调/行值/主所

3. 作业过程

4. 作业后收尾

三、ATP/ATO 车载设备检修周期与工作内容

ATP/ATO 车载设备实现与车辆制动装置的可靠连接,保证安全、连续地对列车实施有效的控制。

每列车首尾各设置一套 CC,互为热备份。每端的 CC 设备都会连续地计算其可用性状况,包括其接口(如编码里程计、司控台等)的可用性。一旦工作 CC 的可用性低于备用 CC,头尾冗余车载控制器之间的切换就会立即执行。主、备设备之间的转换应不影响列车的正常运行。

每套 CC 的安全机制基于反应故障-安全(单编码动态处理)原理和组合故障-安全(三取二)原理,符合欧洲铁路标准《铁路应用-通信、信号和处理系统-信号的安全相关电子系统》(EN50129:2018),并在全球得到了广泛的应用,当 CC 内部发生故障时,CC 状态输出为限制状态,符合故障-安全原则。

ATP/ATO 车载设备检修周期及工作内容如表 2-4-7 所示。

ATP/ATO 车载设备检修周期及工作内容　　　　表 2-4-7

设备名称	修程	周期	工作内容	标准
CC 机柜	一级保养	日检	CC 主机重启	重启自检功能正常
			机柜风扇检查	风扇工作正常
			CC 板卡指示灯显示检查	各设备指示灯显示正常
			交换机指示灯检查	各设备指示灯显示正常
			各螺栓、线缆紧固检查	设备和连接电缆无损伤,紧固良好,无松动
	二级保养	季检	同一级保养	同一级保养
			CC 机柜内部清洁检查	内部清洁,无灰尘
			机柜间连接线紧固检查	紧固良好,无松动
			INT 面板及插头紧固检查	紧固良好,无松动

续上表

设备名称	修程	周期	工作内容	标准
CC 机柜	二级保养	季检	清洁、紧固交换机固定螺栓及 M12 插头和数据插头检查	紧固良好,无松动
			CC 风扇除尘检查	清洁,无灰尘
			CC 静态功能测试: (1) ATC 旁路开关信号输入; (2) 主控钥匙开关信号输入; (3) 车门关闭且锁闭信号输入; (4) ATO 按钮输入; (5) ATB 按钮输入; (6) BM 按钮输入; (7) 人工车门管理开关输入	静态功能测试正常
	小修	年检	同二级保养	同二级保养
			CC 动态功能测试: (1) 里程计传感器功能测试; (2) 应答器天线功能测试; (3) RM 功能测试; (4) IATP 功能测试; (5) CBTC 模式 ATP 功能测试; (6) CBTC 模式 ATO 功能测试; (7) ATB 功能测试	动态功能测试正常
TOD 司机显示单元	一级保养	日检	设备外观检查	表面无机械损伤
			设备运行状态检查	显示正常,扬声器有声音
	二级保养	季检	同一级保养	同一级保养
			TOD 屏幕清洁检查	清洁,无灰尘
			检查接插件是否牢固,接口是否良好	紧固良好,无松动
	小修	年检	同二级保养	同二级保养
			TOD 功能检查	功能正常
里程计传感器	一级保养	日检	里程计传感器及连接电缆外观检查	表面无机械损伤
	二级保养	季检	同一级保养	同一级保养
			清洁、紧固里程计传感器及连接电缆和固定电缆的卡箍检查	清洁,无灰尘,紧固良好,无松动
	小修	年检	同二级保养	同二级保养
			里程计传感器功能测试	动态功能测试正常

续上表

设备名称	修程	周期	工作内容	标准
信标(应答器)天线	一级保养	日检	天线外观及连接电缆检查	设备和连接电缆紧固,无损伤
	二级保养	季检	同一级保养	同一级保养
			清洁、紧固应答器天线及连接电缆和固定电缆的卡箍	清洁,无灰尘,紧固良好,无松动
	小修	年检	同二级保养	同二级保养
			天线安装高度测量	应答器天线到轨平面距离为105~225mm
			天线功能测试	动态功能测试正常
车载交换机、中继器	一级保养	日检	检查中继器状态	各设备指示灯显示正常
	二级保养	季检	同一级保养	同一级保养
			清洁、紧固中继器及连接线	清洁,无灰尘,紧固良好
	小修	年检	同二级保养	同二级保养
			中继器功能测试	中继器功能测试正常
TAU(车载天线终端)、鲨鱼鳍天线	一级保养	日检	检查设备运行状态及网管报警信息	电源灯正常,信号显示正常,及时处理网管上的报警
	二级保养	季检	同一级保养	同一级保养
			接地线及线缆连接检查	设备的接地线及网线无松动,电源满足要求
			馈线接头及防水检查	接头稳固、防水,外观完好,绝缘胶带无破损、开裂
	小修	年检	检查鲨鱼鳍天线驻波比	驻波比正常
			接地线、线缆等监测,监测车载设备有无其他异常	接头连接稳固,车载设备无异常
			鲨鱼鳍天线外观检查	外观良好,连接紧固,无松动

四、ATP/ATO 车载设备检修作业

1. 检修流程

检修流程为:作业前准备→登记请点→检修→复查试验→销点。

2. 工器具准备

车载设备检修作业所需工器具如表 2-4-8 所示。

车载设备检修作业所需工器具　　　　　表2-4-8

名称	数量	名称	数量
吹吸尘机	1	清洁布	若干
12件(套)一字螺丝刀、十字螺丝刀	1	毛刷	2
万用表	1	频谱仪	1
四角钥匙	1	水平尺	2

3. 作业原则

(1) 在检修作业开始前应召开安全交底工作会议，同时形成相应记录。

(2) 作业安全准备，作业负责人采取安全作业的具体措施并做好安全预想。

(3) 作业前须检查检修工器具及安全防护用品状态，发现状态不良的，应立即停用。

(4) 作业过程中严格执行"三不动""三不离"等基本安全制度。

(5) 作业结束后，应填写相应检修作业表格，与轮值技术岗工作人员确认该设备显示无异常，做好现场出清。

4. 作业内容

1) 登记请点

到轮值技术岗处登记请点，经批准后方可在作业点开始检修作业。

2) 日检

(1) 查询应答器天线。

外观检查，螺栓、防松线、线缆等检查：表面无覆盖物，无裂纹；电缆外观无破损；螺栓紧固，防松线无错位，如图2-4-7所示。

(2) 接近传感器。

外观检查，螺栓、防松线、线缆等检查：表面无覆盖物，无裂纹；电缆外观无破损；螺栓紧固，防松线无错位，如图2-4-8所示。

图2-4-7　查询应答器天线日常检查

图2-4-8　接近传感器日常检查

(3) 速度传感器。

电缆外观检查，螺栓、防松线检查：表面无覆盖物，无裂纹；电缆外观无破损；螺栓紧固，防松线无错位，如图2-4-9所示。

(4) TOD 显示屏。

系统自检,外观、状态检查:表面无裂纹、刮花、破损;上电后显示正常,图像清晰、色彩鲜艳,光暗度、对比度适中;通信正常,各图标显示正常,如图 2-4-10 所示。

图 2-4-9　速度传感器日常检查　　　　图 2-4-10　TOD 显示屏日常检查

(5) VOBC 机柜。

VOBC 机柜包括合路器、车载无线终端(TAU)、加密解密单元(SDR)、数据记录仪(LDC)、PPU、MPU、查询应答器(TI)子架几部分,如图 2-4-11 所示。

合路器、TAU 检修(图 2-4-12):

①机柜内部螺栓紧固,无积尘。

②查看设备外表是否有裂纹、刮花或破损等现象,如果有,应根据损坏程度做适当的处理。

③各模块的指示灯应正常显示,无异常。

图 2-4-11　VOBC 机柜构成　　　　图 2-4-12　合路器、TAU 检修

SDR 检修(图 2-4-13):

①机柜内部螺栓紧固,无积尘。

②查看设备外表是否有裂纹、刮花或破损等现象,如果有,应根据损坏程度做适当的处理。

③各模块的指示灯应正常显示,无异常。

图 2-4-13　SDR 检修

LDC 检修(图 2-4-14):

①机柜内部螺栓紧固,无积尘。

②查看设备外表是否有裂纹、刮花或破损等现象,如果有,应根据损坏程度做适当的处理。

图 2-4-14　LDC 检修

PPU 检修(图 2-4-15):

①机柜内部螺栓紧固,无积尘。

②查看设备外表是否有裂纹、刮花或破损等现象,如果有,应根据损坏程度做适当的处理。

③各模块的指示灯应正常显示,无异常。见表 2-4-9 ~ 表 2-4-12。

图 2-4-15　PPU 检修

PICC PBA 指示灯　　　　　　　　　　　　　　　　　　　　表 2-4-9

图示	LED 参考	颜色	LED 功能	正常操作状态
	1	绿色	3.3V 状态	亮
	2	绿色	5V 状态	亮
	3	绿色	生命周期监控	闪烁
	4	绿色	DSP MP/MC 状态	亮
	5	绿色	备用	灭
	6	红色	复用	灭

过程循环监控器/电源(PCM/PS)指示灯　　　　　　　　　　　表2-4-10

图示	LED 参考	颜色	LED 功能	正常操作状态
	24V	绿色	内部24V 状态	亮
	PCM	绿色	过程循环监控回采状态	亮
	3V3	绿色	3.3V 电源状态	亮
	5V0	绿色	5V 主电源状态	亮
	5VC	绿色	5V CAN 电源状态	亮

断联板卡指示灯　　　　　　　　　　　表2-4-11

图示	LED 参考	颜色	LED 功能	正常操作状态
	R1/PE1	绿色	单元1 电源启动1	亮
	R1/PE2	绿色	单元1 电源启动2	亮
	R1/AE	绿色	单元1 活动启用	亮
	R2/PE1	绿色	单元2 电源启动1	灭
	R2/PE2	绿色	单元2 电源启动2	灭
	R2/AE	绿色	单元2 活动启用	灭
	R3/PE1	绿色	单元3 电源启动1	亮
	R3/PE2	绿色	单元3 电源启动2	亮
	R3/AE	绿色	单元3 活动启用	亮
	DR	绿色	断联继电器电源良好	亮
	AR	绿色	活动继电器励磁	亮
	24VA	绿色	24VDC-DC 转换器输出	亮
	24VB	绿色	24VDC-DC 转换器输出	亮

PASC 指示灯和测试点　　　　　　　　　　　表2-4-12

图示	参考编号	面板标签	LED 功能
	LED DS1	5V	当内部5V 电源打开时,LED 点亮
	E1	0V	E2~E4 的接地参考
	E2	5V	内部5V 电源输出的测试点
	E3	TR	输出1 的测试点
	E4	BR	输出2 的测试点

MPU 检修(图 2-4-16):

①机柜内部螺栓紧固,无积尘。

②查看设备外表是否有裂纹、刮花或破损等现象,如果有,应根据损坏程度做适当的处理。

③EPCM 跑马指示灯应正常显示,无异常。

图 2-4-16　MPU 检修

TI 子架检修(图 2-4-17):

①机柜内部螺栓紧固,无积尘。

②查看设备外表是否有裂纹、刮花或破损等现象,如果有,应根据损坏程度做适当的处理。

③电源指示灯应亮绿灯,无异常。

图 2-4-17　TI 子架检修

图 2-4-18　加速度计维护

(6)加速度计。

电缆外观检查,螺栓、防松线检查:无机械损伤;各螺栓紧固,防松线无错位;电缆连接良好,无破损。加速度计维护如图 2-4-18 所示。

(7)网络交换机。

①外观检查,螺栓、防松线、线缆等检查:安装牢固,无断线,接头与插座紧固,螺钉无松脱,连接线及接头外观良好,无破损。

②运行状态检查:指示灯显示正常。

3)月检

(1)查询应答器天线。

①外观检查同日检:表面无覆盖物、无裂纹,电缆外观良好,螺栓紧固,防松线无错位。

②安装检查:安装牢固、方正,距轨面安装高度(321±3)mm。

③外部清洁检查:设备表面清洁,无积尘及油渍。

④插头检查:接头连接牢固,无断线,无表皮破损,插头紧固。

查询应答器维护如图 2-4-19 所示。

(2)LTE 天线。

①外观检查同日检:表面无覆盖物、无裂纹,电缆外观良好,螺栓紧固,防松线无错位。

②安装检查:安装牢固,安装角度无明显倾斜。

③外部清洁检查:设备表面清洁,无积尘及油渍。

④插头检查:接头连接牢固,无断线,无表皮破损,插头紧固。

LTE 天线维护如图 2-4-20 所示。

图 2-4-19　查询应答器维护　　　　图 2-4-20　LTE 天线维护

(3)接近传感器。

①外观检查同日检:无机械损伤,各螺栓紧固,防松线无错位,线缆连接良好、无破损。

②安装检查:安装牢固、方正,距轨面安装高度(105±3)mm。

③外部清洁检查:设备表面清洁,无积尘及油渍。

④连接线检查:连接线连接牢固,无断线,无表皮破损。

接近传感器维护如图 2-4-21 所示。

图 2-4-21　接近传感器维护

(4)速度传感器。

①外观检查、连接线检查同日检。

②外部清洁检查:设备表面清洁,无积尘及油渍。

(5)加速度计。

①外观检查、连接线检查同日检。

②外部清洁检查:设备表面清洁,无积尘及油渍。

4)季检

(1)查询应答器天线。

同月检设备检修保养作业内容。

(2)TOD 显示屏。

①系统自检、外观检查同日检设备检修保养作业内容。

②屏幕清洁检查:表面清洁,无积尘。

③静态测试:显示屏触控灵敏;输入功能正常,正确显示相关数据及列车实时状态。

(3)VOBC 机柜。

①外观检查、运行状态检查、线缆及插接件检查、螺栓检查、地线检查同日检设备检修保养作业内容。

②内部清洁检查:内部部件清洁,无积尘。

③按钮功能检查:按压 ATO 模式、ATO 启动、区段开放、自动折返、VOBC 复位按钮功能正常。

5)年检

(1)查询应答器天线。

①外观检查、安装检查、外部清洁检查、安装高度检查同日检、月检、季检设备检修保养作业内容。

②动态测试:试车线上可以正确建立列车位置。

(2)LTE 天线。

①外部清洁检查同季检设备检修保养作业内容。

②驻波比测试。

a. 频谱仪开机后,选择"模式",如图 2-4-22 所示。

图 2-4-22　模式选择

b. 选择"天馈线",如图 2-4-23 所示。

图 2-4-23　天馈线选择

c. 选择"驻波比",如图 2-4-24 所示。

图 2-4-24　驻波比选择

d. 设置频率,按"频率距离"按钮,如图 2-4-25 所示。

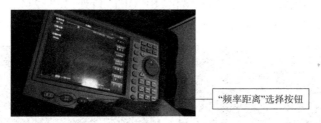

图 2-4-25　"频率距离"按钮

e. 按"起始频率"按钮,右下键盘输入频率值(1.785),如图 2-4-26 所示。

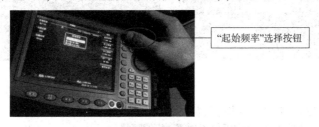

图 2-4-26　"起始频率"按钮

f. 输入完成,按"GHz"选择按钮,如图 2-4-27 所示。

图 2-4-27　"GHz"选择按钮(一)

g. 按"终止频率"选择按钮,右下键盘输入频率值(1.805),如图 2-4-28 所示。

图 2-4-28　"终止频率"选择按钮

h. 输入完成,按"GHz"选择按钮,如图 2-4-29 所示。

图 2-4-29　"GHz"选择按钮(二)

i. 将合路器 c2 端同轴电缆连接到频谱仪"RF OUT"口处,如图 2-4-30 所示。

j. 将同轴电缆拧紧后出现频率曲线,按"光标"选择按钮,如图 2-4-31 所示。

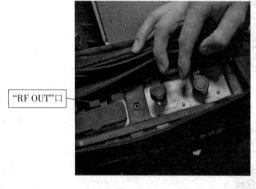

图 2-4-30　频谱仪"RF OUT"口　　　　图 2-4-31　"光标"选择按钮

k. 按屏幕右侧"最大值"选择按钮,如图 2-4-32 所示。

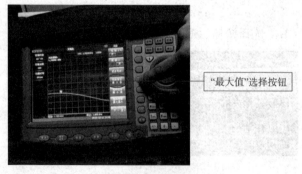

图 2-4-32　"最大值"选择按钮

l. 屏幕右上方出现驻波比数值,数值不大于2即为合格,如图2-4-33所示。

③动态测试:试车线上车-地无线通信功能正常。

(3)接近传感器。

①外部清洁检查、连接线检查、安装高度检查同日检、月检、季检设备检修保养作业内容。

②动态测试:试车线上虚拟站台可正确对标,具备停靠功能。

图 2-4-33　驻波比数值

(4)速度传感器。

①外观检查、连接线检查、外部清洁检查同日检、月检、季检设备检修保养作业内容。

②动态测试:试车线上可以正确建立列车位置。

(5)TOD 显示屏。

①外观检查、屏幕清洁检查、内部清洁检查、电缆及螺栓检查、静态测试同日检、月检、季检设备检修保养作业内容。

②动态测试:输入功能正常,正确显示相关数据及列车实时状态;显示内容与测试项目吻合,无延时。

(6)VOBC 机柜。

①外观检查、运行状态检查、线缆及插接件检查、螺栓检查、地线检查、内部清洁检查、按钮功能检查、板件清洁检查、板卡检查同日检、月检、季检设备检修保养作业内容。

②测试 TI 输出功率。

a. 准备工具:20dB 衰减头,短馈线,如图2-4-34所示。

a) 20dB衰减头

b) 短馈线

图 2-4-34　准备工具

b. 选择"频谱分析"模式,如图2-4-35所示。

图 2-4-35　"频谱分析"选择按钮

c. 将衰减头与短馈线连接,一端接于列车接口单元(TIU)接入口,如图2-4-36所示。

d. 设置频率,按"频率距离"按钮,设置"中心频率"(911.5),如图2-4-37及图2-4-38所示。

e. 将短馈线另一端接到频谱仪"RF IN"口,如图2-4-39所示。

图2-4-36　衰减头与短馈线连接　　图2-4-37　"频率距离"选择按钮

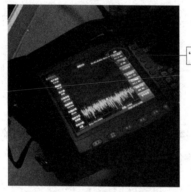 

图2-4-38　"中心频率"选择按钮　　　　　　图2-4-39　短馈线连接

f. TIU 上电,如图2-4-40所示。

g. 按"光标"选择按钮,如图2-4-41所示。

 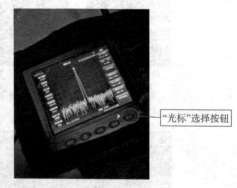

图2-4-40　TIU 上电　　　　　　图2-4-41　"光标"选择按钮

h. 按屏幕右侧"搜索峰值"选择按钮,如图2-4-42所示。

i. 屏幕右上角出现所需频率数值,频率大于8即为合格,如图2-4-43所示。

 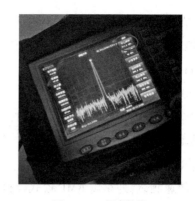

图 2-4-42　"搜索峰值"选择按钮　　　　图 2-4-43　频率数值

(7) 加速度计。

①安装检查、接头检查同日检、月检、季检设备检修保养作业内容。

②水平调整。

(8) 网络交换机。

①外观检查、安装检查、运行状态检查、接头检查。

②动态测试:列车两端通信正常。

(9) VOBC 重置功能测试。

①VOBC 复位按钮测试。

按压激活端司机室 VOBC 复位按钮,备用端 VOBC 机柜重启。按压非激活端司机室 VOBC 复位按钮,无反应,如图 2-4-44 所示。

②ATP 切除开关测试。

将激活端司机室 ATP 切除开关置于切除位,两端 VOBC 机柜失电,TOD 失电黑屏。将非激活端司机室 ATP 切除开关置于切除位,两端 VOBC 机柜失电,TOD 失电黑屏。将两端司机室 ATP 切除开关拨到正常位,VOBC 机柜得电重启,如图 2-4-45 所示。

图 2-4-44　VOBC 复位按钮测试　　　　图 2-4-45　ATP 切除开关测试

(10) 紧急制动缓解及撤回测试。

①在非激活端司机室缓解紧急制动,紧急制动不缓解。

②在激活端司机室缓解紧急制动,紧急制动缓解。

③VOBC 主备切换,紧急制动不施加。

(11) VOBC 功能测试。

①OFF 模式动车。

模式开关置于"OFF"位,尝试将方向手柄置于向前(向后)位,推牵引/制动手柄。列车无法移动。

②RM 模式下的运行。

a. 超速测试:列车以 RMF 模式运行,缓慢提速,产生报警后继续提速,产生紧急制动。

b. 车门测试:RMF 模式不对标停车,尝试打开左右侧车门,车门无法打开;继续 RMF 模式对标停车,尝试打开左右侧车门,TOD 上"列车门"下方显示"使能",有开门码侧车门可打开,无开门码侧车门打不开。

c. 门旁路测试:车门保持开启状态,推牵引手柄,列车无法移动;客室门全关闭旁路,置于强制位,推牵引手柄,列车动车无紧急制动。

d. 过冲回退测试:列车 RMF 模式过冲站台小于 10m,转 RMR 模式,回退对标,TOD 显示"向后缓行可用",转 RMR 动车,回退对标;过冲大于 10m,TOD 显示"向后缓行不可用",转 RMR 模式,列车紧急制动。

③IATP 模式下的运行。

a. 模式转换:TOD 上显示"IATP 可用"后,转换模式开关至 PM。TOD 上显示驾驶模式为"IATP",列车进入 IATP 模式运行。

b. 车门测试:IATP 模式运行至站台对标停车,TOD 上"列车门"下方显示"使能",打开使能侧车门。

④ATPM 模式下的运行。

a. 模式转换:TOD 上显示"ATPM 可用"后,转换模式开关至 PM。TOD 上显示驾驶模式为"ATPM",列车进入 ATPM 模式运行。

b. 车门、屏蔽门测试:ATPM 模式运行至站台对标停车,TOD 上"列车门""屏蔽门"下方显示"使能",打开使能侧车门。

⑤ATO 模式下的运行。

a. 模式转换:TOD 上显示驾驶模式为"ATO",列车进入 ATO 模式运行。

b. 车门、屏蔽门测试:将门模式开关置于"自动开门"位,ATO 模式运行至站台停车,TOD 上"列车门""屏蔽门"下方显示"使能",列车自动打开使能侧车门。

c. 门旁路测试:车门保持开启状态,客室门全关闭旁路,置于强制位,按 ATO 发车。TOD 显示发车"ON",按 ATO 按钮无效。

⑥DTB 模式下的运行。

列车停站结束,关闭车门。两端司机室均置于"OFF"位,TOD 显示"DTB 模式可用",按压激活端司机室"自动折返"按钮,关闭主控钥匙。TOD 显示驾驶模式为"DTB",列车以 DTB 模式进入折返线,停在停车点后,自动改变运行方向,返回折返站台,停车后自动开门,TOD 显示驾驶模式为"OFF"。

6)作业收尾

(1)清点、整理工具,清扫现场,保证工具无遗漏、作业现场无异物。

(2)填写设备检修表。

(3)作业完成后,联系轮值技术岗工作人员确认设备无异常后,销点离开。

任务拓展

请根据本任务所学的 ATP/ATO 车载设备检修内容及流程,结合任务三中的拓展内容,制作西门子系统的 ATP/ATO 车载设备检修表格。

项目三 列车自动监控(ATS)子系统认知与维护

城市轨道交通列车自动控制系统维护

1. 特殊时期：北京地铁"超常超强运行图"诞生记

2020年3月22日，北京地铁集团有限责任公司（简称北京地铁公司）在官方网站、微博、公众号各大平台发出"预告"。新冠疫情期间，为达到地铁满载率控制在50%以内的要求，3月24日，公司所辖16条地铁线路中，八通线与昌平线率先采用"超常超强运行图"。加密车次、多类型交路套跑、压缩列车间隔、大站快车等，多种措施几乎在一条线路的运营中同时上线……此后的一个月内，陆续又有11条地铁线路加入"双超"大军。疫情之下，一场动员整个公司、渗透行业肌理的北京地铁改革由此展开。

（1）未雨绸缪的准备。

疫情之下，北京地铁公司是最早对其影响做出回应的单位之一。当时正值春运，公司迅速制订疫情防控与运营并重的工作准则，并随时根据疫情加以调整，保证北京地铁的正常、持续运营。

由于存在疫情这个不稳定因素，客流少时，地铁运营的压力自然小，可面对春节后返京复工致客流增加的问题，北京地铁如何应对？北京地铁公司针对"疫情下如何保证地铁在大客流冲击下安全平稳运行"这个大课题进行了积极准备。公司领导为此召开了十几次专题会议，对所辖线路整体客流进行分析，每条线都有一份应对客流的初步方案。事实证明，这些准备与交通运输部和北京市政府提出的要求不谋而合。2020年3月13日，交通运输部发布通知，要求精准有序恢复运输服务，扎实推动复工复产，高风险地区城市公共汽（电）车每平方米不得超过4人，城市轨道交通满载率要控制在50%以内。当时的北京并非高风险地区，但是作为首都，疫情防控理应更为严格，所以北京地铁公司以"满载率控制在50%以内"为标准，开始了超常超强（"双超"）运行图的编制。

运营服务管理部的团队是"双超"运行图的设计师，即使提前做了大量工作，但是所有参与超常超强运行图编制的人都必须承认，要使"满载率控制在50%以内"，其挑战性和难度都是他们之前从未遇到过的，这是一场前所未有的"战斗"。

2020年1月6日，这个日期对于"双超"运行图的编制尤为重要。这一天，一年一度的春运还未开始，首都纵横交错的轨道系统像往常一样承载着运送千万人次以计的客流任务。1260万，这是当天北京地铁的客流量，这个数字，作为常态化运营下的客流量，成为"双超"图设计中一个极为重要的"基石"。

要控制满载率，首先要了解"满载率"的概念。这里的满载率实际上指的是地铁的"断面满载率"。举例说明：按1小时算，1小时内开过去30辆车，30辆车乘每辆车的定员就是车的整体运力，用实际的运载乘客数除以运力，就是满载率。以算式的方式呈现，如果1辆车定员1000人，那么满载率算式为：满载率 = （30 × 每辆车实际载客数）÷（30 × 1000）。以昌平线为例，其晚高峰18:30—19:30列车间隔2分30秒，每小时单向开行列车数为24列，每列车定员数为1460人，每小时运输能力为1460 × 24 = 35040（人）。其间，生命科学园站至朱辛庄站通过的列车载客数为10587人，则列车断面满载率为10587 ÷ 35040 = 30%。

编制"双超"运行图的过程漫长且复杂。设计师团队不仅要利用2020年1月6日的客流数据确定满载率50%的大概值,还要准确把握每条线路的不同特点,将线路运营情况、车辆制式、信号系统、电力系统、检修能力等所有信息熟记于心,"量身定制"出最适合不同线路的"双超"运行图。在绘制运行图的过程中,如何突破技术壁垒,是编制运行图的工作人员不可回避的问题。如哪个断面应该加车;哪里应该折返;哪里客流比较少,可以放空哪些车;如何把一条线路能用的资源全部用上,发挥更大的运力。另外,还要对线路的边界条件进行分析,比如供电能力、信号能力、车辆配置、折返线、哪里有折返线、哪里能够折返,编制团队需要将边界条件与客流相结合,初步定好大致的运行图。随后与各部门研判时间,确定方案后才可以开始编制运行图。运行图编制完成后需要进行审核,审核过程如同答辩。这条线是怎么画的?为什么这么画?如果审核通过,那么运行图即可下发二级公司,进行正式实施前的准备工作。

"双超"的实施对于乘客而言最为直观的感受是,等车时间变短,车次密度增加以及增加各种新颖的地铁套跑方式。以昌平线、八通线为例,昌平线最小行车间隔时间由3分40秒缩至2分钟,八通线最小行车间隔时间由2分50秒缩至1分58秒。这是在"双超"图绘制过程中反复测量计算,考虑地铁电力系统、信号系统承载能力后得出的最大值。

没有冗余空间。"双超"图的实施往往代表着这条线路已将它所拥有的运力发挥至极致。目前,北京地铁2分钟的运行间隔时间基本已达设备极限,而在已经实现"双超"的13条地铁线中,1号线、5号线、6号线、8号线、9号线、10号线、13号线、昌平线、八通线跑进了2分钟的运行间隔时间。其中,1号线、5号线、9号线、10号线4条线路最小运行间隔时间达到1分45秒。在这个极限值以内,绘制运行图的编制团队需要大胆突破,在运行基础上继续加车,所以乘客才能直观地感觉到候车时间缩短,发车频次增加,进站乘客可以尽量分布在更多的线上列车里,达到降低满载率的要求,这就是"突破极限"的跑图方式。

首都地铁四通八达,每条线路都有其独特之处,要考虑线路现实存在的种种问题,编制运行图就更加困难。"因地制宜",实现"一线一方案",需要编制团队积累大量线路资料以及与运营分公司反复沟通,同时对整体的运营技巧和行车组织解读也提出了非常高的要求。

北京地铁6号线,是首都轨道路网中东西走向的大客流干线。此次"双超家族"中,6号线尤为惹人注意。最初为6号线设计"双超"运行图时,编制团队也颇为苦恼,6号线供电能力有限,只能满足两分半钟间隔时间的条件,怎么办呢?编制团队想出了"不规则"的跑图方式。6号线"双超"运行图中,客流最大的进城方向早高峰间隔时间调整为2分钟,反之客流较少的出城方向调整成3分钟。如此一来,上行下行加在一起正好两分半,既未超出供电承载范围,还把压力大的客流断面进行了削减。6号线现有的条件,编制团队也没有"浪费"。6号线设计之初,专门考虑过未来实行"越行大站快车",实现快慢车混跑:快车高速通行,只在主要车站停靠;慢车常规运行,每站都停。为此,常营站和通运门站专门预留了如同高铁站里的越行区——双站台、4条轨道,两条轨道供慢车停靠,两条轨道供快车停靠和"超车"。"双超"运行图中,早高峰期间,6号线出城方向将按照"一列快车、两列慢车"的方式实行"越行大站快车",快车在青年路站到郝家府站之间一站直达,并在常营站和通运门站超越前方慢车,而慢车则会停靠各站。相比慢车,乘客搭乘快车全程最多可节省 7 分 8 秒。到了晚高峰期间,进城方向也会安排"越行大站快车"。

相比其他线路,地铁 15 号线编制运行图时遇到的问题很现实——车辆不够用。34 组车的运用达到了最高效率,编制团队采用压缩站停时间的方法,以秒为单位减少一趟车的运行时间。与此同时,15 号线在原有一个折返点的基础上在大屯路东站增加了一处折返点,增强了列车折返能力,在一定程度上缓解了列车数量不足带来的压力。

"削减客流最大断面"也是编制团队的"巧思"体现。运行图针对线路的最大断面客流"有的放矢",把更多的车放在客流多的区段,利用加车、套跑、大站快车方式"消"掉客流。以 5 号线为例,5 号线客流上行最大断面为天坛东门站—磁器口站。早高峰 8:16,由宋家庄站开出的区间车在行至天坛东门站之前不停车,空车抵达天坛东门站,等候上车的乘客可以乘坐空车,这在一定程度上减小了客流压力,也"消"掉了最大断面客流,均衡了整条线路早高峰期间的客流压力。

超常超强运行图的最终目的是控制满载率。为此,地铁客流监控平台也随之升级,成为计算满载率的"最强大脑"。地铁大厦 3 层的北京地铁调度指挥中心内,一面大屏幕占据了墙面近 1/3 的面积。大屏幕上是首都轨道路网全景,作为客流实时监测系统,北京地铁每时每刻的客流情况都在其上体现。系统用绿、黄、棕、红四种颜色显示满载率。绿色代表满载率在 40% 以下,棕色代表满载率超过 50%。哪条线路满载率情况如何,一目了然。

客流实时监控平台与"双超"图打出了一套"组合拳"。为了配合"双超"图降低满载率的要求,必须有一个实时监控系统可以随时计算满载率,因此北京地铁调度指挥中心对原有的客流平台进行升级,客流实时监控平台由此诞生。客流实时监控系统采用包含乘客进站和出站历史数据的数学模型,可以模拟出乘客在路网内的旅行轨迹,再结合大数据分算到当前路网中每辆列车上,就可以大致预测出每 5 分钟的满载率。北京地铁专门成立了网络客流实时分析调度岗位,由专人实时监测平台早晚高峰情况。根据客流预警分级,如果一个区段 5 分钟满载率超过 50%,就达到了二级预警响应,沿线车站就会在站外采取限流措施,把满载率控制住。

(2)"铁军"的支撑。

北京地铁每天 4 万余人在岗。一天 24 小时,每小时都有地铁工作人员在自己岗位上坚守。地铁运行的工作机制更像一部极为精密的仪器,不能有任何"零件"的缺席。"双超"运行图编制完成仅是起点,如果说编制团队是设计师,那么与运营有关的客运值班人员、站务人员、乘务人员则是"双超"图的执行者,而与通信信号、供电、检修、线路、机电相关的人员是"双超"图施行的幕后保障者,每一日在岗的地铁工作人员,确实"一个都不能少",而"双超"图的实施,让他们的工作压力加码。

线路的"双超"图被下发到北京地铁各运营分公司后,首先就是要对其进行拆解。这份工作是烦琐且复杂的,而且因为时间紧迫,当"双超"图被下发到各运营分公司时,留给他们"消化"的时间多则一周,少则只有2~3天。对6号线"双超"运行图进行拆解时,仅拆解出来的时刻点就有7000余个。

拆图的作用是让所有人了解各自在"双超"图的运行实施中承担的责任。车站客运值班人员、站务人员需要了解套跑列车的发车时间、到达时间,是否需要进行清车作业,列车是否需要折返,等等。乘务人员(地铁司机)需要了解自己值乘的是哪几趟列车,是否需要"套跑"(区间车、大站快车);车站广播人员需要对乘客进行简单易懂的广播提醒,告知乘客哪趟车是套跑车、区间车或者通过不停车的大站快车……

让乘客知道发生了什么,是"双超"图实施时最重要的一环。为此,北京地铁公司首次向外发布了列车时刻表,这是对乘客的一种承诺。既然时刻表已经发布,那么即便排除万难,上线的所有列车也会以此时刻表为准,为乘客提供优质服务。

所有涉及"双超"图的运营分公司也都在告知乘客方面下了大功夫。北京市地铁运营有限公司运营二分公司印发了500余张告知提示和"双超"图实施的宣传折页,所有面向乘客的一线工作人员都要接受培训,熟记"双超"图"特殊且复杂"列车时刻表的特点,做到对每一位乘客的询问都能对答如流。这些一线工作人员,甚至包括站内负责打扫的清洁人员。

以最早实施"双超"运行图的八通线为例,其早晚高峰实行大小交路套跑以及大站快车模式。怎样让乘客区分交路套跑车和大站快车?负责运营的运二公司在车站的广播词上下了功夫。根据八通线"双超"图特点,运二公司重新编排了5种类型共11组广播词。5种类型分别为:四惠至果园的小圈车,早高峰果园至花庄的大站快车,早高峰双桥至果园的大站快车,晚高峰花庄至果园的大站快车以及晚高峰果园至双桥的大站快车。在需要对小圈车进行清车的车站,广播词会特别提醒"到站清车不上人,请您等候下次列车"。大站快车列车则会提示"进站列车本站通过不停车"。所有的广播词都秉承"开门见山"原则,让乘客第一时间知道正在等候的列车属于哪种类型。

所有人都"紧绷一根弦",这是"双超"图实施后所有地铁工作人员工作状态的真实写照。台前至幕后,每一个环节,每一个人的工作都是精确到以秒来计算的。

从司机角度讲,他们所面临的压力显而易见。以5号线为例,"双超"图实施后,地铁列车的开行列数相较之前多出16列。在不增加司机定编的情况下,原有的司机相比之前每天都要多完成16个车次的运行交路。加班加点成为乘务中心司机的工作常态。除此之外,5号线"双超"图运营间隔时间由2分钟变成了1分45秒。全周转时间缩短到106分钟,相比之前缩短了2分22秒。但是车辆的运行速度并未改变,缩短的时间是在区间运行、站台开关门作业以及两端折返作业的时间上硬生生"挤出来"的,这也意味着对于正线运行的列车,司机不能出现任何人工操作错误。如果出现人为失误,就可能造成正线的大面积晚点。

另外,考验司机的还有列车折返操作。"双超"图中各条线路多种类型的套跑车往往涉及车辆在折返站点折返重新上线的问题。因为信号系统的原因,部分折返点无法实现自动折返,这时就需要司机进行人工操作。以5号线天坛东门站为例,司机需使用ATO(地铁列车自动驾驶系统)操作列车入库,然后进行换头作业,最后使用ATO驾驶出库。这个过程需要司机从列车的一头跑到另一头,将列车操纵台驾驶模式建立起来之后,与行车调度员进行一个互通、互控,以及互相提醒确认准备的工作。司机出库的时间也要精确把握,因为后边紧接着还有其他车辆马上要进站,司机出库晚了的话,操作风险随即加大。

提到列车折返,就不得不说在其中作为"关键一环"的地铁综控员。综控员主要职责是行车设备的监控、作业办理环控、火灾报警及各类图像监控设备的监控、现场确认与处理,自动售检票系统的监控、作业办理及相关数据的采集、统计,等等。对于此次"双超"图的实施,他们还承担起行车组织的工作。以往,列车折返作业行车组织由行车调度员统一办理。"双超"图实施后,为了节省时间,综控员们接过办理权,为列车折返"保驾护航",指挥车辆何时进、何时出,他们是指挥的"传达者"。这是一项需要精神高度集中的工作,为了确保发出的指令不出错,往往是两个综控员互为对方的"安全员",为发出的每一道指令上"保险"。6号线"双超"图实施起来较为复杂,不仅有大、中、小交路套跑,还涉及大站快车以及"快慢车"等行车类型。综控员的工作也更为复杂,一天之内,55趟车需要变更终点站。早高峰101趟车中,需要广播提示乘客有变化的车辆达80多趟。在短短的两分钟之内,综控员要判别每趟车的方向,为它们办理进入,还要安排对乘客进行广播提示。

车一整天在线上跑,为它做"体检"的"地铁医生"就无法缺席。"双超"图下的地铁,需要更为周全的维修计划以保障车辆的"健康",因为"超常超强"情况下,列车一旦故障就意味着"双超"图无法正常施行。

昌平线采用"双超"图运行后,列车运行最小间隔时间由3分40秒缩短至2分钟,这样的变化对车辆的质量有了更高的要求。为此检修中心组织全体检修人员对所有车辆进行了一次全面彻底的检查,以保证车辆维持在最佳状态。

为了保证"双超"图下车辆的平稳运行,检修班组成员的重心随车走,进行灵活的人员调配。原本地铁修程的班组成员积极参与到车站的值守工作中,在昌平线西二旗、昌平西山口两个端头站进行全天值守,在沙河高教园和昌平东关两个折返站进行早晚高峰值守。目的是在车辆突发故障时,能够尽快地处置,让车辆恢复正常运行。

支撑"双超"图实施的"骨骼"是作为"幕后铁军"的供电、信号、线路、机电部门,正是因为他们倾尽全力支持,"双超"才能得到保证。

超常超强即是突破常规,从供电角度来讲,"双超"运行图也突破了供电部门远期的供电能力。事实上,10号线、6号线、7号线等多条线路的外电源没有完全发电,因此实行"双超"后,北京地铁供电压力随之倍增。北京地铁供电分公司2500余名员工在"双超"期间全员在岗,在所有的重点变电所加强值守和巡视,确保能在第一时间处理突发情况。对"双超"工作提前做好准备,对全网外电源、车辆用电现状进行分析,对"双超"要求的负荷情况安排仿真计算和风险点评估,针对仿真计算和风险点评估后存在的重点、难点过载设备制订专项措施和预案,强化对此类设备的巡视和检修,确保供电设备处于良好状态。在"双超"运营期间,一旦设备达到预警条件,立即按照预案要求采取措施。如对变压器、整流器、车辆制动储能装置等易在过载后过热的设备,立即采取通风、降温等措施,确保设备没有发生起火冒烟情况。对供电设备负荷电流即将达到跳闸预警值的情况,立即与调度部门联系,调节该供电区段车辆密度,同时提前准备设备跳闸后的应急措施,确保设备跳闸后不中断运营。另外,供电分公司对全线路负荷情况进行核算,研究优化区域供电负荷划分方案,对重点、难点过载负荷进行调整优化。利用变电站车辆制动储能装置吸收车辆制动电能,在车辆启动时释放电能,既节约能源,又缓解了供电不足的问题。通过以上措施,供电分公司确保了地铁超常超强稳定、可靠供电。

缩短运营间隔,保证车辆折返……这些都与北京地铁公司通号分公司息息相关。北京地铁采取"双超"运行模式以后,通号分公司主要负责通信信号设备的维修维护。

另外,通号分公司还担负一项极为重要的工作——运行图的输入工作(把运行图涉及的数据输入列车自动控制系统)。列车在线上运行时都是按图行车。运行图输入是列车自动控制运行的一个最基础的前提。"双超"图运行非常复杂,运行图的输入工作量也非常大,通号分公司需要把"双超"图分解后输入 ATS(列车自动监控系统),内容包括跑图的交路信息和具体时间点、时刻表等,完成人机交互工作。

"双超"图正式实施后,通号分公司还需做好应急值守保障工作。对包括设备集中站、小营指挥中心在内的 80 个重点部位进行早晚高峰重点时段值守。以 5 号线为例,10 个站都有人在早晚高峰时段值守,保证重点时段发生的突发事件可以在第一时间被处置。

对于北京地铁公司机电分公司来说,"双超"图有两方面与他们的工作有关。一方面是屏蔽门,屏蔽门正常开关是地铁安全的标准之一。"双超"图开始施行之前,北京地铁公司机电分公司对各条线路的屏蔽门进行了一次完全检修,包括屏蔽门的控制系统、电源系统等。另一方面,各大地铁站的电梯也由机电分公司检查维修。疫情之下,地铁车站内的电梯有着极为重要的作用,在大客流车站或是换乘车站,长时间的停梯或者电梯发生故障可能会使车站人流聚集,如此便无法满足"满载率低于 50%"的要求。所以机电分公司相对提高了对电梯的检修频率。

"双超"图的实施和运行并非地铁一个部门拍板即可定下来的事。这是一场北京地铁工作人员全员参与的"大会战",考验了北京地铁公司的方方面面,既是机遇,也是挑战。

2. 渗透行业肌理的改革

北京地铁公司上下全员参与的"双超"运行图"大会战",从 2020 年 3 月 24 日起先后 5 批次编制实施 13 条线路超常超强列车运行图。两个月的时间,"双超"运行图给北京地铁带来了不小的考验,但收获的"果实"也堪称丰美。网络运输能力大幅提升,不仅最大限度地降低了高峰小时列车满载率,而且实现了降本增效,取得了"多、快、好、省"的综合成效,得到了广大乘客和社会各界的好评。

"双超"运行图打破的常规也不止一条。①打破了车辆与车辆基地之间的设计配属界限,优化、调整了车辆停放和列检的运营生产布局。一方面,将列车尽可能就近快速投放到各条线路高断面客流区段;另一方面,让列车尽可能就近返回车辆基地停放检修,减少无效列车走行公里,提升网络整体运输效能。据了解,13条实施超常超强列车运行图的线路列车日走行公里减少了3.05万车公里,降幅2.1%,年走行公里预计可降低约1000万车公里,可节省运营成本约1.35亿元。②打破车辆基地与线路之间的设计配属界限,实现不同线路车辆基地停车资源共享,将列车由其他线路的车辆基地就近快速投放到本线路高断面客流区段,以提升网络整体运输效能;建立网络客流实时监测平台,对全网各线、各站的进站、出站、换乘客流以及列车满载率进行实时监测和分析;建立网络客流预警和响应机制,适时采取行车调度措施,实现运力和客流量之间的精准匹配;等等。

采取超常超强措施一段时间之后,北京地铁的综合运营能力得到了提升,未来列车多交路运行、大站快车等大部分超常超强措施将予以保留,实现常态化。但也有部分超常超强措施须对相关配线进行适当改造后才能实现常态化。

制定超常超强措施的过程,是北京地铁一次全面的自查过程。北京地铁公司梳理出了几项投资少、见效快的改造工程,可以在超常超强运行图的基础上进一步提升网络运输效能,实现更大幅度的降本增效。

另外,对于车辆定修和架修业务分散,造成人力、物力浪费的问题,北京地铁公司也拟通过车辆基地检修台位改造,将分散在各条线路车辆基地的定、架修业务进行整合,建立网络化车辆检修维修模式,以取得良好的规模效益。其他各专业系统也都存在类似问题,供电、防灾报警(FAS)、环境控制(BAS)、视频(CCTV)、广播、乘客信息(PIS)系统也都未形成网络,须经过改造才能实现网络化运营管理。

据了解,北京地铁公司将以承担科技部国家重点研发计划"综合交通运输与智能交通"中的重点专项项目"超大城市轨道交通系统高效运输与安全服务关键技术"为契机,按照国拨资金和地方配套资金至少1:2的比例,加大对智能交通的研发投入。以首都机场线为示范线,以"北斗+EUHT(5G)+智慧地铁"为技术路线,构建网络化智能客服、智能运行、智能维修、智能管理的地铁运营新模式,大幅提升网络化整体运输效能,从根本上实现降本增效。

北京地铁是我国地铁的一个代表和缩影,利在当下,功在未来。"双超"图的编制更像北京地铁公司对常态化运营的一次挑战和摸底,同时也体现了轨道行业工作人员敢于拼搏、吃苦耐劳、不畏艰难的爱岗敬业精神。我们在学习专业知识的同时,也要培养自己求真务实的工作理念,增强合作意识,坚持安全至上、不断进取的信念。

列车自动监控(ATS)子系统,主要作用是对线路上运行的所有列车进行监督和管理,控制列车根据列车运行图完成运营作业。它是ATC系统的一个重要子系统,实现对列车的实时监督、控制功能。ATS子系统通过与ATC系统中的其他子系统的协调配合,共同完成对地铁运营列车和信号设备的管理和控制。

项目三 ▶ 列车自动监控(ATS)子系统认知与维护   099

本项目将从列车自动监控(ATS)系统的设备构成、功能、维护、操作等方面进行不同的任务学习。

任务一　ATS 子系统认知

任务描述

图 3-1-1 是 ATS 子系统结构示意图,试说出 ATS 子系统都有哪些设备,它们之间是怎样进行数据传输的。

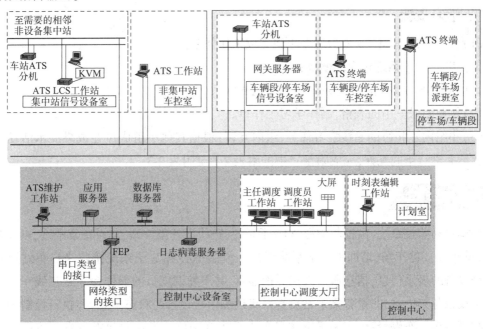

图 3-1-1　ATS 子系统结构示意图

任务要求

知识要求:

(1)能够叙述 ATS 子系统各设备包含哪些模块;
(2)可以阐明 ATS 子系统的功能。

技能要求:

能够描绘出 ATS 子系统设备各个模块之间的联系架构图。

素养要求:

(1)能遵守职业道德规范,加强自身的工作责任感;
(2)进行经验总结,不断完善自己;
(3)向行业的劳动模范学习,爱岗敬业,甘于奉献。

任务实施

一、学习环境

ATS 模拟仿真实训室,多媒体。

二、学时安排

建议 2 个学时。

三、学习步骤

(1)分组讨论,以 4~6 人为一个小组完成工作任务:
①找出 ATS 子系统包含的模块;
②总结 ATS 子系统的功能及各模块之间的联系。
(2)按照附录三中的表格,制作学习工作单。
(3)小组内互相协助考核学习任务,组内互评;根据其他小组成员在成果展示活动中的表现及结果进行组间互评,完成附录二中的附表 2-1 至附表 2-3。

知识导航

列车自动监控系统,由控制中心 ATS 子系统,正线设备集中站、非设备集中站,以及车辆段(含试车线)/停车场、培训中心子系统组成。控制中心 ATS 子系统接收来自车站及停车场信号设备的表示信息,信息通过人机界面显示,并下发调度员的操作命令给正线车站子系统。正线设备集中站、非设备集中站负责采集现场信号设备的状态信息,并执行控制中心发来的控制命令。车辆段/停车场子系统只负责采集现场信号设备的状态信息。培训中心子系统能够实现模拟 ATS 系统的操作。

一、ATS 子系统设备构成

ATS 子系统是一个分布式的计算机监控系统,主要分布于控制中心、正线设备集中站、正线非设备集中站、车辆段和停车场,如图 3-1-1 所示,系统采用热备冗余的方式,保证系统有高度的可用性。

二、ATS 子系统功能

1. ATS 子系统控制级别及其转换、优先顺序

1) ATS 子系统控制级别

ATS 系统有中心控制(中控)、车站控制(本地控制/站控)、紧急站控三种级别。

(1)中心控制(中控)。

正常运营时,ATS系统主要采用中控。在中控状态下,ATS系统根据列车运行时刻表对全线列车进行集中监控,中心调度员发布命令,对运营实施控制。此时,本地ATS处于备用状态,接收来自联锁和ATP的表示信息,产生所有命令,但是其输出是封锁的。现地控制工作站接收来自联锁和ATP的表示和指示信息,包括车站ATS运行的车次号以及正晚点信息。

(2)车站控制(本地控制/站控)。

ATS站控模式暂时按照站控及紧急站控设置,在站控状态下,车站值班员通过设备集中站现地控制工作站发送控制命令到相应的子系统,对运营实施控制。

(3)紧急站控。

车站值班员可在中心调度员授权下进行中控和站控的转换。在紧急情况下车站值班员可不经授权,立即转换为紧急站控模式,控制联锁区范围内的进路和信号,并可办理引导接车。

当现地工作站认为ATS故障需要切换至紧急站控模式时,将弹出报警框进行提示,车站值班员应按照现地工作站操作手册确认相关流程后才能转换为紧急站控模式。

2)控制级别的转换

某一车站、车辆段或停车场的ATS控制设备发生故障,仅影响本联锁区的显示及控制,不影响整个ATS子系统的工作。

在中央ATS完全故障(极不可能出现),而车站ATS分机和联锁工作正常时,设备集中站现地控制工作站给出中心故障表示,车站值班员可切换到站控模式。

在紧急情况下,车站值班员可在现地控制工作站上采用非常手段强行取得控制权,转入站控或紧急站控模式,控制车站的进路和信号,并可办理引导接车。

车站ATS将根据车站当天运行时刻表、列车识别号、列车位置等信息自动设置进路并控制发车时机;车站值班员也可以在站控状态下在设备集中站现地控制工作站上人工管理列车识别号,控制进路、信号机、道岔,扣车/取消扣车。

ATS是冗余系统,控制中心ATS的单个设备发生故障时,可以由备用设备接管处理。如果中央ATS发生完全故障,值班员可以切换至车站ATS控制模式,并提供一定的时刻表管理功能,实现分散自律控制。当故障排除,中央ATS可用后,调度员可以进行全线监控。

3)控制级别的优先顺序

系统控制优先级遵循站控优先于中央控制、人工控制优先于自动控制的列车进路控制权的优先原则,系统对列车进路控制权的优先级顺序依次为:车站值班员、中央调度员、自动进路控制。

2. ATS子系统具体功能

基于联锁和ATP提供的信息,ATS系统对整条线路的运行进行监督和控制。ATS系统汇集所有信息,如列车位置、进路状态、列车状态、列车标识、信号设备故障等。基于这些信息和运行时刻表,ATS 系统能够自动排列进路,还能通过改变停站时间和站间运行时间来自动调整列车运行。必要时,ATS 系统接受手动的操作控制。ATS 子系统需要实现以下功能:信号设备管理、进路操作、列车追踪、控制模式、运营调整、时刻表/运行图的管理与编辑、维护和报警、运营记录和统计报表、系统管理、回放。

1) 信号设备管理

ATS 子系统能够监控所有的正线车站信号设备并监视车辆段、停车场信号设备。

ATS 子系统主要有人工控制(如通过人-机界面操作)、自动控制(无须人-机界面操作,如按照运行图或列车目的地自动触发进路等)两种控制方式。

2) 进路操作

操作人员任何时候都可对进路进行人工设置,人工操作模式优先级最高。但为了提高系统的自动化程度,ATS 子系统提供了自动进路的设置功能,它只适用于正向列车运行。自动通过进路、自动折返进路为由联锁实现的固定模式的自动进路功能,进路的建立与车次号无关,ATS 系统提供设置自动通过进路和自动折返进路的操作命令。按运行图或目的地设置的自动进路功能是由 ATS 系统实现的。对同一条进路只能同时使用自动通过进路、自动折返进路和按运行图或目的地设置的自动进路中的一种。

自动排列进路功能利用列车位置数据、列车旅行信息和在当前时刻表中预先定义的进路策略,自动排列列车前方进路。通过联锁集中站的现地控制工作站,车站值班员可实现对列车进路的正常控制和紧急控制。

3) 列车追踪

列车追踪功能通过处理由 ATP/ATO 子系统、计算机联锁子系统发送的数据对线路上运行的所有列车位置及识别号数据进行汇总。

在移动闭塞方式下,通过车载 ATC 系统发送的列车位置信息对车次号进行追踪。

在非 CBTC 模式下,用计算机联锁子系统发送的计轴占用信息追踪车次号。该功能通过动态更新站场模拟图,将列车运行信息以图形化的方式显示。站场模拟图在 ATS 工作站的彩色显示屏上实时显示,并在全线表示屏上显示。

ATS 子系统在各运行级别下对列车占用信息显示具有一致性。系统自动完成列车自车辆段/停车场停车列检库出发时开始跟踪,至列车回到车辆段/停车场停车列检库后结束。系统自动完成并实现列车在正线和车辆段/停车场内(含试车线及配有轨道占用监测设备的所有区域)车次号的连续追踪。

ATS 子系统具备在车辆段/停车场转换轨处停车和不停车情况下自动赋予车次号的功能。正常运营过程中,车辆段/停车场 ATS 能与正线 ATS 进行信息交互。当列车由车辆段/停车场进入正线时,在计划起始点处,系统会根据当天运行图或派班计划自动给列车分配服务号、序列号、运营方向和目的地号;对于将退出服务的列车(回库列车),在计划结束点处,列车识别号中的服务号、序列号、运营方向和目的地号将自动去除,系统继续跟踪列车的识别号,并在车辆段/停车场区域内的车次窗内以列车识别号的方式显示。

4) 控制模式

处于中控状态时,ATS子系统根据不同的线路控制模式,具有不同的调整和控制功能。列车自动调整功能负责调整列车运行,以满足行车要求。

行车调整是通过发送到车载ATP/ATO的运营调整命令实现的,例如发车控制、到站时间、车站扣车、跳停控制等。系统提供的调整模式包括按运行图调整、等间隔调整、人工调整等。中央自动控制有两种:自动按图调整和自动等间隔调整。人工控制可分为ATS中央人工控制和ATS车站人工控制,其中,中央人工控制可分为带ARS自动进路的半人工控制、全人工控制。ATS车站人工控制,提供两种视图,分别显示不同现地工作站和不同数据源的站场信息。

(1) 自动按图调整。

系统按计划图调整列车停站时间和运行等级(共分6级,每个等级对应不同的区间运行时间,其中1级运行时间最短,6级运行时间最长),控制列车完成自动折返运行,自动出入车辆段/停车场。

(2) 自动等间隔调整。

系统按设定的交路及间隔调整列车停站时间和运行等级,控制列车在指定交路内完成自动折返运行。

(3) 带ARS自动进路的半人工控制。

系统仅提供ATS自动进路触发功能,无自动调整、自动折返功能。当调度员想人工控制列车运行、折返但仍由ATS根据列车识别号自动触发进路时,可选择此功能。

(4) 全人工控制。

系统无ATS按列车识别号自动触发进路的功能,无自动调整、自动折返功能。人工办理进路或使用联锁自动通过进路和自动折返进路。

调度员选择方便的控制模式,经确认对整条线路生效。在任何时候,调度员还可通过人工干预的手段对列车运营进行局部调整。

调度员也可以通过将指定列车定义为人工车,实现对指定列车自动进路功能的取消。同时,现地工作站设置中控模式,现地工作站接收站场信息,但是所有的控制指令由中心操作。根据临时运营要求,可以通过增加头码车或者修改运行时刻图来对临时列车进行自动追踪管理。

ATS全人工控制的主要设备及对象包括但不限于以下几种:

① 进路,如人工设置/取消进路;

② 信号机,如禁止/允许以某信号机为始端的一条进路被ATS自动控制、信号机重开、引导等;

③道岔，如单操定位或反位，单锁/解除单锁；

④区域，如临时限速设置/取消；

⑤列车，如扣车/取消扣车、跳停/取消跳停等。

5）运营调整

在各站台的相应位置、终端折返站入库线和转换轨的入正线处的适当位置设置正向发车指示器(DTI)，指示列车在车站的发车时刻和进入正线的时刻。当列车停站时，系统自动判断列车的早晚点状态，通过计算给出合理的发车时间和到下一区间的运行时间，再将其发送给 ATO 以控制列车的区间运行时间，并把停站时间通过每个站台的列车发车计时器传送给列车驾驶员，以便驾驶员控制列车停站时间。如果列车运行状况与计划偏离在系统调整范围内，ATS 系统将通过自动调整功能调整列车的停站时间和列车的区间运行时间，或只调整二者之一来纠正偏离。

中央行车调度员可对在线列车进行列车运行计划的人工调整，并实时发送调整命令至车载 ATO 设备。

列车运行的调整包括自动调整和人工调整，正常情况下对列车运行的调整为自动调整。

自动调整的方式有以下几种：

(1) 自动调整列车区间运行时间；

(2) 自动调整列车停站时间，控制列车出发时刻；

(3) 按照等间隔自动调整。

调度员对在线列车进行人工调整有两种方式："扣车/提前发车"或"跳停"，以改变列车在区间的运行时间。

对计划运行图进行在线修改，包括对单个或所有列车"时间平移"，增加或取消列车，改变列车的始发点及始发时间，调整列车出入车辆段/停车场时间等。

当列车的实际运行图和计划运行图间的偏差超出一定范围时，将经调度自动调整。此外，控制中心对单车、某一时段列车、某一区段的列车具有人工取消自动调整功能，即全人工控制。

如果列车运行状况与计划偏离超出调整范围，系统将发出警告。同时，ATS 的运营调整功能也为调度员提供人工干涉的方法，如人工修改列车在区间的运行时间、修改停站时间、扣车、跳停、修改列车在线计划，以便尽快恢复列车的计划运营。

调整策略中的计划偏离阈值是系统参数。当列车实际运行偏离运行图/时刻表较小时，系统会自动调整列车在区间的运行时间和停站时间，控制列车按照运行图规定时刻运行。系统管理员可自行设置计划偏离阈值。初始定义早晚点 120 秒内，不进行自动调整，早晚点 120~480 秒进行自动调整，早晚点超过 480 秒不进行自动调整。

6）时刻表/运行图的管理与编辑

时刻表/运行图表示了在整个运营日内正常运行条件下列车的运营计划，系统提供了在数据库内保存至少 256 种基本时刻表/运行图的空间。用户可根据需要,任选一种当日时刻表/运行图。操作人员可用时刻表编辑工具以在线或离线的方式管理时刻表/运行图。

离线管理是指通过一个有图形用户界面的时刻表/运行图编辑工具,建立和修改基本时刻表/运行图,其在时刻表编辑工作站进行操作。

在线管理是指通过一个有图形用户界面的时刻表/运行图编辑工具,建立和修改当日时刻表/运行图,其在调度员台上进行操作。

7)维护和报警

当列车运行或信号设备发生异常时,系统会产生不同类型的报警信息。报警信息保存在数据库服务器中,并能以文本文件的方式输出。报警信息可以按类型有选择地显示和打印。

8)运营记录和统计报表

ATS 子系统会根据线路的运营情况,将系统事件记录在数据库服务器中,由系统处理和统计后,生成一系列的运营报告,它们可以以文本的方式查看,也可以打印输出。系统具有自行生成报表功能,工作人员也可以对运行资料库进行访问,根据需求自行生成报表。报表内容包括详细历史数据报告、详细时刻表数据报告、时刻表终端发车报告、计划偏离报告、车组运行里程报告、列车驾驶员报告、调度员日志报告、存备车报告、列车整备状态报告等。

存档功能包括数据存档和数据恢复。它允许存储数据(操作数据、事件、报警)。数据存储是自动的,数据恢复需人工操作。

ATS 子系统会将系统事件,如现场信号设备状态变化、列车状态变化以及用户操作命令等,用标准的文件格式自动记录和保存在数据库服务器中,可以保存 12 个月,所有的事件记录不可修改,不可进行统计和分析。

9)系统管理

ATS 子系统提供对系统授权、系统参数、系统用户权限的管理功能。

10)回放

ATS 子系统支持历史数据的记录和回放功能,以便在出现问题时可以追溯历史。回放数据包括已记录的轨道、道岔、信号机等信号设备的状态信息,列车位置信息,控制中心调度员执行的各种操作命令和各种报警信息。在回放软件上的各种回放操作对正在运营的线路和 ATS 的各种既有功能没有影响,该回放软件为一单机版的应用软件。

任务拓展

试根据其他型号的 ATS 系统,说出图 3-1-2 所示的 ATS 系统都有哪些设备,这些设备之间是怎样进行数据传输的。

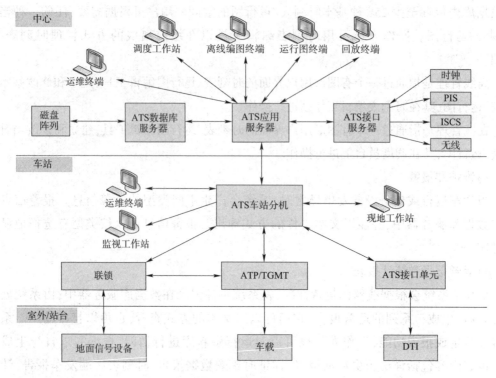

图 3-1-2　ATS 数据传输结构示意图

任务二　控制中心 ATS 子系统维护

任务描述

图 3-2-1 是控制中心 ATS 子系统结构示意图，试说出控制中心 ATS 子系统都有哪些设备，这些设备之间是怎样进行数据传输的。

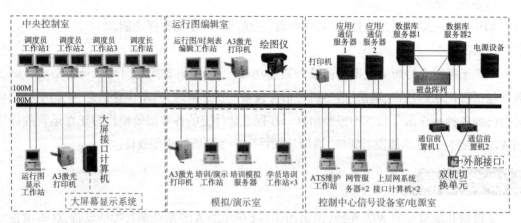

图 3-2-1　控制中心 ATS 子系统结构示意图(一)

任务要求

知识要求：
(1) 能够叙述控制中心 ATS 子系统包含哪些设备；
(2) 可以阐明控制中心 ATS 子系统设备的功能。

技能要求：
(1) 掌握控制中心 ATS 子系统设备维护周期及内容；
(2) 能够选用正确的工具，并会维护控制中心 ATS 子系统设备。

素养要求：
(1) 遵守职业道德规范，增强工作责任感；
(2) 养成良好的规范检修操作习惯；
(3) 树立团队合作精神以及大国工匠精神；
(4) 增强团结合作意识，养成良好的职业操守；
(5) 不断进行经验总结，不断提升自己。

任务实施

一、学习环境

ATS 模拟仿真实训室，多媒体。

二、学时安排

建议 4~6 个学时。

三、学习步骤

(1) 分组讨论，以 4~6 人为一个小组完成工作任务。
(2) 根据所学知识点，归纳总结并进行操作：
①控制中心 ATS 子系统有哪些设备？
②控制中心 ATS 子系统设备有哪些功能？
③制订控制中心 ATS 子系统的定期维护工作计划，进行维护作业前的准备(注意团队合作和操作规范)。
④根据所学检修流程，对控制中心设备进行日检、月检和年检，并填写检修记录表，如表 3-2-1~表 3-2-3 所示。
(3) 按照附录三中的表格，制作学习工作单。

(4)评价反馈。

小组内互相协助考核学习任务,组内互评;根据其他小组成员在成果展示活动中的表现及结果进行组间互评,完成附录二中的附表2-1至附表2-3。

控制中心信号设备日检记录表　　　　　　　　　表3-2-1

地点：　　　　　检修人：　　　　　检修日期：　　年　　月　　日

序号	对象	作业内容	标准	现场状态或参数	备注
1	设备房	机房温湿度检查	温度:18~26℃,湿度:30%~75%	温度:____℃　　湿度:____%	
		环境卫生检查	无异味,地面整洁,无鼠患	正常□　异常□	
2	ATS骨干网交换机、ATP骨干网交换机、三层交换机、UNTP服务器、防火墙、接入交换机、外部交换机、MDS骨干网交换机、LTE骨干网交换机、NE08E交换机、EPC核心网交换机	外观检查	外观完好,无裂纹、刮花、破损	正常□　异常□	
		运行状态检查	各模块运行指示灯显示正常	正常□　异常□	
3	ATS服务器(SRS)、数据库服务器(DB)、数据记录仪(DR)、数据备份服务器(BKP)、保密器件(SD)、E-sight服务器、1588时钟服务器	外观检查	外观完好,无裂纹、刮花、破损	正常□　异常□	
		运行状态检查	硬盘灯位显示正常	正常□　异常□	
			双电源工作正常	正常□　异常□	
			网口灯位闪烁正常	正常□　异常□	
			能够通过KVM正常登录服务器且显示正常,键盘、鼠标能够正常操作	正常□　异常□	
		SRS、DB服务器的主备工作状态检查	查看DB服务器,连接磁盘阵列的为主用,另一台为备用	正常□　异常□	
		时钟同步检查	在SRS上,在cmd窗口通过"ntpq-p"命令查看SRS和外部主时钟同步的情况	正常□　异常□	

续上表

序号	对象	作业内容	标准	现场状态或参数	备注
4	磁盘阵列	指示灯状态检查	磁盘指示灯为绿色闪烁	正常□ 异常□	
		网络连接状态检查	网线连接正常	正常□ 异常□	
5	三级等保机柜：工控系统安全防护网关、入侵防御系统、工控集中监管与审计系统、综合运维安全审计系统、漏洞扫描管理系统	外观检查	外观完好，无裂纹、刮花、破损	正常□ 异常□	
		运行状态检查	指示灯显示正常，网口灯位闪烁正常	正常□ 异常□	
6	电源屏	外观检查	外观完好，无裂纹、刮花或破损，机柜门开关灵活，锁闭正常，机柜密封性良好，无锈蚀	正常□ 异常□	
		设备运行状态检查	C级防雷部件无变形、开裂，防雷空气开关工作正常，处于闭合状态	正常□ 异常□	
			输出防雷板指示灯正常	正常□ 异常□	
			各模块的指示灯显示正常	正常□ 异常□	
			监控单元显示正常，无报警	正常□ 异常□	
			风扇运行正常，无异响	正常□ 异常□	
		设备清洁检查	设备外表干净、清洁，无灰尘	正常□ 异常□	

续上表

序号	对象	作业内容	标准	现场状态或参数	备注
7	UPS	外观检查	外观完好,无裂纹、刮花或破损	正常□ 异常□	
		风扇检查	风扇运行正常,无异响	正常□ 异常□	
		设备运行状态检查	显示正常且处于正常供电状态;设备运行情况良好,无报警信息	正常□ 异常□	
		运行参数查看	查看输入电压/电流	线电压/电流 A:____V,____A 线电压/电流 B:____V,____A 线电压/电流 C:____V,____A	
			查看电池充电电压/电流	电压:____V,电流:____A	
			查看 UPS 输出电压/电流	线电压/电流 A:____V,____A 线电压/电流 B:____V,____A 线电压/电流 C:____V,____A	
		设备清洁检查	设备表面干净、清洁,无灰尘	正常□ 异常□	
8	稳压柜	外观检查	外观完好,无裂纹、刮花或破损	正常□ 异常□	
		设备运行状态检查	稳压器面板指示灯"稳压"亮绿灯,"旁路"灭灯,"故障"灭灯,无报警;机柜内部各部件工作正常	正常□ 异常□	
		卫生清扫	设备清洁、干净,无积尘、无污迹	正常□ 异常□	
9	蓄电池	外观检查	外观完好,无破损、爆裂、漏液、发胀及变形	正常□ 异常□	

续上表

序号	对象	作业内容	标准	现场状态或参数	备注
10	ATS 维护工作站、网管工作站、LTE 网管工作站、维护监测工作站、电源监测工作站、调度长工作站、大屏工作站、调度员工作站、运行图工作站	运行状态检查	显示器显示正常，键盘、鼠标功能正常，指示灯显示正确，无报警；询问用户，确认设备无异常	正常☐ 异常☐	
		网络连通情况检查	各设备均能接入双网正常工作，服务器与工作站的连接正常	正常☐ 异常☐	
		查看所有工作站报警信息	ATS 维护工作站：查看各类日志及报警信息，了解设备工作状态	正常☐ 异常☐	
			网管工作站：通过 PRTG 软件，查看 ATP、ATS、LTE-A 和 LTE-B 骨干网交换机、三层交换机、车载 SD、轨旁 SD、MAU、SCOM 机、DTI 等设备网络连接状态及报警信息，了解设备工作状态	正常☐ 异常☐	
			LTE 网管工作站：查看基站、RRU 设备网络连接状态及报警信息，了解设备工作状态	正常☐ 异常☐	
			维护监测工作站：查看设备工作状态及报警信息	正常☐ 异常☐	
			电源监测工作站：查看各车站电源监控参数及报警信息，了解设备工作状态	正常☐ 异常☐	

续上表

序号	对象	作业内容	标准	现场状态或参数	备注
11	打印机	外观检查	外观完好,无裂纹、刮花或破损;纸轮无积尘、无卡纸	正常□ 异常□	
		运行状态检查	打印机正常工作,指示灯显示正常	正常□ 异常□	
12	调度大厅配电柜	外观检查	外观完好,无裂纹、刮花或破损	正常□ 异常□	
		运行状态检查	电源指示灯显示正确,无报警	正常□ 异常□	
13	调度大厅小机柜:接入交换机、MC光电转换模块	外观检查	外观完好,无裂纹、刮花或破损	正常□ 异常□	
		运行状态检查	各模块运行指示灯显示正常	正常□ 异常□	

问题记录

备品、备件消耗记录					
序号	名称	单位	实际使用数量	备注	

控制中心信号设备月检记录表   表3-2-2

地点: 检修人: 检修日期: 年 月 日

序号	对象	作业内容	标准	现场状态或参数	备注
1	设备房	机房温湿度检查	温度:18~26℃,湿度:30%~75%	温度:____℃ 湿度:____%	
		环境卫生检查	无异味,地面整洁,无鼠患	正常□ 异常□	

续上表

序号	对象	作业内容	标准	现场状态或参数	备注
2	ATS 骨干网交换机、ATP 骨干网交换机、三层交换机、UNTP 服务器、防火墙、接入交换机、外部交换机、MDS 骨干网交换机、LTE 骨干网交换机、NE08E 交换机、EPC 核心网交换机	外观检查	外观完好,无裂纹、刮花、破损	正常□ 异常□	
		运行状态检查	交换机各模块运行显示正常	正常□ 异常□	
		设备表面清洁	设备表面清洁、无积尘	正常□ 异常□	
		接口检查	插接板插接牢固,各接口螺栓紧固,无松动,接触良好;各网络端口指示灯显示正常	正常□ 异常□	
		线缆检查	设备线缆连接牢固,无表皮破损,无接触不良,线缆标识清晰	正常□ 异常□	
		防火墙检查	通过 NMS 查看防火墙工作状态全部为"OK"	正常□ 异常□	
3	ATS 服务器(SRS)、数据库服务器(DB)、数据记录仪(DR)、数据备份服务器(BKP)、保密器件(SD)、E-sight 服务器、1588 时钟服务器	外观检查	外观完好,无裂纹、刮花、破损	正常□ 异常□	
		设备表面清洁	设备表面干净、清洁,无灰尘;连接线接口及连接线干净、清洁,无灰尘	正常□ 异常□	
		运行状态检查	硬盘灯位显示正常	正常□ 异常□	
			双电源工作正常	正常□ 异常□	
			网口灯位闪烁正常	正常□ 异常□	
			能够通过 KVM 正常登录服务器且显示正常,键盘、鼠标能够正常操作	正常□ 异常□	
		SRS、DB 服务器的主备工作状态检查	查看 DB 服务器,连接磁盘阵列的为主用,另一台为备用	正常□ 异常□	

续上表

序号	对象	作业内容	标准	现场状态或参数	备注
3	ATS 服务器(SRS)、数据库服务器(DB)、数据记录仪(DR)、数据备份服务器(BKP)、保密器件(SD)、E-sight 服务器、1588 时钟服务器	时钟同步检查	在 SRS 上,在 cmd 窗口通过"ntpq-p"命令查看 SRS 和外部主时钟同步的情况	正常□ 异常□	
		紧固主机外设插接件	插接件插接牢固且密贴性良好;各接口螺栓紧固,连接线连接牢固,无断线,无接触不良,无表皮破损	正常□ 异常□	
		散热风扇功能检查	风扇运转正常	正常□ 异常□	
		线缆检查	设备线缆连接牢固,无表皮破损,无接触不良,线缆标识清晰	正常□ 异常□	
		硬盘和运行参数备份	程序运行日志分类处理并备份;拷贝保存的日志有明确的日期、简短说明和格式	正常□ 异常□	
4	磁盘阵列	指示灯状态检查	磁盘指示灯为绿色闪烁	正常□ 异常□	
		网络连接状态检查	网线连接正常	正常□ 异常□	
		设备表面清洁	设备表面干净、清洁,无灰尘	正常□ 异常□	
		线缆检查	设备线缆连接牢固,无表皮破损,无接触不良,线缆标识清晰	正常□ 异常□	

续上表

序号	对象	作业内容	标准	现场状态或参数	备注
5	三级等保机柜：工控系统安全防护网关、入侵防御系统、工控集中监管与审计系统、综合运维安全审计系统、漏洞扫描管理系统	外观检查	外观完好，无裂纹、刮花、破损	正常□ 异常□	
		运行状态检查	指示灯显示正常；网口灯位闪烁正常	正常□ 异常□	
		设备表面清洁	设备表面干净、清洁，无灰尘	正常□ 异常□	
		接口检查	插接板插接牢固，各接口螺栓紧固无松动，接触良好	正常□ 异常□	
		线缆检查	设备网线、光纤、电源线、连接线、地线连接良好，安装牢固，无表皮破损，无锈蚀，线缆标识清晰	正常□ 异常□	
6	蓄电池	外观检查	设备外观完好，无破损、爆裂、漏液、发胀及变形	正常□ 异常□	
		紧固连接件	连接良好，无锈蚀	正常□ 异常□	
		卫生清洁	使用毛刷和干抹布清扫，保证清洁，无积尘，无污迹	正常□ 异常□	
7	ATS维护工作站、网管工作站、LTE网管工作站、维护监测工作站、电源监测工作站、调度长工作站、大屏工作站、调度员工作站、运行图工作站	运行状态检查	显示器显示正常，键盘、鼠标功能正常，指示灯显示正确，无报警；询问用户，确认设备无异常	正常□ 异常□	
		网络连通情况检查	各设备均能接入双网正常工作，服务器与工作站的连接正常	正常□ 异常□	

续上表

序号	对象	作业内容	标准	现场状态或参数	备注
7	ATS维护工作站、网管工作站、LTE网管工作站、维护监测工作站、电源监测工作站、调度长工作站、大屏工作站、调度员工作站、运行图工作站	查看所有工作站报警信息	ATS维护工作站:查看各类日志及报警信息,了解设备工作状态	正常□ 异常□	
			网管工作站:通过PRTG软件,查看ATP、ATS、LTE-A和LTE-B骨干网交换机、三层交换机、车载SD、轨旁SD、MAU、SCOM机、DTI等设备网络连接状态及报警信息,了解设备工作状态	正常□ 异常□	
			LTE网管工作站:查看基站、RRU设备网络连接状态及报警信息,了解设备工作状态	正常□ 异常□	
			维护监测工作站:查看设备工作状态及报警信息	正常□ 异常□	
			电源监测工作站:查看各车站电源监控参数及报警信息,了解设备工作状态	正常□ 异常□	
		工作站重启	重启后应用软件功能正常	正常□ 异常□	
		外设插接件检查	插接板插接牢固,各接口螺栓紧固,连接线牢固,无断线、无破损,接触良好	正常□ 异常□	
		散热风扇检查	风扇运行正常,无异响	正常□ 异常□	
		线缆检查	设备线缆连接牢固,无表皮破损,无接触不良,线缆标识清晰	正常□ 异常□	

续上表

序号	对象	作业内容	标准	现场状态或参数	备注
8	打印机	外观检查	外观完好,无裂纹、刮花或破损;纸轮无积尘、无卡纸	正常□ 异常□	
		运行状态检查	打印机正常工作,指示灯显示正常	正常□ 异常□	
		紧固接口及螺栓检查	插接板插接牢固,各接口螺栓紧固,连接线牢固,无断线、无破损,接触良好	正常□ 异常□	
		易耗件检查	打印机色带墨盒正常;激光打印机的感光鼓表面光亮,无划痕;打印测试页正常,打印时无异响	正常□ 异常□	
		线缆检查	设备线缆连接牢固,无表皮破损,无接触不良,线缆标识清晰	正常□ 异常□	
9	调度大厅配电柜	外观检查	外观完好,无裂纹、刮花或破损	正常□ 异常□	
		运行状态检查	电源指示灯显示正确,无报警	正常□ 异常□	
		设备表面清洁	设备表面干净、清洁,无灰尘	正常□ 异常□	

续上表

序号	对象	作业内容	标准	现场状态或参数	备注
10	调度大厅小机柜：接入交换机、MC光电转换模块	外观检查	外观完好,无裂纹、刮花、破损	正常□ 异常□	
		运行状态检查	交换机各模块运行显示正常	正常□ 异常□	
		设备表面清洁	设备表面清洁,无积尘	正常□ 异常□	
		接口检查	插接板插接牢固,各接口螺栓紧固无松动,接触良好;各网络端口指示灯显示正常	正常□ 异常□	
		线缆检查	设备网线、光纤、电源线、连接线、地线连接良好,安装牢固,无表皮破损,无锈蚀,线缆标识清晰	正常□ 异常□	

问题记录

备品、备件消耗记录					
序号	名称	单位	实际使用数量	备注	

控制中心信号设备年检记录表 表3-2-3

地点：　　　　　检修人：　　　　　检修日期：　年　月　日

序号	对象	作业内容	标准	现场状态或参数	备注
1	设备房	机房温湿度检查	温度:18~26℃,湿度:30%~75%	温度:___℃　湿度:___%	
		环境卫生检查	无异味,地面整洁,无鼠患	正常□ 异常□	

续上表

序号	对象	作业内容	标准	现场状态或参数	备注
2	ATS骨干网交换机、ATP骨干网交换机、三层交换机、UNTP服务器、防火墙、接入交换机、外部交换机、MDS骨干网交换机、LTE骨干网交换机、NE08E交换机、EPC核心网交换机、1588时钟服务器	外观检查	外观完好,无裂纹、刮花、破损	正常□ 异常□	
		运行状态检查	交换机各模块运行显示正常	正常□ 异常□	
		设备表面清洁	设备表面清洁,无积尘	正常□ 异常□	
		接口检查	插接板插接牢固,各接口螺栓紧固,无松动,接触良好;各网络端口指示灯显示正常	正常□ 异常□	
		线缆检查	设备线缆、电源线、地线连接良好,安装牢固,无表皮破损,无锈蚀,线缆标识清晰	正常□ 异常□	
		防火墙检查	通过NMS查看防火墙工作状态全部为"OK"	正常□ 异常□	
		交换机电源模块检查	电源模块工作正常	正常□ 异常□	
		网络端口清洁	端口清洁,无积尘	正常□ 异常□	
		功能测试与配置数据备份	各模块运行正常;交换机配置文件备份完整,设备连接正常	正常□ 异常□	

续上表

序号	对象	作业内容	标准	现场状态或参数	备注
3	ATS 服务器(SRS)、数据库服务器(DB)、数据记录仪(DR)、数据备份服务器(BKP)、保密器件(SD)	外观检查	外观完好,无裂纹、刮花、破损	正常□ 异常□	
		运行状态检查	硬盘灯位显示正常	正常□ 异常□	
			双电源工作正常	正常□ 异常□	
			网口灯位闪烁正常	正常□ 异常□	
			能够通过 KVM 正常登录服务器且显示正常,键盘、鼠标能够正常操作	正常□ 异常□	
		SRS、DB 服务器的主备工作状态检查	查看 DB 服务器,连接磁盘阵列的为主用,另一台为备用	正常□ 异常□	
		时钟同步检查	SRS 服务器校时程序正常	正常□ 异常□	
		紧固内部各部件	插接件插接牢固且密贴性良好;各接口螺栓紧固,连接线连接牢固,无断线,无接触不良,无表皮破损	正常□ 异常□	
		设备部件及内部清洁	设备内部干净、清洁,无灰尘	正常□ 异常□	
		系统备份	进行完整备份,并进行标识(软件升级后须在一周内完成备份);对最新备份进行数据完整性检查	正常□ 异常□	

续上表

序号	对象	作业内容	标准	现场状态或参数	备注
3	ATS 服务器(SRS)、数据库服务器(DB)、数据记录仪(DR)、数据备份服务器(BKP)、保密器件(SD)	功能测试	启动正常,键盘、鼠标等操作正常;通道网络连接正常;能够通过 KVM 正常登录服务器且显示正常;系统应用程序运行正常	正常□ 异常□	
		SRS 重启及主备切换检查	先关闭主用 SRS 服务器,检查关闭后是否能够自动切换至备用服务器;两台服务器重启后能够人工激活服务器;服务器激活后,软件运行正常;人工能够正常切换 SRS 主备关系	正常□ 异常□	
		DB、DR、BKP、SD 保密计算机主机重启,进行一次 DB 的主备切换	重启后 DB、BKP、DR、SD 正常运行	正常□ 异常□	
		紧固主机外设插接件	插接件插接牢固且密贴性良好;各接口螺栓紧固,连接线连接牢固,无断线,无接触不良,无表皮破损	正常□ 异常□	

续上表

序号	对象	作业内容	标准	现场状态或参数	备注
3	ATS服务器(SRS)、数据库服务器(DB)、数据记录仪(DR)、数据备份服务器(BKP)、保密器件(SD)	散热风扇功能检查	风扇运转正常	正常□ 异常□	
		线缆检查	插座紧固;线缆表皮无破损	正常□ 异常□	
		硬盘和运行参数备份	程序运行日志进行分类处理,软件进行备份;拷贝保存的日志有明确的日期、简短说明和格式	正常□ 异常□	
4	磁盘阵列	指示灯状态检查	磁盘指示灯为绿色闪烁	正常□ 异常□	
		网络连接状态检查	网线连接正常	正常□ 异常□	
		设备表面清洁	设备表面干净、清洁,无灰尘	正常□ 异常□	
		线缆检查	连接线接口及连接线干净、清洁,无灰尘	正常□ 异常□	
		系统内部清洁	设备内部干净、清洁,无灰尘	正常□ 异常□	
		内部部件紧固	插接板插接牢固且密贴性良好	正常□ 异常□	
		系统备份	程序运行日志进行分类处理,软件进行备份	正常□ 异常□	

续上表

序号	对象	作业内容	标准	现场状态或参数	备注
5	三级等保机柜：工控系统安全防护网关、入侵防御系统、工控集中监管与审计系统、综合运维安全审计系统、漏洞扫描管理系统	外观检查	外观完好,无裂纹、刮花、破损	正常□ 异常□	
		运行状态检查	指示灯显示正常；网口灯位闪烁正常	正常□ 异常□	
		设备表面清洁	设备表面干净、清洁,无灰尘	正常□ 异常□	
		接口检查	插接板插接牢固,各接口螺栓紧固,无松动,接触良好	正常□ 异常□	
		线缆检查	连接线接口及连接线干净、清洁,无灰尘	正常□ 异常□	
		内部部件紧固	插接板插接牢固,各接口螺栓紧固,连接线牢固,无断线、无破损,接触良好	正常□ 异常□	
6	ATS维护工作站、网管工作站、LTE网管工作站、维护监测工作站、电源监测工作站、调度长工作站、大屏工作站、调度员工作站、运行图工作站	运行状态检查	显示器显示正常,键盘、鼠标功能正常,指示灯显示正确,无报警；询问用户,确认设备无异常	正常□ 异常□	
		网络连通情况检查	各设备均能接入双网正常工作,服务器与工作站的连接正常	正常□ 异常□	
		查看所有工作站报警信息	ATS维护工作站：查看各类日志及报警信息,了解设备工作状态	正常□ 异常□	

续上表

序号	对象	作业内容	标准	现场状态或参数	备注
6	ATS 维护工作站、网管工作站、LTE 网管工作站、维护监测工作站、电源监测工作站、调度长工作站、大屏工作站、调度员工作站、运行图工作站	查看所有工作站报警信息	网管工作站:通过 PRTG 软件,查看 ATP、ATS、LTE-A、LTE-B 骨干网交换机、三层交换机、车载 SD、轨旁 SD、MAU、SCOM 机、DTI 等设备网络连接状态及报警信息,了解设备工作状态	正常□ 异常□	
			LTE 网管工作站:查看基站、RRU 设备网络连接状态及报警信息,了解设备工作状态	正常□ 异常□	
			维护监测工作站:查看设备工作状态及报警信息	正常□ 异常□	
			电源监测工作站:查看各车站电源监控参数及报警信息,了解设备工作状态	正常□ 异常□	
		工作站重启	重启后应用软件功能正常	正常□ 异常□	
		外设插接件检查	插接板插接牢固,各接口螺栓紧固,连接线牢固,无断线、无破损,接触良好	正常□ 异常□	
		散热风扇检查	风扇运行正常,无异响	正常□ 异常□	
		线缆检查	设备线缆连接牢固,无断线、无接触不良,表皮无破损	正常□ 异常□	

续上表

序号	对象	作业内容	标准	现场状态或参数	备注
6	ATS维护工作站、网管工作站、LTE网管工作站、维护监测工作站、电源监测工作站、调度长工作站、大屏工作站、调度员工作站、运行图工作站	设备表面清洁	设备表面干净、清洁,无灰尘	正常□ 异常□	
		系统数据备份、更新	进行完整备份,并进行标识(软件升级后须在一周内完成备份);对最新备份进行数据完整性检查	正常□ 异常□	
		功能测试	应用软件功能正常	正常□ 异常□	
7	打印机	外观检查	外观完好,无裂纹、刮花或破损;纸轮无积尘、无卡纸	正常□ 异常□	
		运行状态检查	打印机正常工作,指示灯显示正常	正常□ 异常□	
		紧固接口及螺栓检查	插接板插接牢固,各接口螺栓紧固,连接线牢固,无断线、无破损,接触良好	正常□ 异常□	
		易耗件检查	打印机色带墨盒正常;激光打印机的感光鼓表面光亮,无划痕;打印测试页正常,打印时无异响	正常□ 异常□	
		线缆检查	设备线缆无破损,连接牢固,接触良好	正常□ 异常□	
8	调度大厅配电柜	外观检查	外观完好,无裂纹、刮花或破损	正常□ 异常□	
		运行状态检查	电源指示灯显示正常,无报警	正常□ 异常□	
		设备表面清洁	设备表面干净、清洁,无灰尘	正常□ 异常□	

续上表

序号	对象	作业内容	标准	现场状态或参数	备注
8	调度大厅配电柜	接口检查	插接板插接牢固,各接口螺栓紧固,无松动,接触良好	正常□ 异常□	
		线缆检查	连接线接口及连接线干净、清洁,无灰尘	正常□ 异常□	
9	调度大厅小机柜:接入交换机、MC光电转换模块	外观检查	外观完好,无裂纹、刮花、破损	正常□ 异常□	
		运行状态检查	交换机各模块运行显示正常	正常□ 异常□	
		外部清洁	设备表面清洁,无积尘	正常□ 异常□	
		接口检查	插接板插接牢固,各接口螺栓紧固,无松动,接触良好;各网络端口指示灯显示正常	正常□ 异常□	
		线缆检查	设备网线、光纤、电源线、连接线、地线连接良好,安装牢固,无表皮破损,无锈蚀,线缆标识清晰	正常□ 异常□	
		交换机电源模块检查	电源模块工作正常	正常□ 异常□	
		网络端口清洁	端口清洁,无积尘	正常□ 异常□	
		功能测试	各模块运行正常	正常□ 异常□	
问题记录					
备品、备件消耗记录					
序号	名称	单位	实际使用数量		备注

知识导航

一、控制中心 ATS 子系统设备构成

如图 3-2-1 所示,控制中心 ATS 子系统主要包括 3 台调度员工作站、1 台调度长工作站、1 台大屏接口计算机、1 台运行图显示工作站、1 台 A3 激光打印机、网络交换机、路由器等网络传输设备(双网冗余)。

除场段现地工作站外,显示器全部使用 22 寸显示器。大屏可实现文字、图表的显示功能,实现全线列车运行信息的显示,该图形软件所显示的均为矢量图。在控制中心大屏幕上所显示的画面符合线路的实际位置及方向,与调度员工作站一致;运行图显示工作站显示列车计划和实际运行图;调度员/调度长工作站在硬件和软件上具有相同的结构,显示行车信息及列车计划和实际运行图。

其中,不同的设备根据需要分布在运行图编辑室、模拟/演示室、控制中心信号设备室/电源室。

1. 运行图编辑室

运行图编辑室设备包括 1 台运行图/时刻表编辑工作站、1 台便携式运行图/时刻表编辑工作站、1 台 A3 激光打印机、1 台绘图仪,用于运行图打印。

2. 模拟/演示室

模拟/演示室设备包括 3 台学员培训工作站、1 台培训模拟服务器、1 台培训/演示工作站、1 台 A3 激光打印机以及相关网络设备。

3. 控制中心信号设备室/电源室

控制中心信号设备室/电源室设备包括 1 套数据库服务器(含磁盘阵列)、1 套应用/通信服务器、1 套通信前置机、1 台 ATS 维护工作站、1 台打印机、电源设备等。

二、控制中心 ATS 子系统设备功能

1. 控制中心 ATS 子系统功能

控制中心 ATS 子系统主要功能有全线列车监控、自动调度、运行调整(ATR)、时刻表编辑和管理、事件和报警管理、统计报告、维护管理等。

2. 控制中心 ATS 子系统常用设备及其主要功能

1)服务器

应用服务器用于控制中心 ATS 子系统的数据处理,网关服务器用于实现与 ATC 系统的信息交互,数据库服务器用来存放控制中心 ATS 子系统的主要数据,服务器外观如图 3-2-2 所示。

2）磁盘阵列

磁盘阵列用于两台数据库服务器集群，存放数据库数据，磁盘阵列外观如图3-2-3所示。

图3-2-2　服务器　　　　　图3-2-3　磁盘阵列

3）工作站

工作站用于提供全线信号设备的显示，并管理列车运行等，工作站外观如图3-2-4所示。

4）显示器

显示器主要用于显示人机界面，显示器外观如图3-2-5所示。

图3-2-4　工作站　　　　　图3-2-5　显示器

三、控制中心ATS子系统设备维护

1．控制中心ATS子系统设备维护所需工具

控制中心ATS子系统设备维护主要会用到万用表、网络测试仪、USB转串口连接线、基本工具箱。

2．控制中心ATS子系统设备的日检、月检与年检

1）日检

(1) 控制中心ATS子系统需要日检的主要设备。

控制中心ATS子系统需要日检的主要设备有服务器、磁盘阵列、工作站。

(2) 维护检修标准。

①操作系统运行正常；

②设备灯位显示（图3-2-6～图3-2-9）正常；

③ATS软件运行正常且主备机状态正常。

(3) 作业方法。

①现场检查ATS设备是否运行正常；

②在维护台查看设备详细状态,观察ATS各设备工作灯位显示等;
③检查各设备指示灯是否正常。

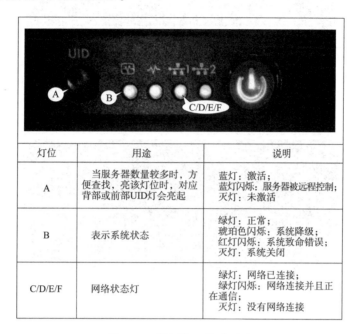

灯位	用途	说明
A	当服务器数量较多时,方便查找,亮该灯位时,对应背部或前部UID灯会亮起	蓝灯:激活; 蓝灯闪烁:服务器被远程控制; 灭灯:未激活
B	表示系统状态	绿灯:正常; 琥珀色闪烁:系统降级; 红灯闪烁:系统致命错误; 灭灯:系统关闭
C/D/E/F	网络状态灯	绿灯:网络已连接; 绿灯闪烁:网络连接并且正在通信; 灭灯:没有网络连接

图 3-2-6　服务器正面灯位显示

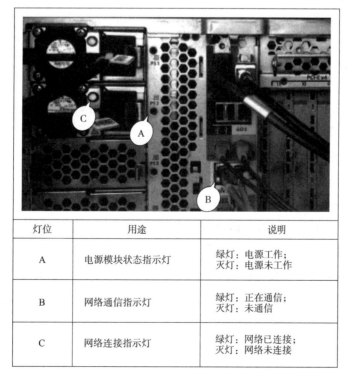

灯位	用途	说明
A	电源模块状态指示灯	绿灯:电源工作; 灭灯:电源未工作
B	网络通信指示灯	绿灯:正在通信; 灭灯:未通信
C	网络连接指示灯	绿灯:网络已连接; 灭灯:网络未连接

图 3-2-7　服务器背面灯位显示

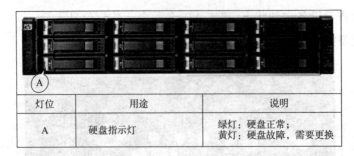

灯位	用途	说明
A	硬盘指示灯	绿灯：硬盘正常；黄灯：硬盘故障，需要更换

图 3-2-8　磁盘阵列正面灯位显示

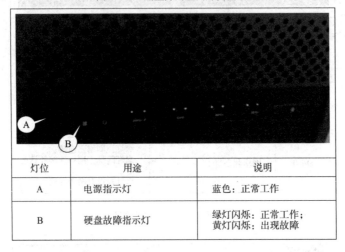

灯位	用途	说明
A	电源指示灯	蓝色：正常工作
B	硬盘故障指示灯	绿灯闪烁：正常工作；黄灯闪烁：出现故障

图 3-2-9　工作站背面灯位显示

2) 月检

(1) 控制中心 ATS 子系统需要月检的主要设备。

控制中心 ATS 子系统需要月检的主要设备有服务器、工作站、通信前置机、磁盘阵列、双机切换单元、交换机等。

(2) 维护检修标准及作业方法。

① 控制中心服务器、工作站、通信前置机月检检修标准及作业方法。

检修标准：设备为月检重启，各设备时间同步，网线水晶头插紧。

作业方法：对 ATS 子系统各设备进行月检重启，观察 ATS 界面时钟显示是否一致，检查网线水晶头是否插紧。

② 磁盘阵列月检检修标准及作业方法。

检修标准：a. 绿灯：表示硬盘、电源模块正常；b. 黄灯：表示硬盘、电源模块故障，需要更换，如图 3-2-10 所示。

作业方法：检查硬盘指示灯、电源模块故障指示灯是否正常。

③ 交换机月检检修标准及作业方法。

检修标准：交换机正常工作。

作业方法:查看交换机指示灯是否正常工作,查看连接交换机的终端电脑网络是否正常。

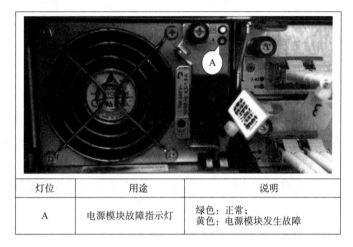

灯位	用途	说明
A	电源模块故障指示灯	绿色:正常; 黄色:电源模块发生故障

图 3-2-10　磁盘阵列检查

3)年检

①控制中心 ATS 子系统需要年检的主要设备。

控制中心 ATS 子系统需要年检的主要设备有服务器、工作站、通信前置机、磁盘阵列、交换机、打印机、一体化液晶显示器、键盘、鼠标等。

②维护检修标准及作业方法。

检修标准:机柜内部清洁;机柜外部清洁;检查内存占用情况(小于60%)、CPU 占用情况(小于30%),数据库 oracle 服务正常开启;电源连接线插接牢固,无破损,设备表面清洁,无灰尘;风扇无灰尘;插接件、线缆连接正常。

作业方法:将风扇抽出子架,用毛刷清扫,清洁,无灰尘;机柜内部各个设备表面清洁,无灰尘;机柜外部表面清洁,无灰尘;检查内存、CPU 占用情况;手动检查电源连接线是否牢固,如不牢固,需插紧;观察设备表面是否有灰尘,如有,进行清扫;检查插接件、线缆连接是否牢固、无破损,如不牢固,需要插紧,如有破损,则进行更换。

3. 控制中心 ATS 子系统工作站设备维护作业指导书

1)检修流程

检修流程为:作业前准备→登记请点→检修→复查试验→销点。

2)工器具准备

ATS 子系统工作站设备检修作业所需工器具如表3-2-4 所示。

ATS 子系统工作站设备检修作业所需工器具　　　表3-2-4

名称	数量	名称	数量
吹吸尘机	1	清洁布	若干
维护专用笔记本	1	绝缘胶带(卷)	1

续上表

名称	数量	名称	数量
12件(套)一字螺丝刀、十字螺丝刀	1	毛刷	2
万用表	1	扎带(包)	1

3)作业原则

(1)在检修作业开始前应召开安全交底工作会议,同时形成相应记录。

(2)作业安全准备,作业负责人采取安全作业的具体措施并做好安全预想。

(3)作业前须检查检修工器具及安全防护用品状态,发现状态不良的,应立即停用。

(4)作业过程中严格执行"三不动""三不离"等基本安全制度。

(5)作业结束后,应填写相应检修作业表格,与轮值技术岗工作人员确认该设备显示无异常,做好现场出清。

(6)操作人员必须严格按照作业时间、标准执行。

(7)做好需要服务器主备切换信息记录。

4)作业内容

(1)登记请点。

到控制中心调度大厅登记请点,经批准后方可在作业点开始检修作业。

(2)日检。

①设备外观检查。

设备表面干净、清洁,无灰尘;设备安装稳固,如图3-2-11所示。

图3-2-11 设备外观检查

②鼠标、键盘功能检查。

鼠标移动平顺,按键功能正常;键盘上的LED指示灯显示正常,所有相关按键的功能正常,如图3-2-12所示。

③显示器显示检查。

显示图像清晰、色彩鲜艳,明暗度、对比度适中;显示窗口大小合适、方正;调整功能正常,如图3-2-13所示。

图 3-2-12　键盘检查

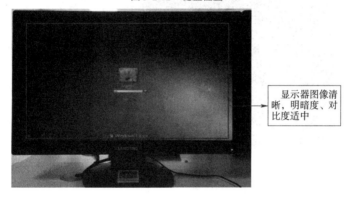

图 3-2-13　显示器显示检查

(3)月检。

月检作业与日检设备检修保养作业内容和方法相同。

(4)年检。

①设备内部清洁:用吸尘器、毛刷、清洁布等对工作站主机内部进行清洁,内部应清洁、无灰尘;板卡安装稳固,如图 3-2-14 所示。

图 3-2-14　设备内部清洁

②系统参数检查:检查 CPU、内存、硬盘,各项参数不大于 75%。

③系统备份:若进行软件升级,则用硬盘对系统数据进行完整备份,做成镜像文件(软件升级后须在一周内完成备份)。

④功能测试：工作站启动正常，键盘、鼠标等操作正常，通道网络连接正常，应用软件功能正常。

⑤电源及线缆检查：电源线插接牢固，线缆表皮无破损，如图 3-2-15 所示。

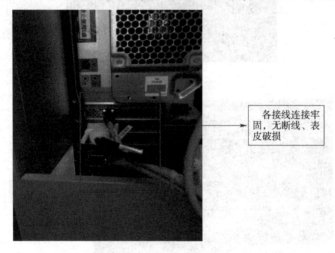

图 3-2-15　电源及线缆检查

5）作业收尾

①清点、整理工具，清扫现场，保证工具无遗漏、作业现场无异物；

②填写设备检修表；

③作业完成后，联系调度值班员确认设备无异常后，销点离开。

任务拓展

试将图 3-2-16 所示的控制中心 ATS 子系统设备与图 3-2-1 所示的设备进行比较，说出两者的异同点。

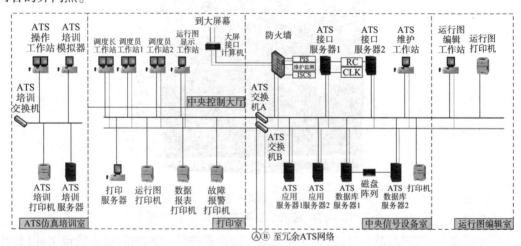

图 3-2-16　控制中心 ATS 子系统结构示意图（二）

任务三　设备集中站 ATS 子系统维护

任务描述

图 3-3-1 是设备集中站 ATS 子系统结构示意图,试说出其都有哪些设备,这些设备之间是怎样进行数据传输的。

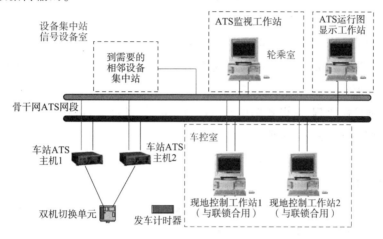

图 3-3-1　设备集中站 ATS 子系统结构示意图

任务要求

知识要求:
(1)能够叙述设备集中站 ATS 子系统包含哪些设备;
(2)可以阐明设备集中站 ATS 子系统各设备的功能。

技能要求:
(1)掌握设备集中站 ATS 子系统设备维护周期及内容;
(2)能够选用正确的工具,并会维护设备集中站 ATS 子系统设备。

素养要求:
(1)遵守职业道德规范,增强工作责任感;
(2)不断进行经验总结,完善自己;
(3)以自己的工作为荣,积极贡献自己的力量。

任务实施

一、学习环境

ATS 模拟仿真实训室,多媒体。

二、学时安排

建议 4~6 个学时。

三、学习步骤

(1) 分组讨论,以 4~6 人为一个小组完成工作任务。

(2) 根据所学知识点,归纳总结并进行操作:

①设备集中站 ATS 子系统有哪些设备?

②设备集中站 ATS 子系统设备有哪些功能?

③制订设备集中站 ATS 子系统的定期维护工作计划,进行维护作业前的准备(注意团队合作和操作规范)。

④根据所学检修流程,对设备集中站 ATS 子系统设备进行日检、月检和年检,并填写检修记录表,如表 3-3-1~表 3-3-3 所示。

(3) 按照附录三中的表格,制作学习工作单。

(4) 评价反馈。

小组内互相协助考核学习任务,组内互评;根据其他小组成员在成果展示活动中的表现及结果进行组间互评,完成附录二中的附表 2-1 至附表 2-3。

设备集中站 ATS 子系统信号设备日检记录表　　　　表 3-3-1

地点:　　　　　检修人:　　　　　检修日期:　年　月　日

序号	对象	作业内容	标准		现场状态或参数	备注
1	ATS 工作站、ATS 维护工作站、微机监测工作站	运行状态检查	显示器显示正常,键盘、鼠标功能正常,指示灯显示正确,无报警;询问用户,确认设备无异常		正常□　异常□	
		网络连通情况检查	各设备均能接入双网正常工作,服务器与工作站连接正常		正常□　异常□	
2	设备房	温度/湿度检查	信号设备室	温度:18~26℃,相对湿度:不高于75%	温度:____℃　湿度:____%	
			信号电源室		温度:____℃　湿度:____%	

续上表

序号	对象	作业内容	标准	现场状态或参数	备注
2	设备房	卫生情况检查	无杂物、无污垢	正常□ 异常□	
		备品备件、工器具检查	备品备件、工器具齐全,物品摆放整齐	正常□ 异常□	
3	ATS机柜	外观检查	外观完好,无裂纹、刮花、破损	正常□ 异常□	
		运行状态检查	交换机各模块运行显示正常	正常□ 异常□	
4	集中站ATS服务器	运行状态检查	硬盘灯位显示正常;双电源正常工作;网口灯位正常闪烁;能够通过KVM正常登录服务器且显示正常,键盘、鼠标能够正常操作	正常□ 异常□	
问题记录					

设备集中站 ATS 子系统信号设备月检记录表　　表3-3-2

地点:　　　　检修人:　　　　检修日期:　　年　月　日

序号	对象	作业内容	标准	现场状态或参数	备注
1	ATS工作站、ATS维护工作站、微机监测工作站	运行状态检查	显示器显示正常,键盘、鼠标功能正常,指示灯显示正确,无报警;询问用户,确认设备无异常	正常□ 异常□	
		网络连通情况检查	各设备均能接入双网正常工作,服务器与工作站的连接正常	正常□ 异常□	

续上表

序号	对象	作业内容	标准	现场状态或参数	备注
1	ATS工作站、ATS维护工作站、微机监测工作站	工作站重启	重启后应用软件功能正常	正常□ 异常□	
		外设插接件检查	插接板插接牢固,各接口螺栓紧固,连接线牢固,无断线、无破损,接触良好	正常□ 异常□	
		散热风扇检查	风扇运行正常,无异响	正常□ 异常□	
		电源及线缆检查	设备线缆和电源线连接牢固,无断线,无接触不良,无表皮破损	正常□ 异常□	
		紧固连接件检查	连接良好,无锈蚀	正常□ 异常□	
		卫生清洁	无积尘、无污迹	正常□ 异常□	
		显示器检查	显示图像清晰、色彩鲜艳,明暗度、对比度适中;显示窗口大小合适、方正;调整功能正常	正常□ 异常□	
		音响检查	音箱发音清晰,无噪音,音量适中;调整功能正常	正常□ 异常□	
2	设备房	温度/湿度检查	信号设备室 / 温度:18~26℃,相对湿度:不高于75%	温度:___℃ 湿度:___%	
			信号电源室	温度:___℃ 湿度:___%	
		卫生情况检查	无杂物,无污垢	正常□ 异常□	
		备品备件、工器具检查	备品备件、工器具齐全,物品摆放整齐	正常□ 异常□	

续上表

序号	对象	作业内容	标准	现场状态或参数	备注
3	ATS 机柜	外观检查	外观完好,无裂纹、刮花、破损	正常□ 异常□	
		运行状态检查	交换机各模块运行显示正常	正常□ 异常□	
		设备表面清洁	设备表面干净、清洁,无灰尘;连接线接口及连接线干净、清洁,无灰尘	正常□ 异常□	
		设备重启	服务器能够正常重启	正常□ 异常□	
		紧固主机外设插接件	插接件插接牢固且密贴性良好;各接口螺栓紧固,连接线连接牢固,无断线,无接触不良,无表皮破损	正常□ 异常□	
		散热风扇检查	风扇转动时没有噪声,保持一定风量以起到散热作用	正常□ 异常□	
		电源及线缆检查	插座紧固,线缆表皮无破损	正常□ 异常□	
问题记录					

备品、备件消耗记录

序号	名称	单位	实际使用数量	备注

设备集中站 ATS 子系统信号设备年检记录表

表 3-3-3

地点：　　　　　　检修人：　　　　　检修日期：　　年　　月　　日

序号	对象	作业内容	标准		现场状态或参数		备注
1	ATS 工作站、ATS 维护工作站、微机监测工作站	运行状态检查	显示器显示正常，键盘、鼠标功能正常，指示灯显示正确，无报警；询问用户，确认设备无异常		正常□　异常□		
		网络连通情况检查	各设备均能接入双网正常工作，服务器与工作站的连接正常		正常□　异常□		
		工作站重启	重启后应用软件功能正常		正常□　异常□		
		外设插接件检查	插接板插接牢固，各接口螺栓紧固，连接线牢固，无断线，无破损，接触良好		正常□　异常□		
		散热风扇检查	风扇运行正常，无异响		正常□　异常□		
		线缆检查	设备线缆连接牢固，无断线，无接触不良，无表皮破损		正常□　异常□		
		设备表面清洁	设备表面干净、清洁，无灰尘		正常□　异常□		
2	设备房	温度/湿度检查	信号设备室	温度：18~26℃，相对湿度：不高于75%	温度：___℃	湿度：___%	
			信号电源室		温度：___℃	湿度：___%	
		卫生情况检查	无杂物、无污垢		正常□　异常□		
		设备房备品备件、工器具检查	备品备件、工器具齐全，物品摆放整齐		正常□　异常□		

续上表

序号	对象	作业内容	标准	现场状态或参数	备注
3	ATS机柜	外观检查	外观完好,无裂纹、刮花、破损	正常☐ 异常☐	
		运行状态检查	交换机各模块运行显示正常	正常☐ 异常☐	
		设备表面清洁	设备表面干净、清洁,无灰尘;连接线接口及连接线干净、清洁,无灰尘	正常☐ 异常☐	
		设备重启	服务器能够正常重启	正常☐ 异常☐	
		紧固主机外设插接件	插接件插接牢固且密贴性良好;各接口螺栓紧固,连接线连接牢固,无断线,无接触不良,无表皮破损	正常☐ 异常☐	
		散热风扇检查	风扇转动时没有噪声,保持一定风量以起到散热作用	正常☐ 异常☐	
		电源及线缆检查	插座紧固,线缆表皮无破损	正常☐ 异常☐	
问题记录					
备品、备件消耗记录					
序号	名称		单位	实际使用数量	备注

知识导航

一、设备集中站 ATS 子系统设备构成

如图 3-3-1 所示,设备集中站 ATS 子系统主要包括 2 台车站 ATS 主机、2 套现地控制工

作站,分别配备 2 台显示器、1 套双机切换单元、若干发车计时器(DTI 显示字母,倒计时 15s 开始闪烁)。

除以上设备外,在轮乘室设置 1 套 ATS 监视工作站;在场段接口站及后备调度站各设置 1 台 ATS 运行图显示工作站,配置 1 台高分辨率 22 英寸液晶显示器。

一个授权区包括一个或多个受监视的车站,它们同一时间由一个值班员控制。授权区以集中站为单位来划分。通过授权管理功能,系统被分为多个控制区域,每个区域的控制责任得以明确。

每个设备集中站都装备有 1 套车站 ATS,其通过冗余 ATS 网络与中央 ATS 设备相连。当中央 ATS 发生故障时,每个设备集中站的车站 ATS 仍可以监控线路。

二、设备集中站 ATS 子系统设备功能

1. 设备集中站 ATS 子系统功能

设备集中站 ATS 子系统主要功能有本联锁区列车监控、进路控制等。

2. 设备集中站 ATS 子系统常用设备及其主要功能

1) 工控机

工控机用于显示系统设备状态、站场图,并可进行联锁控制等,工控机外观如图 3-3-2 所示。

2) 自律机

自律机负责控制中心与车站联锁系统之间的数据传输,根据运行图或目的地自动触发列车进路,自律机外观如图 3-3-3 所示。

图 3-3-2　工控机

图 3-3-3　自律机

3) 工作站

工作站用于提供全线信号设备的显示,并管理列车运行等,与控制中心 ATS 子系统的工作站相同。

4) 显示器

显示器主要用于显示人机界面,与控制中心 ATS 子系统的显示器相同。

5) 双机切换单元

双机切换单元用于主备机切换,双机切换单元外观如图 3-3-4 所示。

6)发车指示器

发车指示器(含防雷模块,具有故障诊断和报警等功能),采用倒计时显示方式,显示发车时刻、跳停、扣车等信息,发车指示器外观如图3-3-5所示。

图3-3-4 双机切换单元　　　　图3-3-5 发车指示器

三、设备集中站 ATS 子系统设备维护

1. 设备集中站 ATS 子系统维护所需工具

设备集中站 ATS 子系统维护主要会用到万用表、网络测试仪、USB 转串口连接线、基本工具箱。

2. 设备集中站 ATS 子系统设备的日检、月检和年检

1)日检

(1)设备集中站 ATS 子系统需要日检的主要设备。

设备集中站 ATS 子系统需要日检的主要设备有服务器、工作站、工控机、自律机、发车指示器等。

(2)维护检修标准及作业方法。

设备集中站 ATS 子系统的日检标准及作业方法与控制中心 ATS 子系统的日检标准及作业方法相同。

2)月检

(1)设备集中站 ATS 子系统需要月检的主要设备。

设备集中站 ATS 子系统需要月检的主要设备有工作站、工控机、自律机、双机切换单元、交换机、发车指示器等。

(2)维护检修标准及作业方法。

①设备集中站 ATS 子系统中的工作站、工控机、自律机、交换机的月检标准及作业方法与控制中心 ATS 子系统的月检标准及作业方法相同。

②双机切换单元月检标准及作业方法。

检修标准:A、B 机的主备状态及通信状态正常,电主备机切换正常。

作业方法:手动切换主机至 A 机或 B 机,放到 AUTO 挡,主机出现故障时自动倒切到另外一台;观察切换板电源指示灯是否正常,如图3-3-6所示。

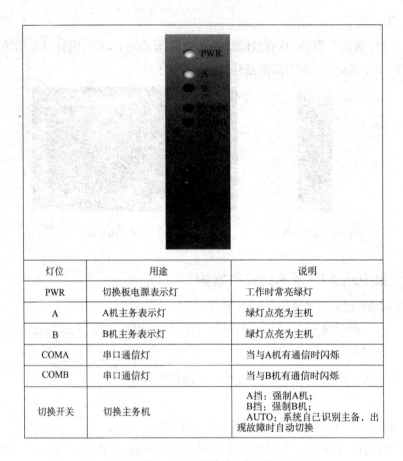

灯位	用途	说明
PWR	切换板电源表示灯	工作时常亮绿灯
A	A机主务表示灯	绿灯点亮为主机
B	B机主务表示灯	绿灯点亮为主机
COMA	串口通信灯	当与A机有通信时闪烁
COMB	串口通信灯	当与B机有通信时闪烁
切换开关	切换主务机	A挡：强制A机；B挡：强制B机；AUTO：系统自己识别主备，出现故障时自动切换

图 3-3-6 双机切换单元指示灯

③发车指示器月检标准及作业方法。

检修标准：发车指示器正常。

作业方法：通过现地工作站设备状态界面观察发车指示器连接状态是否正常，在站台观察发车指示器是否正常倒计时。

3）年检

（1）设备集中站 ATS 子系统需要年检的主要设备。

设备集中站 ATS 子系统需要年检的主要设备有双机切换单元、发车指示器、交换机、工控机等。

（2）维护检修标准及作业方法。

设备集中站 ATS 子系统的年检标准及作业方法与控制中心 ATS 子系统的年检标准及作业方法相同。

3. 设备集中站 ATS 子系统工作站设备维护作业指导书

1）检修流程

检修流程为：作业前准备→登记请点→检修→复查试验→销点。

2)工器具准备

ATS 机柜设备检修作业所需工器具如表 3-3-4 所示。

ATS 机柜设备检修作业所需工器具　　　　表 3-3-4

名称	数量	名称	数量
吹吸尘机	1	清洁布	若干
维护专用笔记本	1	绝缘胶带(卷)	1
12 件(套)一字螺丝刀、十字螺丝刀	1	毛刷	2
万用表	1	扎带(包)	1

(1)登记请点。

登记请点,经批准后方可在作业点开始检修作业。

(2)设备集中站 ATS 机柜日检。

①设备外观检查:设备外表无裂纹、刮花或破损等现象,如图 3-3-7 所示。

②设备运行状态检查:风扇转动时没有噪声,保持一定风量以起到散热作用。柜内设备各指示灯显示正常,如图 3-3-8 所示。

③防火墙检查:状态灯位显示正常,网口灯位闪烁正常,如图 3-3-9 所示。

图 3-3-7　设备外观检查

	LED/按钮	名称	状态说明
	⏻	电源按钮指示灯	绿色:系统开机运行; 橙色:系统关机但电源连接正常; 不亮:电源线未连接或电源故障
	〜	外部健康灯	绿色:系统正常; 橙色:冗余电源故障,确认处于降级状态的电源,参照快速诊断板; 红色:严重电源故障参照快速诊断板
	🖧	网络连接指示灯	绿色:网卡已连接; 橙色:网卡已连接且有数据访问; 不亮:网卡未连接,如电源关闭,可以查看设备后面RJ-45端口指示灯状态
	UID	UID按钮指示灯	蓝色:激活; 闪烁:系统被远程访问; 不亮:未激活

图 3-3-8　设备运行状态指示灯

图 3-3-9　防火墙检查

④保密器件检查:硬盘灯位显示正常,双电源正常工作,网口灯位闪烁正常,如图 3-3-10 所示。

图 3-3-10　保密器件检查

(3) 设备集中站 ATS 机柜月检。

①机柜外部清洁:机柜外部干净、清洁,无灰尘。

②防尘网清洁:防尘过滤组件无积尘,通气良好。

③服务器主备检查:双击"Ctrl"键,进入服务器选择界面,如图 3-3-11 所示。

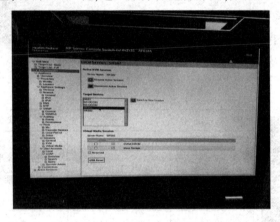

图 3-3-11　服务器选择界面

选择对应服务器,同时按住"Ctrl + Alt + Delete"键进入登录界面,如图 3-3-12 所示。

出现图 3-3-13 所示界面,忽略报警,点击"OK"键。

输入用户名和密码登录系统,如图 3-3-14 所示。

图 3-3-12　登录界面　　　　图 3-3-13　报警界面　　　　图 3-3-14　正常登录界面

④紧固主机外设插接件:各接口螺栓紧固,线缆连接牢固,无断线,接触良好,表皮无破

损,如图3-3-15所示。

图3-3-15　主机外设插接件检查

⑤散热风扇检查:风扇转动时没有噪声,保持一定风量以起到散热作用。

⑥硬盘和运行参数检查:检查CPU、内存、硬盘,各项参数不大于75%。

⑦磁盘阵列检查:设备表面干净、清洁、无灰尘;电源、线缆连接线干净、清洁、无灰尘,如图3-3-16所示。

图3-3-16　磁盘阵列检查

⑧接地检查:地线连接牢固且接触良好;地线无断线、无破损,如图3-3-17所示。

图3-3-17　地线检查

⑨卫生清洁:用吹吸尘机、毛刷、清洁布等对机柜内部进行清洁,设备清洁、无灰尘。

(4)设备集中站ATS机柜年检。

①服务器内部板件清洁:用吹吸尘机、毛刷、清洁布等对工作站主机内部进行清洁,内部清洁、无灰尘,如图3-3-18所示。

②检查标识及设备铭牌:标识齐全、清楚,设备铭牌安装稳固、清洁。

③网络端口清洁:端口清洁、无积尘,如图3-3-19所示。

④系统数据备份:每一个季度用硬盘对DR服务器系统数据进行完整备份,并进行标识。

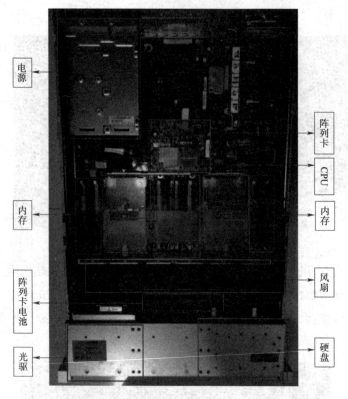

图 3-3-18　服务器内部板件清洁

图 3-3-19　网络端口清洁

⑤功能测试：系统启动正常，键盘、鼠标等操作正常；通道网络连接正常；能够通过 KVM 正常登录服务器且显示正常；系统应用程序运行正常。

⑥SRS 服务器重启：双击"Ctrl"键，进入服务器选择界面（与该设备的月检界面相同）。

选择对应服务器，同时按住"Ctrl + Alt + Delete"键，进入登录界面（与该设备的月检界面相同）；忽略报警，点击"OK"键（与该设备的月检界面相同）；输入用户名和密码登录系统（与该设备的月检界面相同）。

单个重启或切换过程不影响功能的正常使用。先关闭主用 SRS 服务器，关闭后可以自动切换至备用服务器。

例如：重启 SRS1 服务器，可以先关闭 SRS1、FEP1 软件程序，再重新启动 SRS1、FEP1 软件程序。

⑦主、备机切换操作:单个重启或切换过程不影响功能的正常使用,如图 3-3-20 所示。

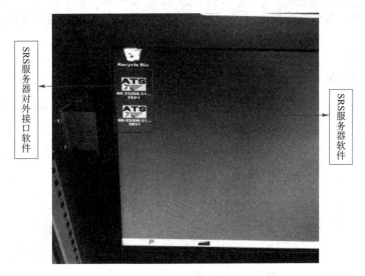

图 3-3-20　主、备机切换界面

3)作业收尾

①清点、整理工具,清扫现场,保证工具无遗漏、作业现场无异物。

②填写设备检修表。

③作业完成后,联系调度值班员确认设备无异常后,销点离开。

任务拓展

根据其他型号的 ATS 系统结构示意图(图 3-3-21),说出其设备集中站组成。

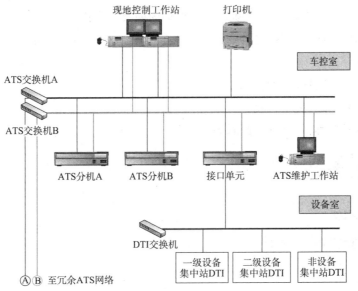

图 3-3-21　其他型号设备集中站 ATS 子系统结构示意图

任务四　非设备集中站 ATS 子系统维护

任务描述

图 3-4-1 是非设备集中站 ATS 子系统结构示意图,试说出其都有哪些设备,这些设备之间是怎样进行数据传输的。

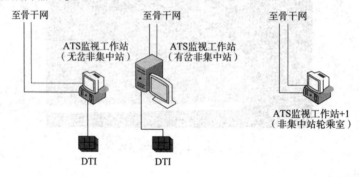

图 3-4-1　非设备集中站 ATS 子系统结构示意图

任务要求

知识要求:
(1)能够叙述非设备集中站 ATS 子系统包含哪些设备;
(2)能够阐明非设备集中站 ATS 子系统各设备的功能。

技能要求:
(1)掌握非设备集中站 ATS 子系统设备维护周期及内容;
(2)能够选用正确的工具,并会维护非设备集中站 ATS 子系统设备。

素养要求:
(1)遵守职业道德规范,增强工作责任感;
(2)进行经验总结,完善自我;
(3)学习劳模精神,向大国工匠看齐。

任务实施

一、学习环境

ATS 模拟仿真实训室,多媒体。

二、学时安排

建议 2~4 个学时。

三、学习步骤

(1)分组讨论,以 4~6 人为一个小组完成工作任务。

(2)根据所学知识点,归纳总结并进行操作:

①非设备集中站 ATS 子系统设备有哪些?

②非设备集中站 ATS 子系统设备有哪些功能?

③制订非设备集中站 ATS 子系统的定期维护工作计划,进行维护作业前的准备(注意团队合作和操作规范)。

④根据所学检修流程,对非设备集中站 ATS 子系统设备进行日检、月检和年检,并填写检修记录表,如表 3-4-1~表 3-4-3 所示。

(3)按照附录三中的表格,制作学习工作单。

(4)小组内互相协助考核学习任务,组内互评;根据其他小组成员在成果展示活动中的表现及结果进行组外互评,完成附录二中的附表 2-1 至附表 2-3。

非设备集中站 ATS 子系统信号设备日检记录表   表 3-4-1

地点:　　　　　　检修人:　　　　　　检修日期:　　年　　月　　日

设备名称	作业内容	标准	现场状态或参数	备注
ATS 工作站	运行状态检查	显示器显示正常,键盘、鼠标功能正常,指示灯显示正确,无报警;询问用户,确认设备无异常	正常□ 异常□	
	网络连通情况检查	各设备均能接入双网正常工作,服务器与工作站连接正常	正常□ 异常□	
问题记录				

非设备集中站 ATS 子系统信号设备月检记录表   表 3-4-2

地点:　　　　　　检修人:　　　　　　检修日期:　　年　　月　　日

设备名称	作业内容	标准	现场状态或参数	备注
ATS 工作站	运行状态检查	显示器显示正常,键盘、鼠标功能正常,指示灯显示正确,无报警;询问用户,确认设备无异常	正常□ 异常□	

续上表

设备名称	作业内容	标准	现场状态或参数	备注
ATS 工作站	网络连通情况检查	各设备均能接入双网正常工作,服务器与工作站连接正常	正常□ 异常□	
	工作站重启	重启后应用软件功能正常	正常□ 异常□	
	外设插接件检查	插接板插接牢固,各接口螺栓紧固,连接线牢固,无断线、无破损,接触良好	正常□ 异常□	
	散热风扇检查	风扇运行正常,无异响	正常□ 异常□	
	电源及线缆检查	设备线缆和电源线连接牢固,无断线,无接触不良,无表皮破损	正常□ 异常□	
	紧固连接件	连接良好,无锈蚀	正常□ 异常□	
	卫生清洁	无积尘、无污迹	正常□ 异常□	
	显示器检查	图像显示清晰,色彩鲜艳,明暗度、对比度适中;显示窗口大小合适、方正;调整功能正常	正常□ 异常□	
	音响检查	音箱发音清晰,无噪声,音量适中;调整功能正常	正常□ 异常□	
问题记录				
备品、备件消耗记录				
序号	名称	单位	实际使用数量	备注

非设备集中站 ATS 子系统信号设备年检记录表　　　　表 3-4-3

地点：　　　　　检修人：　　　　　检修日期：　　年　　月　　日

设备名称	作业内容	标准	现场状态或参数	备注
ATS 工作站	运行状态检查	显示器显示正常,键盘、鼠标功能正常,指示灯显示正确,无报警;询问用户,确认设备无异常	正常□　异常□	
	网络连通情况检查	各设备均能接入双网正常工作,服务器与工作站连接正常	正常□　异常□	
	工作站重启	重启后工作正常	正常□　异常□	
	外设插接件检查	插接板插接牢固,各接口螺栓紧固,连接线牢固,无断线,无破损,接触良好	正常□　异常□	
	散热风扇检查	风扇运行正常,无异响	正常□　异常□	
	线缆检查	设备线缆连接牢固,无断线,无接触不良,无表皮破损	正常□　异常□	
	设备表面清洁	设备表面干净、清洁,无灰尘	正常□　异常□	
	紧固内部各部件	插接板插接牢固且密贴性良好;各接口螺栓紧固,连接线连接牢固,无断线,无接触不良,无表皮破损	正常□　异常□	
	设备部件及内部清洁	设备内部干净、清洁,无灰尘	正常□　异常□	
问题记录					
备品、备件消耗记录				
序号	名称	单位	实际使用数量	备注

> 知识导航

一、非设备集中站 ATS 子系统设备构成

如图 3-4-1 所示,非设备集中站 ATS 子系统主要包括 1 套 ATS 监视工作站,配置 1 台显示器;在有岔非设备集中站配置 1 台 ATS 监视工作站;站台发车计时器(DTI);连接到相邻两个集中站的冗余网络设备。

二、非设备集中站 ATS 子系统设备功能

1. 非设备集中站 ATS 子系统功能

非设备集中站 ATS 子系统主要功能有处理发车计时器相关信息等。

2. 非设备集中站 ATS 子系统常用设备及其主要功能

非设备集中站 ATS 子系统主要设备有工控机、显示屏、发车指示器等,这些设备的功能和设备集中站的工控机、显示屏、发车指示器功能相同。

三、非设备集中站 ATS 子系统设备维护

非设备集中站 ATS 子系统设备的维护标准及作业方法与设备集中站 ATS 子系统相同设备的维护标准及作业方法相同。

> 任务拓展

试根据图 3-4-2 所示的其他型号的 ATS 系统,说出非设备集中站 ATS 子系统的设备组成。

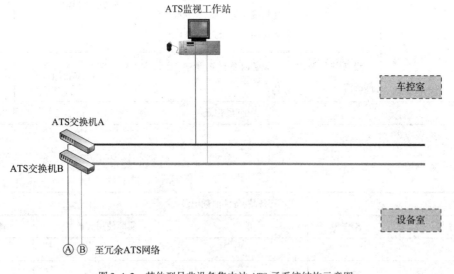

图 3-4-2 其他型号非设备集中站 ATS 子系统结构示意图

任务五　车辆段/停车场及培训中心 ATS 子系统维护

任务描述

图 3-5-1 是车辆段/停车场 ATS 子系统结构示意图，试说出其都有哪些设备，这些设备之间是怎样进行数据传输的。

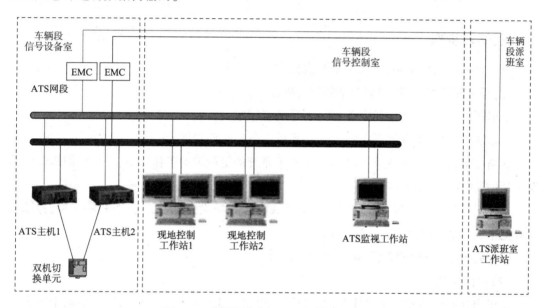

图 3-5-1　车辆段/停车场 ATS 子系统结构示意图

任务要求

知识要求：

（1）能够叙述车辆段/停车场及培训中心 ATS 子系统包含哪些设备；

（2）可以阐明车辆段/停车场及培训中心 ATS 子系统设备的功能。

技能要求：

（1）掌握车辆段/停车场 ATS 子系统设备维护周期及内容；

（2）能够选用正确的工具，并会维护车辆段/停车场 ATS 子系统设备。

素养要求：

（1）遵守职业道德规范，增强工作责任感；

（2）进行经验总结，完善自我；

（3）为自己的工作感到自豪，甘愿服务社会与人民。

任务实施

一、学习环境

ATS 模拟仿真实训室,多媒体。

二、学时安排

建议 2~4 个学时。

三、学习步骤

(1)分组讨论,以 4~6 人为一个小组完成工作任务。
(2)根据所学知识点,归纳总结并进行操作:
①车辆段/停车场及培训中心 ATS 子系统有哪些设备?
②车辆段/停车场及培训中心 ATS 子系统设备有哪些功能?
③制订车辆段/停车场及培训中心 ATS 子系统的定期维护工作计划,进行维护作业前的准备(注意团队合作和操作规范)。
④根据所学检修流程,对车辆段/停车场 ATS 子系统设备进行日检、月检和年检,并填写检修记录表,如表 3-5-1~表 3-5-3 所示。
(3)按照附录三中的表格,制作学习工作单。
(4)评价反馈。
小组内互相协助考核学习任务,组内互评;根据其他小组成员在成果展示活动中的表现及结果进行组间互评,完成附录二中的附表 2-1 至附表 2-3。

车辆段/停车场 ATS 子系统信号设备日检记录表 表 3-5-1

地点:　　　　　检修人:　　　　　检修日期:　　年　　月　　日

设备名称	作业内容	标准	现场状态或参数	备注
ATS 维护工作站	运行状态检查	显示器显示正常,键盘、鼠标功能正常,指示灯显示正确,无报警;询问用户,确认设备无异常	正常□　异常□	
	网络连通情况检查	各设备均能接入双网正常工作,服务器与工作站连接正常	正常□　异常□	
		问题记录		

车辆段/停车场 ATS 子系统信号设备月检记录表

表 3-5-2

地点：　　　　　　检修人：　　　　　　检修日期：　　年　　月　　日

序号	设备名称	作业内容	标准	现场状态或参数	备注
1	ATS 工作站、ATS 维护工作站	运行状态检查	显示器显示正常，键盘、鼠标功能正常，指示灯显示正确，无报警；询问用户，确认设备无异常	正常□　异常□	
		网络连通情况检查	各设备均能接入双网正常工作，服务器与工作站连接正常	正常□　异常□	
		工作站重启	重启后工作状态正常	正常□　异常□	
		外设插接件检查	插接板插接牢固，各接口螺栓紧固，连接线牢固，无断线、无破损，接触良好	正常□　异常□	
		散热风扇检查	风扇运行正常，无异响	正常□　异常□	
		电源及线缆检查	设备线缆和电源线连接牢固，无断线、无接触不良，无表皮破损	正常□　异常□	
2	机柜地线检查	各机柜地线检查	地线连接良好、安装牢固，表皮无破损，无锈蚀，接地电阻不大于 1Ω	正常□　异常□	
问题记录					
备品、备件消耗记录					
序号	名称	单位		实际使用数量	备注

车辆段/停车场 ATS 子系统信号设备年检记录表　　　　表 3-5-3

地点：　　　　　检修人：　　　　　检修日期：　　年　　月　　日

设备名称	作业内容	标准	现场状态或参数	备注
ATS 工作站、ATS 维护工作站	运行状态检查	显示器显示正常,键盘、鼠标功能正常,指示灯显示正确,无报警;询问用户,确认设备无异常	正常□　异常□	
	网络连通情况检查	各设备均能接入双网正常工作,服务器与工作站连接正常	正常□　异常□	
	工作站重启	重启后工作正常	正常□　异常□	
	外设插接件检查	插接板插接牢固,各接口螺栓紧固,连接线牢固,无断线、无破损,接触良好	正常□　异常□	
	散热风扇检查	风扇运行正常,无异响	正常□　异常□	
	电源及线缆检查	设备线缆和电源线连接牢固,无断线、无接触不良,无表皮破损	正常□　异常□	
问题记录				
备品、备件消耗记录				
序号	名称	单位	实际使用数量	备注

知识导航

一、车辆段/停车场及培训中心 ATS 子系统设备构成

1. 车辆段/停车场 ATS 子系统设备构成

如图 3-5-1 所示,车辆段/停车场 ATS 子系统主要包括 1 套冗余的车站 ATS 主机;1 套双机热备配置的本地 ATS 工作站,各含 2 台 32 英寸的高分辨率液晶显示器;1 套 ATS 监视工作站及打印机,配置 1 台 22 英寸的高分辨率液晶显示器;1 套派班室 ATS 工作站,配置 1 台

22 英寸的高分辨率液晶显示器,位于派班室内。

2. 培训中心 ATS 子系统设备构成

培训中心 ATS 子系统主要包括以下 8 种设备,如图 3-5-2 所示。

(1) 1 台培训服务器;

(2) 4 台 ATS 学员培训工作站;

(3) 若干台培训工作站;

(4) 2 套现地工作站;

(5) 1 台培训打印机;

(6) 1 套冗余的 LATS 分机;

(7) 1 套发车指示器(DTI);

(8) 1 套模拟工作站(模拟器)。

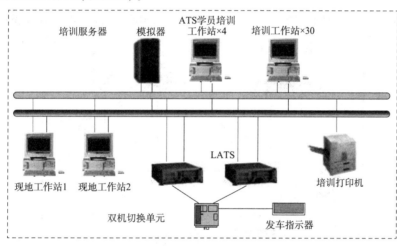

图 3-5-2 培训中心 ATS 子系统构成

二、车辆段/停车场及培训中心 ATS 子系统设备功能

1. 车辆段/停车场 ATS 子系统设备功能

车辆段/停车场 ATS 子系统主要功能有车辆段/停车场列车监控、列车识别号管理等。

2. 培训中心 ATS 子系统设备功能

(1) 人机界面与其他 ATS 子系统相同,包括图形显示、人机对话方式、全线线路、车站及信号设备布置等;

(2) 能够按联锁原则进行进路设置、取消、解锁,道岔及信号机的控制等;

(3) 按照输入的时刻表或操作员意图模拟至最小间隔的列车追踪运行及至最小间隔的列车折返运行;

(4) 模拟列车在区间的运行时间及停站时间应与输入的时刻表一致,并能按比例进行快进和慢放;

(5)能实现列车识别号的自动生成及人工输入、变更、替换、取消;

(6)可采用跳停、扣车、放行、改变列车运行速度等方法模拟列车运行状况;

(7)能自动及人工调整模拟列车运行;

(8)能够实现 ATS 系统的管理操作,包含操作员登记进入、退出,权力和职责范围的设定及转换等。

三、车辆段/停车场及培训中心 ATS 子系统设备维护

车辆段/停车场及培训中心 ATS 子系统设备的维护标准及作业方法与设备集中站、控制中心 ATS 子系统相同设备的维护标准及作业方法相同。

任务拓展

图 3-5-3 为其他型号的车辆段/停车场 ATS 子系统构成示意图,说出其设备组成。

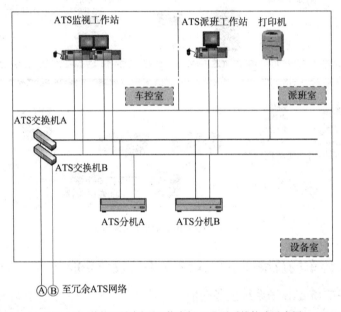

图 3-5-3 其他型号车辆段/停车场 ATS 子系统构成示意图

任务六 ATS 子系统终端工作站操作

任务描述

图 3-6-1 是 ATS 子系统终端工作站的一个界面,试说出 ATS 终端工作站都有哪些操作,以及如何操作。

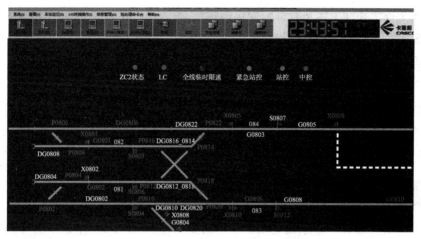

图 3-6-1　ATS 子系统终端工作站操作界面

任务要求

知识要求：
(1)掌握 ATS 子系统终端工作站操作方法；
(2)熟悉 ATS 子系统终端工作站操作界面。

技能要求：
会操作 ATS 子系统终端工作站。

素养要求：
(1)遵守职业道德规范,增强工作责任感；
(2)学会合作,增强团队意识；
(3)进行经验总结,完善自我。

任务实施

一、学习环境

信号实训室,多媒体。

二、学时安排

建议 4~6 个学时。

三、学习步骤

(1)分组讨论,以 4~6 人为一个小组完成工作任务。
(2)根据所学知识点,归纳总结并进行操作：

①ATS 子系统终端工作站有哪些操作内容?
②ATS 子系统终端工作站如何操作?
③根据所学知识,练习操作 ATS 子系统终端工作站。
(3)按照附录三中的表格,制作学习工作单。
(4)评价反馈。
小组内互相协助考核学习任务,组内互评;根据其他小组成员在成果展示活动中的表现及结果进行组间互评,完成附录二中的附表 2-1 至附表 2-3。

知识导航

本任务主要介绍 ATS 子系统终端工作站功能操作、操作步骤、注意事项等,ATS 子系统终端工作站包括控制中心 ATS 调度及主任调度工作站、计划工作站、维护工作站、培训工作站、车辆段的人机界面。

ATS 子系统终端工作站人机界面包括显示终端界面、信号与列车操作、线路运行管理、出入库计划、出入库预告、列车运行信息显示、信息管理和维护、报告查询、在线计划管理等九个方面的内容。ATS 操作员软件布置和功能分配如表 3-6-1 所示。

ATS 操作员软件布置和功能分配 表 3-6-1

软件	安装位置	功能
ATS 工作站软件	调度工作站、车辆段派班工作站、ATS 维护工作站、培训工作站、车站 ATS 显示工作站	根据软件安装位置和登录用户角色的不同,分别提供下列部分或全部功能: 正线站场信号状态显示; 场段站场信号显示; 正线列车运行信息显示; 场段列车运行信息显示; 正线信号操作; 正线列车管理; 场段列车管理; 在线行车计划管理; 场段出入段计划管理; 列车编组管理; 出入库预告显示; 列车运行调整管理; 告警/事件处理; ATS 设备状态实时显示; 告警事件历史分析; 回放; 统计报告

续上表

软件	安装位置	功能
离线编图软件	时刻表工作站	基本计划本地编辑； 自动生成基本计划； 系统基本计划数据库管理
模拟培调软件	模拟培训中心	模拟站场信息； 模拟列车信息； 模拟 ATC 子系统； 模拟列车运行； 模拟外部接口

一、命令操作方式

在界面上选择执行命令,可以通过两种方式来实现。

用鼠标在站场图上选择一个可操作设备,点击鼠标右键,从弹出的菜单中选择该设备可以执行的命令。

通过点击界面菜单项,选择相应的命令来执行。在大多数情况之下,都不用键盘输入,而是用鼠标在站场图上选择操作对象,以提高系统的易用性。

当显示信息列表,如报警信息列表或列车信息列表时,可以通过滚动条来显示信息列表中的全部信息。

对于比较关键的操作命令,如区间限速的设置和取消,必须采用二次确认方式处理。即用户选择执行命令后,系统会提供命令确认对话框,需要用户进行二次确认来发送该命令给外部设备执行。

当操作员执行控制命令时,如果操作成功,对应的信号设备状态会有变化。如果命令执行失败,则会弹出报警窗口提示操作失败原因。

1) 鼠标操作

鼠标可用来选择和执行功能,也可用于从站场图中选定控制单元来输入数据。用户可以通过鼠标和键盘的配合来完成所要做的特定操作。

ATS 工作站上用到的鼠标操作主要有以下 5 种情况。

(1) 为了在站场图中选择一个控制单元(道岔、轨道、信号机等),将光标移动到所选单元上并单击鼠标右键,会显示该设备当前能够执行的命令菜单,用户可以选择所要执行的命令。命令激活的原则是只有命令能够执行,才可以在菜单上进行选择操作。

(2) 在激活了一项命令后,如果该项命令只涉及一个设备,如跳停只涉及一个站台,那么在命令的对话框弹出后,用鼠标左键点击站场图上的站台,就可以将相应的站名和站台输入编辑框内。如果一个命令涉及两个设备,如设置计划车,则用鼠标左键点击车次窗,输入第一个设备(服务号),用鼠标右键点击车次窗,输入第二个设备(序列号)。

(3)当用鼠标右键点击站场图的空白位置时,会弹出车站选择的快捷菜单。

(4)按住鼠标左键时可以上下左右拖动站场图。

(5)功能和数据的输入只有在该窗口被"激活"的时候才可用。将鼠标移动到一个窗口的分界线之内,单击鼠标左键,该窗口被"激活",可通过窗口边框颜色的改变来判断窗口的激活状态。

2)键盘操作

键盘通常用来在命令操作对话框的数据输入区输入特定的数据。用户可以通过鼠标和键盘的配合操作来输入所要求的参数。键盘用来输入数字和简单字母,如输入班次号、车组号、目的地号等,选择信号设备、车站、站台必须通过鼠标点击的方式实现。

二、ATS 子系统终端工作站软件人机界面

1. 显示终端界面

1)界面构成

整个人机交互界面由标题栏、菜单栏、视图、输入对话框等组成。能够支持双屏幕显示,每个屏幕的分辨率为 1920×1080。界面构成如图 3-6-2 所示。

标题栏		
菜单栏		
主要设备状态视图	时间显示视图	列车运行信息显示(上行线)视图
站场图显示视图		
告警显示和确认处理视图		列车运行信息显示(下行线)视图

图 3-6-2 界面构成图

除站场图显示视图外,其他视图可隐藏、拖动。除图 3-6-2 中包括的视图外,还有很多其他视图在操作时可调用弹出,平时隐藏。

2)主框架界面(标题栏、菜单栏等)

主框架界面如图 3-6-3 所示,分类的操作菜单下,设有多级子菜单,用于系统级操作。主要设备状态:灰色表示当前设备无状态;绿色表示当前设备正常工作;紫色表示当前服务器为主控服务器;跳停和扣车状态图标有时会绿闪,表示线路上有站台设置了跳停或扣车,双击跳停或扣车状态图标,会弹出一个窗口,此窗口会列举出此时设置了跳停或扣车的具体站台;当有列车报警时,列车报警图标会红闪,此时对应车次窗上会有红 A 出现;右边是时间显示窗以及卡斯柯的 logo 图。

图 3-6-3 主框架界面图

3) 站场图显示视图

图 3-6-1 是站场图主界面,主界面只有 1 个解除初始限速的按钮,其他都是状态表示图形。可操作的设备都有热点区域,将鼠标放至对应的设备上,热点区域可被虚线框包围,点击鼠标右键即可调出操作菜单。轨道灰色表示轨道状态正常,当前空闲。

4) 告警显示和确认处理视图

告警显示和确认处理视图默认在软件启动时自动打开,也可人工关闭或通过鼠标拖拉、移动等方式将其占用界面变小或移动位置。系统将所有告警资源分为 4 种类型、5 种级别,调度员可通过筛选菜单设置哪些类型、哪些级别以上的报警才需要显示在本视图中。

(1) 告警资源的 4 种类型。

①操作命令:各种人工操作命令记录。

②信号状态:轨道、道岔、信号机、区间限速等各种信号设备的状态变化。

③列车信息:列车追踪移动、出入库、到发站、计划状态等信息。

④系统事件:其他 ATS 系统运行中发生的事件,如服务器倒机、计划生成等。

(2) 告警资源的 5 种级别。

①弹出式告警。

②A 级告警。

③B 级告警。

④C 级告警。

⑤事件。

5) 列车运行信息显示视图

列车运行信息显示视图默认在软件启动时自动打开,也可人工关闭或通过鼠标拖拉、移动等方式将其占用界面变小或移动位置。列车运行信息显示视图中按照上下行分别显示了当前在线的全线列车的运行信息,并且列车的运行信息会随着列车信息的改变及时更新。

6) 回放视图

回放视图可从主视图的查看菜单中调出,可显示所选时间段的站场运行情况,同时还有前进、倒退、快放、慢放等功能。

7) ATS 系统设备状态查看视图

ATS 系统设备状态查看视图可从主视图的查看菜单中调出,此视图显示了整个 ATS 系统的所有设备以及与 ATS 系统接口的所有设备的在线、离线状态。绿色表示在线且为主机,对于冗余设备,黄色表示备机,应用服务器为蓝色表示当前设备为主控设备,红色表示当前设备离线,灰色表示设备状态未知,如图 3-6-4 所示。

8) 报告分析 ATS 系统设备状态查看视图

报告分析 ATS 系统设备状态查看视图可从主视图的查看菜单中调出,用于运营信息的统计，有多种统计表，可按列车信息和时间信息筛选生成并保存，如图 3-6-5 所示。

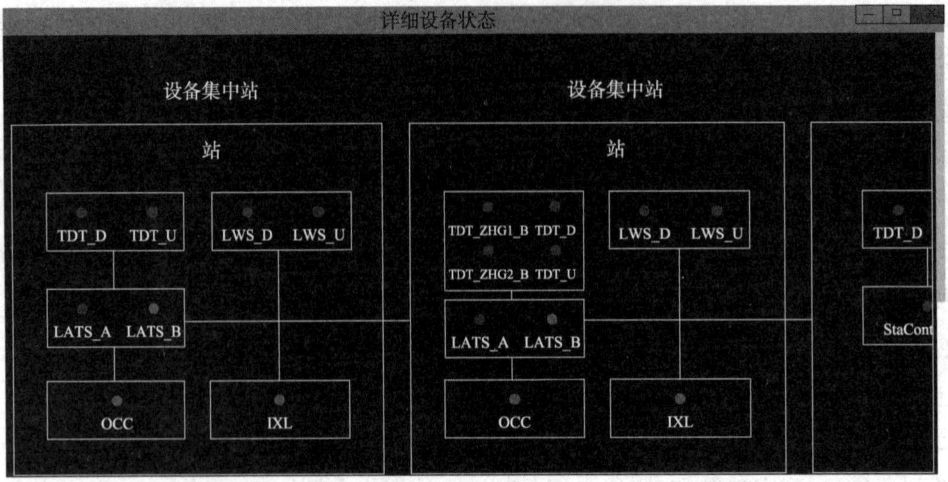

图 3-6-4　ATS 系统设备状态查看视图

告警和事件日志分析报告
（2019-11-20 00:00:00——2019-11-20 23:59:59）

时间	类型	子类型	级别	确认状态	确认时间	确认地点	确认人	内容
2019/11/20 16:13:17	列车信息		C级告警	未确认				用户root在工作站注销！
2019/11/20 16:13:17	系统事件		A级告警	未确认				车站×××站：失去工作站控制！
2019/11/20 16:13:17	系统事件		A级告警	未确认				车站×××站：失去工作站控制！
2019/11/20 16:13:17	系统事件		A级告警	未确认				车站×××站：失去工作站控制！
2019/11/20 16:13:17	系统事件		A级告警	未确认				车站×××站：失去工作站控制！
2019/11/20 16:13:17	系统事件		A级告警	未确认				工作站断开！
2019/11/20 16:13:17	系统事件		A级告警	未确认				车站×××站：失去工作站控制！
2019/11/20 16:13:17	系统事件		A级告警	未确认				车站×××站：失去工作站控制！
2019/11/20 16:13:17	列车信息		C级告警	未确认				用户root在工作站注销！

图 3-6-5　报告分析 ATS 系统设备状态查看视图

9）静态显示数据

站场图将以静态数据显示在主界面上，包括车站定位、设备名称显隐、操作菜单等。

10）动态显示数据

按钮/表示灯/系统主要设备状态、区段状态、道岔状态、车站站台状态、临时限速等信息在每一车站区域中动态显示。

（1）按钮/表示灯/系统主要设备状态。

①控制模式表示灯：控制模式状态用实心圆点表示，每个圆点下方用"紧急站控""站控""中控"来标识，如图 3-6-6 ~ 图 3-6-8 所示。

图 3-6-6　紧急站控模式　　　　图 3-6-7　站控模式　　　　图 3-6-8　中控模式

②ZC、LC 状态表示灯：在控制中心调度工作站站场图区域显示 ZC 设备工作状态。稳定

红色:与 ATS 离线,如图 3-6-9 所示;稳定黄色:设备在线,但非三取二全系统工作,如图 3-6-10 所示;稳定绿色:设备正常工作,如图 3-6-11 所示;稳定灰色:设备状态未知,如图 3-6-12 所示。

图 3-6-9　稳定红色　　图 3-6-10　稳定黄色　　图 3-6-11　稳定绿色　　图 3-6-12　稳定灰色

③详细设备状态表示灯:接口的外部设备,如区域控制器、线路控制器、天线、旅客向导、综合监控等的连接状态。

每个设备图标颜色指明该设备的工作状态和外部设备与 ATS 的连接状态。红色:设备或外部接口离线;绿色:设备或外部接口在线,为主机(如果为双机热备系统);蓝色:该应用服务器为主控服务器;黄色:设备在线,为备机(如果为双机热备系统);灰色:设备状态未知,如图 3-6-13 所示。

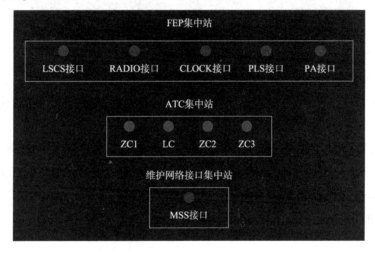

图 3-6-13　详细设备状态表示灯

④主要设备状态表示:服务器会将当前 ATS 系统中各设备的连接情况通知 ATS 工作站,并在设备状态视图将这些主机的状态信息显示出来。主要设备包括显示服务器、调度台、大屏、维护台、前置机、跳停、扣车等,每个设备图标颜色指明该设备的工作状态和外部设备与 ATS 的连接状态:红色:设备或外部接口离线;绿色:设备或外部接口在线,且为主机(如果为双机热备系统);蓝色:该应用服务器为主控服务器;黄色:设备在线,该应用服务器或前置机为备机(如果为双机热备系统);灰色:设备状态未知,如图 3-6-14 所示。

图 3-6-14　主要设备状态表示

⑤全线临时限速设置按钮:稳定红色表示全线有 LC 初始化临时限速,如图 3-6-15 所

示;稳定白色表示初始化临时限速取消,如图3-6-16所示。

图3-6-15 稳定红色　　图3-6-16 稳定白色

⑥折返变通按钮:为提高折返效率,对于图3-6-17所示站型,可将G0101、G0102、G0104(即DG0106_0104)设置为等价点,当计划车或头码车到达目的折返点前方时,如果调度员通过折返变通按钮设置变通节点中的内容,计划车或头码车就会按照当前的变通节点状态进行折返作业。

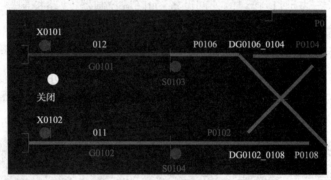

图3-6-17 站型图

⑦ATS自动进路使能状态:用信号机旁边的黄色三角图形显示。黄色三角图形显示:该信号机为始端的自动进路中至少一条被禁止;黄色三角图形隐藏:该信号机为始端的所有自动进路被允许,如图3-6-18所示。

⑧自动通过进路办理状态:信号机旁的箭头图形显示信号机相关自动通过进路建立状态。绿色箭头显示:该信号机为始端的进路设置了自动通过模式;绿色箭头隐藏:无自动通过模式,如图3-6-19所示。

⑨室外灭灯状态:在CBTC模式下,室外处于灭灯状态时,在点亮的灯位上打叉,如图3-6-20所示。

图3-6-18 ATS自动进路　图3-6-19 自动通过进路　图3-6-20 室外灭灯状态
　　　　　使能状态　　　　　　　办理状态

⑩延时解锁:信号机旁使用字母"Y"表示延时解锁。黄色Y显示:该信号机为始端的进路正在降级模式下延时解锁;绿色Y显示:该信号机为始端的进路正在CBTC模式下延时解锁;黄色Y隐藏:该信号机为始端的进路未延时解锁,如图3-6-21所示。

⑪接近锁闭:信号机柱变黄色,表示目前的进路已接近锁闭,必须进行总人解,如图3-6-22所示。

图3-6-21 延时解锁　　　图3-6-22 接近锁闭

（2）区段状态。

对于计轴区段,稳定红色:CBTC报告占用;稳定紫色:计轴处于占用状态;稳定白色:计轴处于出清状态,是一条锁闭进路的一部分;稳定绿色:计轴处于出清状态,故障锁闭;稳定黄色:计轴处于出清状态,延续保护区段锁闭;稳定灰色:计轴处于出清状态,不是进路的一部分,属自动区;稳定棕色:计轴被ATC报告失效;稳定铁蓝色:计轴处于失表状态;闪烁:计轴被ATS切除跟踪,以当前颜色闪烁,如图3-6-23所示(从左至右)。

图3-6-23　计轴区段显示

（3）道岔状态。

①定/反位:道岔名称绿色,表示道岔在定位;道岔名称黄色,表示道岔在反位,如图3-6-24所示。

②非CBTC车占用:紫色光带表示当前只有计轴占用信息,所以此车为非通信车,如图3-6-25所示。

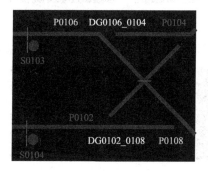 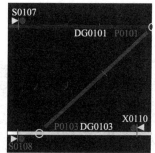

图3-6-24　道岔定/反位表示　　　图3-6-25　非CBTC车占用

③CBTC车占用:红色光带表示当前列车为通信车,由ZC报告的block占用,如图3-6-26所示。

④锁闭:白色光带表示区段锁闭,如图3-6-27所示。

 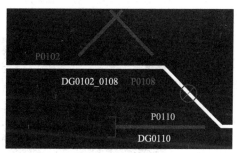

图3-6-26　CBTC车占用　　　　图3-6-27　区段锁闭

⑤故障锁闭:绿色光带表示区段故障锁闭,如图3-6-28所示。

⑥保护区段锁闭:作为进路的保护区段锁闭时光带为黄色,同时岔心有黄色圆圈,如图 3-6-29 所示。

图 3-6-28 区段故障锁闭　　　　图 3-6-29 保护区段锁闭

⑦封锁:处于封锁状态时,岔心有蓝色光带闪烁,如图 3-6-30 所示。

⑧单锁:处于单锁状态时,岔心有红圈,如图 3-6-31 所示。

图 3-6-30 封锁状态　　　　图 3-6-31 单锁状态

⑨挤岔:挤岔状态为定位、反位均未连通,岔心有红色光带闪烁,如图 3-6-32 所示。

图 3-6-32 挤岔状态

(4)车站站台状态。

ATS 在站场图上显示的站台状态包括:是否有列车停站、扣车、跳停、人工设置停站时间、人工设置站间运行等级、站台紧急关闭、站台门状态。

①列车停站。稳定黄色:列车在站台停站;稳定灰色:站台没有列车停站,也无设置命令,如图 3-6-33 所示。

图 3-6-33 列车停站显示

②扣车。扣车用站台旁 H 字符表示,站台同时可显示有车停站、无车、设置了清客。字

符显示黄色:车站设置站台扣车;字符显示白色:中心设置站台扣车;字符显示红色:车站和中心同时设置站台扣车;字符 H 隐藏:站台未被设置扣车,如图 3-6-34 所示。

图 3-6-34　扣车显示

③跳停。站台稳定蓝色:站台设置了跳停命令;站台稳定浅蓝色:站台设置了对某一固定列车跳停,如图 3-6-35 所示。

图 3-6-35　跳停显示

④人工设置停站时间。站台旁上角显示白色数字。数字显示:站台人工设置了停站时间,数字为停站时间;数字隐藏:站台没有人工设置停站时间,如图 3-6-36 所示。

⑤人工设置站间运行等级。站台旁下角显示数字或字符 P。数字或字符 P 显示:该站台只在缺省方向设置了固定运行等级;数字或字符 P 隐藏:站台没有人工设置站间运行等级,以默认运行等级运行,如图 3-6-37 所示。

⑥站台紧急关闭。站台旁菱形图标表示站台目前紧急关闭。菱形图标稳定红色:站台紧急关闭;菱形图标隐藏:站台没有紧急关闭,如图 3-6-38 所示。

图 3-6-36　人工设置停站时间　　图 3-6-37　人工设置站间运行等级　　图 3-6-38　站台紧急关闭

⑦站台门状态。站台旁靠轨道一侧的一根横线段表示站台门。绿色合拢:站台门关闭;绿色分开:站台门打开;红色:站台门切除,如图 3-6-39 所示。

图 3-6-39　站台门状态

(5)临时限速。

①供电轨状态:如图 3-6-40 所示,显示 SCADA 系统传送的供电轨供电区段供电状态。

稳定绿色：供电区段无电；稳定灰色：与SCADA连接中断，供电状态未知。最终接口信息及协议待与SCADA系统接口连接后确定。

图 3-6-40　供电轨状态

②列车识别号显示：ATS在站场图上的车次窗内显示列车识别号，车次窗所在的位置代表列车车头当前所在的位置。在正线区域，一个计轴区段可以根据需要划分为多个车次窗，ATS根据CBTC报告的列车精确位置将列车识别号显示在对应的车次窗内。在车辆段，一般为一个轨道区段对应一个车次窗，如图3-6-41所示。

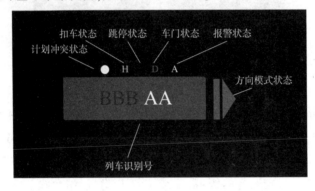

图 3-6-41　列车识别号显示

2. 信号与列车操作

1）站中控转换

站中控转换有三种模式，即请求站控、请求中控、非请求中控。其中，请求站控是指ATS系统正常工作，此时需要从"中控"模式转换为"站控"模式，行调点击"请求站控"，现地工作站上的站控灯会开始闪烁，车站值班员同样进行"请求站控"的操作，控制模式转换成功，控制权转换到ATS现地工作站，如图3-6-42所示。

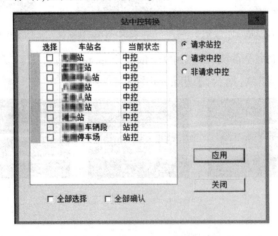

图 3-6-42　站中控转换

2)信号机操作菜单

(1)设置进路。

选择这一功能允许操作排列指定的进路。用户使用鼠标点击站场图,选择始端信号机,并在出现的菜单中选择该操作项,在对话框中的进路列表中选择进路,然后执行这一操作。

(2)取消进路。

用户使用鼠标点击站场图,选择始端信号机,并在出现的菜单中选择该操作项,在对话框中的进路列表中选择进路,然后执行这一操作,允许用户取消一条指定的进路,如图 3-6-43 所示。

(3)查询进路控制状态。

选择这一功能允许用户查看以某个信号机为始端的进路是否处于 ATS 自动触发状态,如图 3-6-44 所示。用户使用鼠标点击站场图,选择信号机,并在出现的菜单中选择该操作项,将弹出一个对话框,显示以该信号机为始端的所有进路是人工控制还是自动触发。

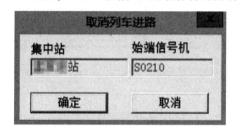
图 3-6-43 取消进路

图 3-6-44 查询进路控制状态

(4)进路交人工控。

选择这一功能允许用户将以某个信号机为始端的进路取消 ATS 自动触发使能,转为人工办理。用户使用鼠标点击站场图,选择进路的始端信号机,并在出现的菜单中选择该操作项,在弹出的对话框中的进路列表中选择进路,并单击"确定"键,就可以设置该条进路必须为人工办理,不能由 ATS 自动触发,如图 3-6-45 所示。

(5)进路交自动控。

选择这一功能允许用户将以某个信号机为始端的进路设置为由 ATS 自动触发使能。用户使用鼠标点击站场图,选择进路的始端信号机,并在出现的菜单中选择该操作项,在弹出的对话框中的进路列表中选择进路,并单击"确定"键,就可以设置该条进路由 ATS 自动触发,如图 3-6-46 所示。

(6)信号重开。

选择这一功能允许用户向某个满足开放条件但未开放的信号机发送信号重开命令。用户使用鼠标点击站场图,选择进路的信号机,并在出现的菜单中选择该操作项,信号机及其车站属性将被自动列入弹出的对话框中,单击"确定"键,将发出信号重开命令,如图 3-6-47 所示。

图 3-6-45　进路交人工控　　　图 3-6-46　进路交自动控

图 3-6-47　信号重开

(7) 信号封锁。

使用此功能可对信号机执行封锁命令,封锁后对应的进路将不能办理,相关信号状态不受影响。用户使用鼠标点击站场图,选择进路的信号机,并在出现的菜单中选择该操作项,信号机及其车站属性将在弹出的对话框中被自动列出,单击"确定"键,将发出信号封锁命令,如图 3-6-48 所示。

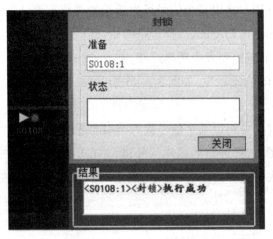

图 3-6-48　信号封锁

(8) 信号解封。

用户使用鼠标点击站场图,选择进路的信号机,并在出现的菜单中选择该操作项,信号机及其车站属性将在弹出的对话框中被自动列出,单击"确定"键,经过二次确认后将发出信号解封命令,如图 3-6-49 所示。

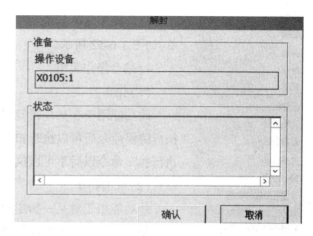

图 3-6-49　信号解封

(9) 信号人解。

用户使用鼠标点击站场图,选择进路的信号机,并在出现的菜单中选择该操作项,弹出对话框"是否执行人解列车进路命令?",点击"是",命令下达,如图 3-6-50 所示。

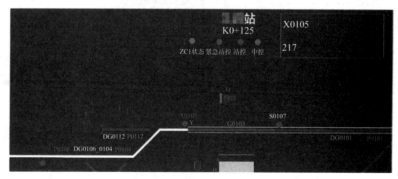

图 3-6-50　信号人解

(10) 引导信号。

用户使用鼠标点击站场图,选择进路的信号机,并在出现的菜单中选择该操作项,弹出对话框"是否执行引导命令?",点击"是",命令下达,如图 3-6-51 所示。

图 3-6-51　引导信号

3) 道岔操作菜单

道岔操作菜单系统会根据当前状态自动激活对应的可操作菜单,如图 3-6-52 所示。

4) 站台操作菜单

(1) 扣车。

此功能用于在某一指定站台设置中心扣车,如图 3-6-53 所示。执行跳停命令后可以执行扣车操作,此时跳停命令被系统清除,但是执行扣车命令以后不可以执行跳停操作。

(2) 取消扣车。

此功能用于对某一指定站台或全线站台取消之前设置的中心扣车。用户使用鼠标点击站场图上的站台图标,并在出现的菜单中选择该操作项,被点击站台的属性将在弹出的对话框中被自动列出,点击"确定"后会弹出一个对话框,点击"执行",则取消扣车命令下发成功,如图 3-6-54 所示。

图 3-6-52 道岔操作菜单

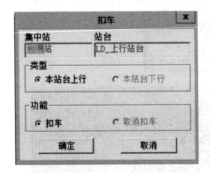 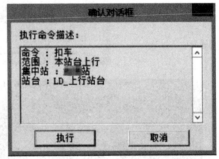

图 3-6-53 扣车

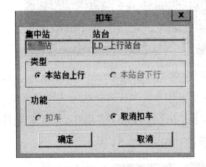 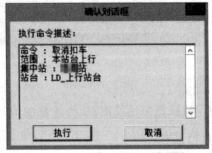

图 3-6-54 取消扣车

(3) 提前发车。

此功能用于对某一指定站台设置提前发车命令,允许当前在该站台的停站列车立即发车,不论是否还剩余停站时间。用户使用鼠标点击站场图上的站台图标,并在出现的菜单中选择该操作项,被点击站台的属性将在弹出的对话框中被自动列出,点击"确定"以后会弹出一个对话框,点击"执行",则提前发车命令下发成功,如图 3-6-55 所示。如果站台当前设置了扣车,则提示不允许设置提前发车命令。

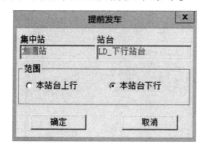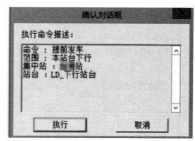

图 3-6-55　提前发车

（4）设置跳停。

此功能用于对某一指定站台设置跳停命令,命令后续列车不停站通过该站台,跳停命令分为本站台所有列车跳停和指定列车跳停。用户使用鼠标点击站场图上的站台图标,并在出现的菜单中选择该操作项,被点击站台的属性将在弹出的对话框中被自动列出。可以选择本站台跳停和指定列车跳停,如图 3-6-56 所示。

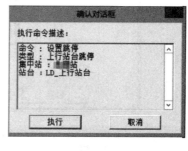

图 3-6-56　设置跳停

（5）取消跳停。

此功能用于对某一指定站台取消之前设置的跳停命令。用户使用鼠标点击站场图上的站台图标,并在出现的菜单中选择该操作项,被点击站台的属性将在弹出的对话框中被自动列出。如果为指定列车取消跳停,则需要输入或用鼠标选择一个列车,然后执行这一操作,如图 3-6-57 所示。

（6）区间运行时间控制。

此功能用于对某一站台设置运行时间。当设置完成后,所有从这个站台发车的列车都将按设置的运行时间或指定的运行时间进行下一区间的运行,如图 3-6-58 所示。

（7）停站时间控制。

此功能用于对某一站台设置停站时间。当设置完成后,所有到达该站台的列车都将按照设定的停站时间停车。

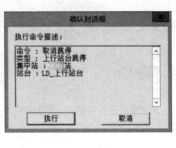

图 3-6-57 取消跳停

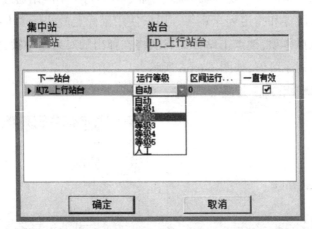

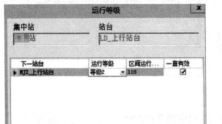
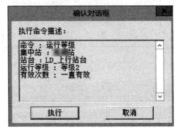

图 3-6-58 区间运行时间控制

(8) 站台详细信息。

此功能用于查看站台上已设置的命令信息,包括人工设置的停站时间、运行等级、扣车命令、跳停命令。用户使用鼠标点击站场图上的站台图标,并在出现的菜单中选择该操作项,点击"站台详细信息"菜单,站台详细信息即被调出,如图 3-6-59 所示。

5) 轨道操作菜单

(1) 轨道切除。

此功能用于对某一计轴区段设置跟踪切除状态,若设置成功,则 ATS 系统不再通过该计轴区段的占用、出清状态变化来进行列车车次号的跟踪。

（2）轨道激活。

此功能用于取消某一计轴上被设置的切除状态,若取消成功,则 ATS 重新通过该计轴的占用、出清状态变化跟踪列车。

6）列车操作菜单

（1）定义车组号。

此功能用于在正线或车辆段的某个位置定义一个需要 ATS 跟踪管理的列车。

一般后备车需要人工设置车组号,CBTC 车以列车发送的车组号为准,自动添加车组号,如图 3-6-60 所示。

图 3-6-59　站台详细信息

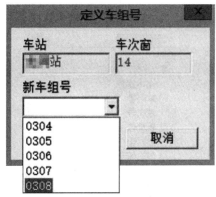

图 3-6-60　定义车组号设置

（2）删除列车。

此功能用来删除位于正线或车辆段的某个列车,不管其是计划车、头码车还是人工车,如图 3-6-61 所示。

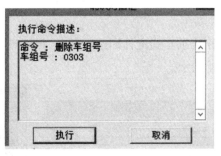

图 3-6-61　删除列车设置

（3）移动列车位置。

此功能用来手动移动列车到一个新的车次窗位置。用鼠标左键点击站场图上某个空闲车次窗作为移动目的地,目的车次窗信息将被自动显示在对话框中,如图 3-6-62 所示。

（4）列车信息显示。

此功能用来显示指定列车的各项详细信息。选择该功能后,将弹出一个多属性页的对话框,此对话框会显示列车的基本信息、车组信息、计划信息、ATC 信息、车辆信息,如图 3-6-63 所示。列车详细信息中 ATP 切除仅表示人工标记 ATP 切除,用来提醒调度员注意。

图 3-6-62 移动列车位置设置

图 3-6-63 列车信息显示

(5)设置计划车。

此功能用来为列车指定计划运行任务,设置成功后,ATS 将尝试将列车作为计划列车管理,如图 3-6-64 所示。

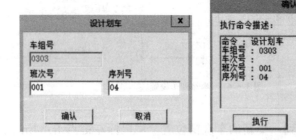

图 3-6-64 设置计划车

(6)设置头码车。

此功能用来将列车设定为目的地车。用户使用鼠标点击站场图上列车所在车次窗图标,并在出现的菜单中选择该操作项,列车车组号将被自动输入弹出的对话框中。操作员输入目的地号和班次号,输入的目的地号为 3 位数字,输入的班次号也为 3 位数字。070～099 号为载客运行列车,每站都会停车开门,直到运行到头码目的地。非上述范围的车次号不能被指定给头码车。其中目的地号、班次号必须输入。点击"确认"后弹出确认对话框,点击"执行"后将发出命令,选择"取消"将放弃操作并关闭对话框,如图 3-6-65 所示。

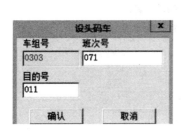
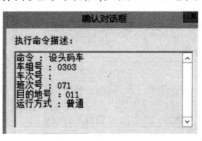

图 3-6-65 设置头码车

(7)设置人工车。

此功能用来将列车设定为人工车,清除之前的计划车或目的地车属性。用户使用鼠标点击站场图上列车所在车次窗图标,并在出现的菜单中选择该操作项,列车车组号将被自动输入弹出的对话框中,点击"确认"后弹出确认对话框,点击"执行"后将发出命令,ATS 会根据车组号查找到指定列车并将其设为人工车,如图 3-6-66 所示。

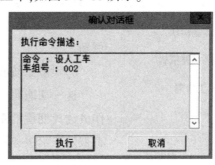

图 3-6-66 设置人工车

(8)标记 ATP 切除。

此功能用来标记指定列车的 ATP 设备已被切除,如图 3-6-67 所示。

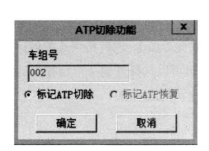
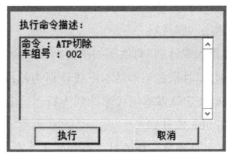

图 3-6-67 标记 ATP 切除设置

(9)标记 ATP 恢复。

此功能用来标记指定列车的 ATP 设备已恢复工作。用户使用鼠标点击站场图上列车所在车次窗图标,并在出现的菜单中选择该操作项,所点击列车的车组号将被自动输入弹出的对话框中,如图 3-6-68 所示。

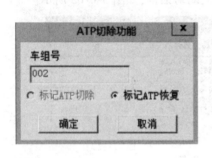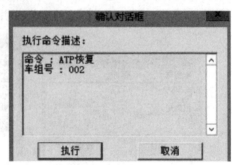

图 3-6-68 标记 ATP 恢复设置

3. 线路运行管理

1)终端站下辆车显示

调度员能够看到每个终端站和折返站当前要发车的和后面要发车的信息。信息以网格方式显示,显示的内容包括列车班次号、列车序列号、列车目的地、终端发车时间、发车状态(已发车、未发车),这些信息将随着列车的实际发车情况实时更新。

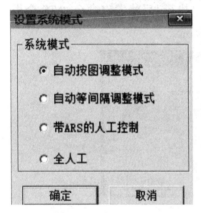

图 3-6-69 设置系统模式

2)设置系统模式

这一功能将 CATS 系统模式设置为选定的模式。操作员选择期望的系统模式,然后执行这一操作,操作命令将被发送给服务器执行,如图 3-6-69 所示。

4. 出入库计划

在 ATS 车辆段派班工作站上可以管理场段出入库计划。出入库计划分为基本出入库计划和在线出入库计划。派班员可以事先创建若干套基本出入库计划,并将其存入数据库中。

1)创建出入库计划

"创建出入库计划"对话框如图 3-6-70 所示。在此界面上,调度员可选择创建一个空的出入库计划,同时指定某个基本正线计划为基准。也可以选择复制一个已存在的基本出入库计划,同时指定该基本出入库计划为新创建出入库计划的基准。

2)打开出入库计划

调度员可选择这一功能对已存在的某个出入库计划进行查看、编辑。点击"执行"完成操作,点击"取消"放弃操作,如图 3-6-71 所示。

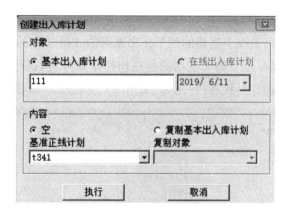

图 3-6-70　创建出入库计划

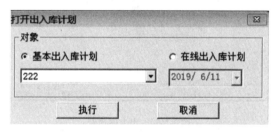

图 3-6-71　打开出入库计划

3）删除出入库计划

调度员选择这一功能可删除某个基本出入库计划或预编辑好的当天日期之后的在线出入库计划，如图 3-6-72 所示。

图 3-6-72　删除出入库计划

4）更名出入库计划

可通过这一功能修改已存在的基本出入库计划名称，如图 3-6-73 所示。

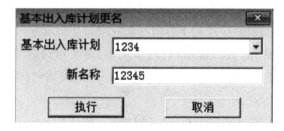

图 3-6-73　更名出入库计划

5. 出入库预告

当天要离开车辆段到正线上运营的列车在出库段的 ATS 工作站上列出。最早的列车列在最上面,最晚的列车列在最下面。显示的信息包括车组号、司机号、车次号、目的地号、表号、序列号、上线轨、上线时间、状态(已出库、未出库),如图 3-6-74 所示。

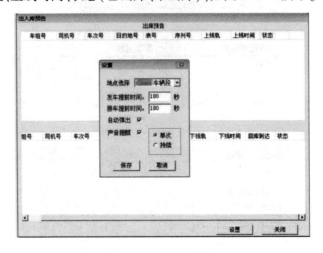

图 3-6-74　出入库预告

6. 列车运行信息显示

列车动态信息显示包括以下 15 项,除了停站时间通过列车自带的计时器以每 5 秒的间隔来计算,所有的消息都取自服务器传递过来的消息。

(1)车组号:调度员人工定义,或者 ATS 系统根据车载设备报告信息识别的列车车组号。

(2)车次号:ATS 系统分配的列车车次号,以及车载设备报告保存的车次号。

(3)目的地号:ATS 系统分配的列车目的地号,以及车载设备报告保存的目的地号。

(4)当前位置:列车当前所处车站以及所处轨道/计轴的名称。

(5)计划偏离:相比于行车计划,列车目前的早/晚点状态和时间,用颜色描述早晚点状态(晚点:红色;早点:绿色;准点:白色)。用文字描述为 00:32E、00:12L,E 表示早点,L 表示晚点。

(6)司机号:派班员人工指派的司机号,以及车载设备报告保存的司机号。

(7)运行状态:用文字显示计划车或非计划车信息,附加是否跳停信息。

(8)终端发车:显示当前列车计划单程的起始计划发车位置和时间。

(9)当前站台:列车停站,为当前站台;列车发车,为计划到达的下一站站台(车开进折返线时,此列信息为空;车折返掉头后,为出来的第一个正线站台;车在出库线上,为出库线站台)。

(10)计划到点:对应于第 10 列"站台"的计划到点。停站为本站计划到点,发车为下一站计划到点;该计划到点为"in-used schedule"中的计划到点,而非"work schedule"中计算出的结果。

(11)计划发点:对应于第 10 列"站台"的计划发点。停站为本站计划发点,发车为下一站计划发点;该计划发点为"in-used schedule"中的计划发点,而非"work schedule"中计算出的结果。

(12)停站时间:S 为 cad 设置的停站时间或人工设置的停站时间,R 为实际停站时间,由 GPC 工作站在接收到列车停站状态后每 5 秒定时计算更新,如果超过 3 分钟,这栏将显示为红色。

(13)运行等级(时间):系统为列车设置的运行等级(时间)。

(14)列车驾驶模式:ATO/ATB/RM/ATP 切除或非 ATC 装备列车。

(15)车门状态:是否关且锁闭。

以上信息在列表中动态实时更新显示。

7. 信息管理和维护

1)日志分析

日志分析功能用于对控制中心 ATS 工作站上的告警和事件的历史数据进行查询分析,如图 3-6-75 所示。

2)历史回放

维护人员可以在 ATS 系统维护工作站上执行回放功能,查看 ATS 系统历史运行状态,帮助进行故障分析和判断。

(1)回放时间设置。

选择回放时间,弹出"选择回放时间"窗口,如图 3-6-76 所示。

(2)回放控制设置。

用户可以通过下拉列表选择正常速度、慢速、快速、高速、最快速五种回放速度,如图 3-6-77 所示。回放速度一经选择立即生效,系统会以所选择的回放速度继续回放,直到用户做出另外有效的选择。

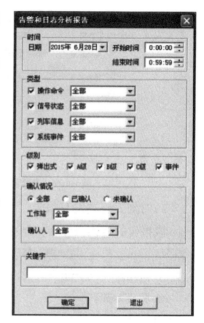

图 3-6-75　日志分析对话框

图 3-6-76　回放时间设置

图 3-6-77　回放控制设置

(3)告警显示设置。

在"告警显示设置"对话框里,可以设置需要显示的告警类别、告警级别,如图 3-6-78 所示。

8. 报告查询

ATS 终端上提供了一系列的运行报告功能,有需要时可以按照指定的查询条件检索并输出打印。所有报告都可以用文本格式保存,也可以直接打印出来。

1) 详细历史数据报告

该报告的查询操作在控制中心 ATS 工作站上执行。该报告所需的数据由 ATS 系统采集并保存在数据库中,如图 3-6-79 所示。

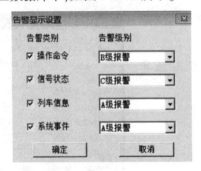

图 3-6-78 告警显示设置

图 3-6-79 详细历史数据报告查询

2) 时刻表终端发车报告

该报告的查询操作在控制中心 ATS 工作站和 ATS 终端上执行。访问当前在 ATS 系统数据库中已装载的计划,可查询终端发车记录。输入查询条件的界面如图 3-6-80 所示。

图 3-6-80 时刻表终端发车报告查询

3) 车组里程报告

在 ATS 工作站和 ATS 终端上可以执行车组里程报告查询操作。输入查询条件的界面如图 3-6-81 所示。

4) ATP 切除报告

在 ATS 工作站和 ATS 终端上可以执行 ATP 切除报告查询操作,指定的查询条件包括统计日期、车组号。该报告将输出指定日期的全天运营情况,对应的 ATP 切除标记(标记重点列车)。输出内容按日期排序。报告内容可以预览显示、打印及转存为文本文件。输入查询条件的界面如图 3-6-82 所示。

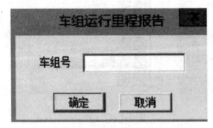

图 3-6-81 车组运行里程报告查询

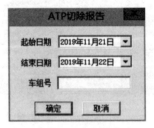

图 3-6-82 ATP 切除报告查询

9. 在线计划管理

1）主视图界面

在线计划管理(TG)的用户界面如图 3-6-83 所示。

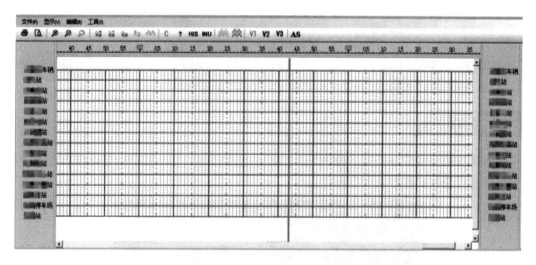

图 3-6-83　在线计划管理的用户界面

菜单栏下面是工具条，方便用户选择工具。工具条中定义如下工具按钮：打印、打印预览、放大、缩小、尺寸还原、加车、删车、改车、平移、更名、有效性检查、查询计划。这些按钮又根据其在菜单中的位置分为文件、显示、编辑和工具四部分。最上面为信息显示栏，用于显示 SERVER 发送来的信息以及 TG 操作的一些状态。

用户界面上的其余部分又分为四大块：时间标尺区域(定为横坐标)、站场名称区域(定为纵坐标)、车组号显示区域和计划线显示区域。

2）下载基本计划

下载基本计划是先从主机上获得所有可下载的基本计划名称，经用户选择后把要下载的计划名称发送给主机，最后主机把该基本计划发送到 TG。

3）创建当天计划

如果系统没有设置一周计划，或者系统自动创建当天计划失败，调度员可以人工创建当天计划，从数据库中选择一个基本计划作为当天计划，提交到数据库创建当天计划，自律机会自动下载当天计划，依据当天计划计算列车运营相关数据。

4）下载当天计划

TG 下载并发送当天计划的消息到 SERVER，SERVER 从数据库中读取当天正在使用的计划，并发送到请求的 GPC 工作站。

5）打开计划

所有下载成功的计划都可以在运行图上显示。但是，一次只能在运行图上显示一个基本计划和当天计划、历史计划、工作计划中的一个。

图 3-6-84 打印预览界面

6）打印

可以以图形方式把选定时间范围内的计划打印出来。预览一下将要打印出来的效果，以确定是否符合要求，如图 3-6-84 所示。

7）编辑当天计划

TG 的编辑功能只能用于当天计划，在编辑操作完成后发送相应的消息到主机，并等待主机的确认，否则将撤销操作。

任务拓展

试根据其他型号的 ATS 子系统终端工作站的一个界面（图 3-6-85），总结并描述 ATS 终端工作站都有哪些操作以及如何操作。

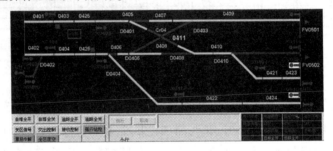

图 3-6-85 ATS 终端界面

任务七　ATS 子系统现地工作站操作

任务描述

图 3-7-1 是 ATS 子系统现地工作站的一个界面，试说出 ATS 子系统现地工作站都有哪些操作，以及如何操作。

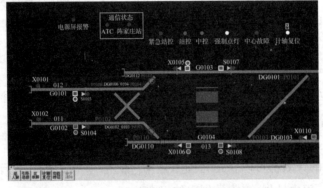

图 3-7-1 ATS 子系统现地工作站操作界面

任务要求

知识要求：
(1)掌握 ATS 子系统现地工作站操作方法；
(2)熟悉 ATS 子系统现地工作站操作界面。

技能要求：
会操作 ATS 子系统现地工作站。

素养要求：
(1)培养严格遵守工作规程的习惯；
(2)提升分析问题、解决问题的能力。

任务实施

一、学习环境

信号实训室，多媒体教室。

二、学时安排

建议 4~6 个学时。

三、学习步骤

(1)分组讨论，以 4~6 人为一个小组完成工作任务。
(2)根据所学知识点，归纳总结并进行操作：
①ATS 子系统现地工作站有哪些操作？
②如何操作 ATS 子系统现地工作站？
③根据所学知识，练习操作 ATS 子系统现地工作站。
(3)按照附录三中的表格，制作学习工作单。
(4)评价反馈。
小组内互相协助考核学习任务，组内互评；根据其他小组成员在成果展示活动中的表现及结果进行组间互评，完成附录二中的附表 2-1 至附表 2-3。

知识导航

本任务主要介绍 ATS 子系统的主要操作终端，包括车站现地工作站、车辆段/停车场控制工作站的人机界面，阐述各项功能操作步骤和注意事项。

ATS子系统现地工作站操作人机界面包括主界面、告警/事件显示和确认、主要设备状态显示、时间显示、站场信息显示、其他表示信息、信号与列车操作界面、信息管理与维护等。

ATS子系统现地工作站软件安装于正线车站车控室和车辆段/停车场两个地方,可以提供信号状态显示、列车运行信息显示、信号操作、列车运行调整管理、告警/事件处理等信息。

设置车站(分布式)的车站现地控制工作站,用于在联锁级控制情况下,对本联锁区运营列车进行监控。工作站人机界面对话窗主要由联锁、轨道、道岔、信号、进路、车站以及故障报警等部分组成。在相应的对话窗中可对对应的控制对象进行监控。在车站现地控制工作站的人机界面上还可以显示屏蔽门的信息。设备集中站现地控制工作站用于显示系统设备状态、站场图,并可进行联锁控制等,相关界面操作方式与控制中心基本一致,其控制范围为本集中站管辖区。当车站ATS分机发生故障时,与联锁相关的车站控制操作仍可执行,车站值班员可以在紧急站控模式下,在设备集中站现地控制工作站上进行控制进路(包括自动进路及自动折返进路)、信号机、道岔操作。每个设备集中站的两个现地控制工作站热备冗余,在硬件和软件上具有相同的结构,根据登录用户角色和控制区域的不同来实现不同的功能。在站控模式下,其中一个现地工作站可以申请本集中站所有自然站的控制权,即可对本集中站进行操作,另一个现地工作站仅具有监视功能,也可以将控制权释放,由另一个现地工作站申请本集中站所有自然站的控制权,实现控制权的转换。车站ATS监控工作站的显示运行画面与车站控制室综合后备盘(IBP)上的运行画面方向一致,原则上符合线路的实际方向。

车辆段/停车场现地控制工作站用于显示系统设备状态、站场图,并可进行联锁控制等,相关界面操作方式与控制中心基本一致,其控制范围为本车辆段/停车场管辖区。车辆段/停车场的两个现地控制工作站在硬件和软件上具有相同的结构,根据登录用户角色的不同来实现不同的功能。操作人员在ATS现地工作站上能够进行人工控制和操作,如人工设置进路、单独操作道岔等。监控轨旁信号设备功能可通过接收联锁子系统发送的轨旁设备状态信息,实现对轨旁信号设备(如计轴状态、信号机、道岔等)的监督,也可用于控制轨旁信号设备(人工或自动)。

联锁集中站的现地控制工作站的车站人工控制功能包括但不限于控制权的交接/强行站控、设置/取消/解锁列车进路、设置信号机为人工/自动模式、封锁解封和单锁解锁信号元素(轨道区段、信号机、道岔等)、单独操作道岔、计轴复位、扣车等。

一、主界面

1. 主界面构成

主界面由菜单栏、标题栏、视图、输入对话框等组成。主界面主要显示内容包括主框架界面(标题栏、菜单栏等)、主要设备连接状态视图、时间显示视图、站场图显示视图、告警显示和确认处理视图等,如图3-7-2所示。

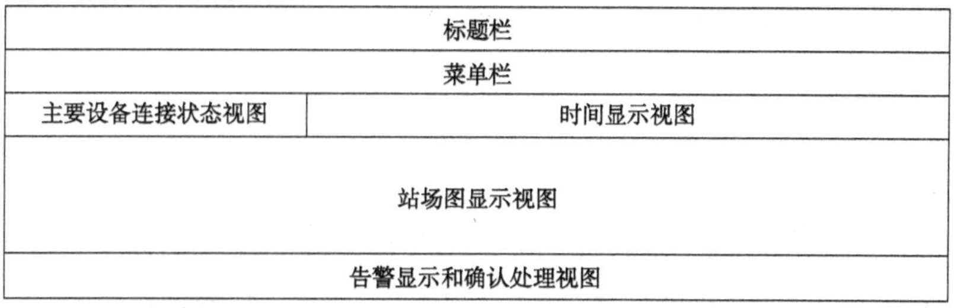

标题栏	
菜单栏	
主要设备连接状态视图	时间显示视图
站场图显示视图	
告警显示和确认处理视图	

图 3-7-2　主界面构成

2. 执行命令的操作方式

在 LCS 界面上选择执行命令可以用几种方式来实现,可以用鼠标在站场图上选择一个可操作设备所对应的敏感区域,例如在站台区域,点击鼠标右键,从弹出的菜单中选择该设备可以执行的命令,通过点击顶部菜单栏,选择相应的命令来执行。

对于比较关键的操作命令,如道岔解锁,必须采用二次确认方式处理。即用户选择执行命令后,系统会弹出一个询问是否确认的对话框,需要用户第二次确认再发送该命令给外部设备执行。当操作员执行控制命令时,如果操作成功,对应的信号设备图标状态就会有变化。如果命令执行失败,则会弹出报警框提示失败原因。

(1)鼠标操作。

鼠标可用来点选和执行功能,也可用于从站场图中选定控制单元或列车来输入数据。信号设备、车站、站台必须通过鼠标点击的方式选择。现地工作站界面操作方式为:进路建立、总取消、信号重开、引导按钮、道岔总定、道岔总反、道岔单锁、道岔解锁、自动进路等功能使用鼠标右键点击对应的设备实现,非常用按钮保留左键点击,如实现总人解、引导总锁、区故解、计轴复位等功能。用户可以综合鼠标和键盘的操作来完成特定操作。

(2)键盘操作。

键盘通常用来在命令窗的数据输入区输入特定的数据。键盘一般用来输入数字和简单字母,如车次号、车组号、目的地号等。

二、告警/事件显示和确认

操作员可以在告警视图观察所发生的告警。告警窗口只显示用户通过告警过滤设置所选的需要显示的告警,操作员点击"确认"按钮确认告警。每条告警或事件包括时间、级别、类型、状态等 4 方面的内容。

1. 时间

时间指告警发生的年、月、日,时、分、秒。

2. 级别

告警按照严重程度分为 5 个级别。级别为 0 的告警(弹出式告警,具备语音报告功能)发生时将直接在 ATS 工作站上弹出一个消息框,操作员点击消息框上的"确认"按钮关闭该消息框,同时确认该告警;数字 1 代表 A 级告警;数字 2 代表 B 级告警;数字 3 代表 C 级告警;数字 4 代表 D 事件。

3. 类型

用数字描述告警和事件的类型。数字 1 代表各种人工操作命令记录;数字 2 代表信号状态,例如轨道、道岔、信号机、区间限速等各种信号设备的状态变化;数字 3 代表列车信息,例如列车追踪移动、出入库、到发站、计划状态等信息;数字 4 代表系统事件,例如其他 ATS 系统运行中发生的事件,如服务器倒机、计划生成等。

4. 状态

一条报警分为已确认或未确认状态。根据需要,以上告警和事件类型还可以细分为子类型,如操作命令可以划分为以下 5 个子类型:进路控制、信号控制、列车管理、计划管理、其他操作。信号状态的记录按车站划分(告警文字颜色可配置),如图 3-7-3 所示。

类型	级别	状态	时间	▼事件	
级别:B级报警					
信号状态	B级报警	未确认	2011-07-14 09:06:06	车站	转换轨2 上行中心扣车 取消
信号状态	B级报警	未确认	2011-07-14 09:06:02	车站	转换轨1 上行中心扣车 取消
信号状态	B级报警	未确认	2011-07-14 09:05:53	集中站	信号机 SC 绿灯亮信号开放
信号状态	B级报警	未确认	2011-07-14 09:05:53	集中站	信号机 SC 红灯灭

图 3-7-3　信号状态显示界面

三、主要设备状态显示

设备状态视图显示当前 ATS 相关设备的工作状态,主要设备包括车站服务器、车站工作站、控制中心等。其中,灰色代表没有连通;对于主备机设备,深绿色代表主机连通,浅绿色代表备机连通;对于单机设备,深绿色代表设备连通。

四、时间显示

时间显示(TIME),即显示当前的时间,以一个 24 小时制的数字显示式时钟来显示,按秒数更新,如图 3-7-4 所示。

图 3-7-4　时间显示

五、站场信号显示

站场信号显示包括静态显示数据和动态显示数据。

1. 静态显示数据

在站场图区域显示中将显示 7 种固定不变的静态信息。在每个车站相应的站台上方显示该车站的中文名称(同一集中站范围内的车站名用同一颜色显示),自动折返模式名;在相应的信号机标识符附近显示该信号机的名称(可隐藏,正线进路始端信号机名称用绿色字体表示),计轴名称(可隐藏);在相应的道岔标识符附近显示该道岔的名称(可隐藏),折返区域的目的地编号,ATS 自动触发进路的触发位置(轨道名称用绿色字体表示)。

2. 动态显示数据

动态显示数据包括控制模式、信号机显示、计轴、道岔、站台显示、自动折返、临时限速等 7 方面的内容,这 7 种信息在每一车站区域中动态显示。当工作站和服务器连接上时,工作站会请求服务器发送初始的设备状态、告警信息、列车的内容、动态列车内容、控制区域和当前的站场图。当服务器和工作站连接丢失时,这些内容都会被清空,或者设置为缺省状态。确认集中站车控室内现地控制工作站界面显示邻站一个区段的占用、出清、锁闭状态。

1) 控制模式

控制模式状态用实心圆点表示,每个圆点下方用"紧急站控""站控"或"中控"来标识,如图 3-7-5 所示。

2) 信号机显示

信号机的显示分为非 CBTC(点式、联锁)模式显示及 CBTC 模式显示。各种状态显示及含义如表 3-7-1 ~ 表 3-7-3 所示。

图 3-7-5 控制模式状态标识符

正线信号机显示(非 CBTC 模式)　　　　　　　　表 3-7-1

信号机状态	灯位 1	灯位 2	含义
	稳定绿色	暗	道岔已锁闭,并开通直向,准许列车按规定速度运行
	稳定黄色	暗	道岔已锁闭,并开通侧向,准许列车按规定的限制速度运行
	稳定红色	暗	不准列车越过信号机,列车在信号机前停车
	稳定红色	稳定黄色	开放引导信号,准许列车按规定的限制速度运行

正线信号机显示(CBTC 模式)　　　　　　　　表 3-7-2

信号机状态	灯位 1	灯位 2	含义
	稳定绿色	暗	道岔已锁闭,并开通直向,准许列车按规定速度运行
	稳定黄色	暗	道岔已锁闭,并开通侧向,准许列车按规定的限制速度运行
	稳定红色	暗	不准列车越过信号机,列车在信号机前停车

车辆段/停车场信号机显示　　　　　　　　　　　　表3-7-3

信号机状态	灯位1	灯位2	含义
	稳定绿色	暗	道岔已锁闭,并开通直向,准许列车按规定速度运行
	稳定黄色	暗	道岔已锁闭,准许列车按规定的限制速度运行
	稳定红色	暗	不准列车越过信号机,列车在信号机前停车
	稳定红色	稳定黄色	开放引导信号,准许列车按规定的限制速度运行
	稳定白色	暗	准许列车按规定速度调车
	稳定蓝色	暗	不准列车越过信号机,列车在信号机前停车

3) 计轴

计轴区段显示9种颜色:稳定红色代表CBTC报告占用;稳定紫色代表计轴处于占用状态;稳定白色代表计轴处于出清状态,是一条锁闭进路的一部分;稳定绿色代表计轴处于出清状态,故障锁闭;稳定黄色代表计轴处于出清状态,延续保护区段锁闭;稳定灰色代表计轴处于出清状态,不是进路的一部分,属自动区;稳定棕色代表计轴被ATC报告失效;稳定铁蓝色代表计轴处于失表状态;闪烁代表计轴被ATS切除跟踪,以当前颜色闪烁。

对于长度比较长的计轴,可以根据显示需要将其分割成多个虚拟小区段,在CBTC模式跟踪列车时,ATS可以根据来自ZC的列车位置报告信息,分别显示每个虚拟小区段的占用或出清状态。

4) 道岔

道岔的定位和反位在ATS的图形用户界面上显示,如图3-7-6所示。

a) 道岔定位　　　　　　b) 道岔反位

图3-7-6　道岔定位和反位表示界面

ATS显示中,用叉尖连到道岔的定位或反位的状态来表示道岔的定位或反位位置,道岔挤岔状态为四开且红色闪烁,同时道岔名称红色闪烁。对于挤岔的道岔有相应的报警灯进行提示,如图3-7-7所示。

图3-7-7　挤岔显示界面

道岔线段闪烁:计轴被 ATS 切除跟踪,以当前颜色闪烁,如图 3-7-8a)所示;道岔线段被标为红色圆圈:道岔被单锁(人工单锁为红圈,自动单锁为黄圈),如图 3-7-8b)所示;道岔名绿色:道岔处于定位,如图 3-7-8c)所示;道岔名黄色:道岔处于反位,如图 3-7-8d)所示。

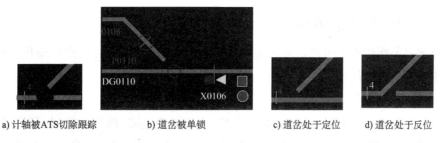

a) 计轴被ATS切除跟踪　　b) 道岔被单锁　　c) 道岔处于定位　　d) 道岔处于反位

图 3-7-8　道岔不同状态显示

5) 站台显示

ATS 在站场图上显示站台状态,包括是否有列车停站、扣车、跳停、设置人工停站时间、设置人工站间运行等级,如图 3-7-9 所示。

6) 自动折返

当车站设置为自动折返模式后,其在现地工作站对应站场区域显示如图 3-7-10 所示。黄色闪烁代表设定自动折返模式,稳定白色代表未设定自动折返模式。当终端车站存在多个折返轨时,对应该站有多个折返模式显示。

图 3-7-9　站台显示界面　　图 3-7-10　折返显示界面

7) 临时限速

线路上已设置的临时限速范围和限制速度,如图 3-7-11 所示。

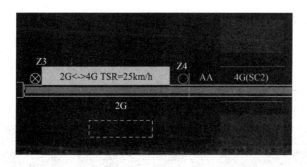

图 3-7-11　临时限速界面

六、其他表示信息

其他表示信息包括电流表示信息、联锁机工作状态显示、相邻集中站通信状态表示、进路排列表示、超限绝缘表示、站台紧急关闭、站台门状态、演示解锁倒计时、引导信号倒计时、区故解按钮操作计数、总人解按钮操作计数、引导总锁按钮操作计数、信号机引导按钮操作计数、延续保护区段状态、延续保护区段倒计时、强制点灯等16个方面的信息。

七、信号与列车操作界面

信号与列车操作界面包括信号与进路操作、站台操作、区段操作、道岔操作、列车操作、其他操作等6个方面的操作。

1. 信号与进路操作

信号与进路操作包括设置进路、取消进路、人工解锁进路、信号重开、信号机引导办理、信号机引导取消、引导总锁、设置/取消自动通过模式、信号机封锁、信号机解封等10个方面的内容。

(1) 设置进路。

用鼠标点击进路始端信号机按钮并选择进路设置,弹出图3-7-12所示界面,选择需要排列的进路,点击"确定",进路命令被发送给联锁。

(2) 取消进路。

用鼠标点击进路始端信号机按钮并选择取消列车进路,弹出图3-7-13所示界面,选择需要排列的进路,点击"确定",取消进路命令被发送给联锁。

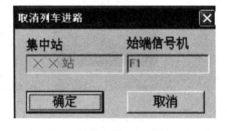

图3-7-12 进路设置界面　　　　图3-7-13 取消列车进路界面

(3) 人工解锁进路。

点击最下面功能按钮中的"总人解",此时会弹出密码窗口,输入密码后确认,然后点击"进路始端"按钮,如果用于解锁引导进路,则进路和引导同时被解除,如图3-7-14所示。

图3-7-14 人工解锁进路界面

(4) 信号重开。

用鼠标点击信号机选择"重开信号",弹出"重开信号"对话框,点击"确定",信号重开命令被发送给联锁,如图 3-7-15 所示。

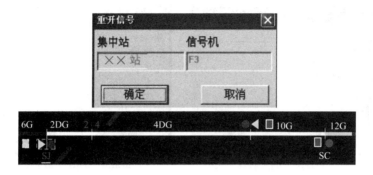

图 3-7-15　信号重开界面

(5)信号机引导办理。

信号机引导的办理,用鼠标点击信号机,在下拉菜单中选择"引导"功能,引导进路建立,如图 3-7-16 所示。

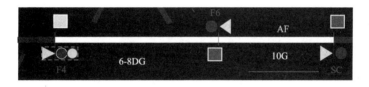

图 3-7-16　信号机引导办理界面

(6)信号机引导取消。

信号机引导取消的办理,用鼠标点击信号机,在下拉菜单中选择"取消进路",此时引导被取消,但进路不会被取消。点击最下面功能按钮中的"总人解",然后点击站场图上信号机的始端按钮,此时引导进路被取消,同时进路被取消,如图 3-7-17 所示。

图 3-7-17　信号机引导取消界面

(7)引导总锁。

点击最下面功能按钮中的"引导总锁",然后点击站场图中的"引导总锁"按钮。此时会弹出密码框,输入密码后确认。然后会弹出二次确认对话框,再次输入密码后确认。如果已设置引导总锁,则再操作一次取消引导总锁,如图 3-7-18 所示。

图 3-7-18　引导总锁界面

(8)设置/取消自动通过模式。

用鼠标点击信号机,在下拉菜单中选择"设置自动通过进路"或"取消自动通过进路",

会弹出图 3-7-19 所示对话框,命令被发送给联锁。

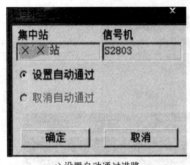

a) 设置自动通过进路   b) 取消自动通过进路

图 3-7-19   设置/取消自动通过模式界面

(9)信号机封锁。

用鼠标点击信号机,在下拉菜单中选择"封锁",会弹出图 3-7-20 所示对话框,点击确认后会弹出第二个对话框,待倒计时变为 0 时,点击"确认"则命令发送成功。

(10)信号机解封。

用鼠标点击信号机,在下拉菜单中选择"解封",会弹出图 3-7-21 所示对话框,点击"确认"后会弹出第二个对话框,将操作命令选择正确并点击"确认"后,待倒计时变为 0 时,点击"确认"则命令发送成功。

2. 站台操作

显示站台信息用于查看站台上已设置的命令信息,包括人工设置的停站时间、运行等级、扣车命令、跳停命令。用户使用鼠标点击站场图上的站台图标,并在出现的菜单中选择该操作项,被点击站台的名称将在弹出的对话框中被自动列出,站台上已设置的命令内容也被显示在对话框中,如图 3-7-22 所示。

图 3-7-20   信号机封锁界面   图 3-7-21   信号机解封界面   图 3-7-22   站台信息显示界面

3. 区段操作

区段操作包括区段切除跟踪、区段激活跟踪、区段故障解锁等 3 个方面的内容。

(1)区段切除跟踪。

区段切除跟踪功能用于对某一计轴设置切除状态,设置成功后,ATS 不再通过该计轴的占用、出清状态变化跟踪列车,如图 3-7-23 所示。

(2)区段激活跟踪。

区段激活跟踪功能用于取消某一计轴上被设置的切除状态,取消成功后,ATS 重新通过该计轴的占用、出清状态变化跟踪列车,如图 3-7-24 所示。

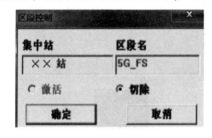 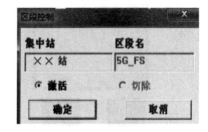

图 3-7-23　区段切除跟踪操作界面　　　图 3-7-24　区段激活跟踪操作界面

(3)区段故障解锁。

点击最下面功能按钮中的"区故解",弹出密码窗,输入密码后确认,然后点击站场图中需要区故解的区段,弹出对话框,选择正确的操作后确认,如图 3-7-25 所示。

图 3-7-25　区段故障解锁界面

4. 道岔操作

道岔操作包括道岔单操、道岔单锁、道岔解锁、道岔封锁、道岔解封等 5 个方面的内容。

(1)道岔单操。

用鼠标点击道岔,在弹出的下拉菜单中选择"定操"或者"反操",弹出第一个对话框,点击"确定"后弹出第二个对话框,点击"执行"后进行道岔转换,至此完成对道岔的定位和反位操作,如图 3-7-26 所示。

(2)道岔单锁。

用鼠标点击道岔,在弹出的下拉菜单中选择"单锁",弹出第一个对话框,点击"确定"后弹出第二个对话框,点击"执行"后执行道岔单锁功能,如图 3-7-27 所示。道岔单锁界面表示情况为:人工单锁显示为红圈,自动单锁显示为黄圈。

(3)道岔解锁。

用鼠标点击道岔,在弹出的下拉菜单中选择"解锁",弹出第一个对话框,点击"确定"后弹出第二个对话框,点击"执行"后执行道岔解锁功能,如图 3-7-28 所示。

(4)道岔封锁。

用鼠标点击道岔,在弹出的下拉菜单中选择"封锁",弹出第一个对话框,点击"确定"后弹出第二个对话框,点击"执行"后执行道岔封锁功能,如图 3-7-29 所示。

图 3-7-26　道岔单操操作界面　　图 3-7-27　道岔单锁操作界面

图 3-7-28　道岔解锁操作界面　　图 3-7-29　道岔封锁操作界面

（5）道岔解封。

用鼠标点击道岔，在弹出的下拉菜单中选择"解封"，弹出第一个对话框，点击"确定"后弹出第二个对话框，选择正确的操作命令以及操作对象，点击"执行"后执行道岔解封功能，如图 3-7-30 所示。

5. 列车操作

列车信息显示功能用来显示指定列车的各项详细信息。选择该功能后，将弹出一个多属性页的对话框，显示列车的基本信息、编组信息、计划信息、ATC 信息、车辆信息，列车详细信息中 ATP 切除仅表示人工标记 ATP 切除，用来提醒调度员注意，如图 3-7-31 所示。

图 3-7-30　道岔解封操作界面　　图 3-7-31　列车信息显示界面

6. 其他操作

其他操作包括设置自动折返、取消自动折返、上电解锁、取消全站封锁、计轴复位（这里指的是预复位）、控制模式切换、设备集中站与非集中站控制区域转换等 7 个方面的内容。

（1）设置自动折返。

点击最下面功能按钮中的"功能按钮"，然后点击站场图中的"折返 X"按钮，如图 3-7-32 所示。

（2）取消自动折返。

点击最下面功能按钮中的"功能按钮"，然后点击站场图中的"折返 X"按钮，此时仅取消自动折返模式；点击最下面功能按钮中的"功能按钮"，然后点击站场图中的进路始端按钮，此时取消自动折返模式，进路也一并取消。

（3）上电解锁。

点击最下面功能按钮中的"功能按钮"，然后点击站场图中的"上电解锁"按钮，此时弹出密码窗，输入密码后确认，弹出对话框，选择正确的操作后确认，如图 3-7-33 所示。

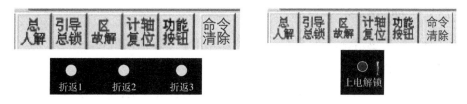

图 3-7-32　自动折返设置界面　　　　图 3-7-33　上电解锁操作界面

（4）取消全站封锁。

点击最下面功能按钮中的"功能按钮"，然后点击站场图中的"全站封锁"按钮，此时弹出密码窗，输入密码后确认，如图 3-7-34 所示。

（5）计轴复位（ATS 界面预复位）。

首先，点击功能按钮——操作界面上方计轴复位按钮，此时会有 60s 倒计时（下方操作在 60s 内完成），点击最下面功能按钮中的"计轴复位"按钮，此时弹出密码窗，输入密码后确认。然后，点击站场图上需要复位的计轴区段，弹出对话框，选择正确的操作后确认。此功能操作前，必须人工确认计轴区段是否有列车占用，由人工保证安全，如图 3-7-35 所示。

图 3-7-34　取消全站封锁操作界面　　　　图 3-7-35　计轴复位操作界面

（6）控制模式切换。

点击系统菜单中的"控制模式"，选择需要设置的对应控制模式，点击"设置"即可，如图 3-7-36 所示。

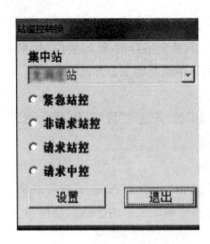

图 3-7-36 控制模式切换操作界面

(7) 设备集中站与非集中站控制区域转换。

操作员可以利用控制区域界面执行如下的控制区域管理操作：申请一个或多个小站控制区域、释放一个或多个小站控制区域、强制分配一个或多个小站控制区域；这些控制区域修改请求被发送给联锁机处理。联锁机执行的分配原则是：一个小站控制区域同一时间只能分配给一个车站工作站操作。如果某一小站控制区域已被其他工作站占用，则当前工作站的"申请"操作不能获得控制区域，即使属于同一位置组也不行。此时在紧急站控模式下执行"强制分配"操作能够强行获得该小站控制区域，同时原来占用该区域的车站工作站失去控制区域。非集中站只能申请本自然站的控制区域，非集中站不能向中心直接申请控制权。

八、信号管理与维护

信号管理与维护包括告警过滤设置、登录、注销等 3 个方面的内容。

1. 告警过滤设置

在"告警显示设置"对话框里，可以设置需要查看的告警类别，以及哪些级别以上的告警需要显示。如对于 4 大类告警，每类都可以设置是否显示，以及哪些级别以上的告警在工作站告警视图内显示，如图 3-7-37 所示。

2. 登录

用户可以使用不同的身份登录系统，以获得不同的操作权限。只有注销之后才能重新登录。用户需要输入正确的用户名和密码来登入系统，如图 3-7-38 所示。

图 3-7-37 告警信息设置操作界面

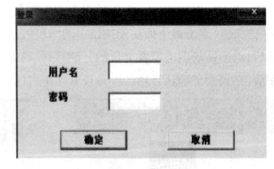

图 3-7-38 登录界面

3. 注销

选择该功能，用户可以注销当前的身份，同时屏蔽大部分操作，并且不用担心别人使用他的机器或者用他的身份执行某些操作。

任务拓展

以上知识内容是卡斯柯型号的 ATS 系统设备操作介绍,请自行查阅其他型号的 ATS 系统操作,比较它们的异同点。图 3-7-39 是某个型号的 ATS 系统修改列车识别号操作界面,其他的命令该如何操作,请自行查阅相关资料。

图 3-7-39　修改列车识别号操作界面

数据通信(DCS)子系统认知与维护

项目四

城市轨道交通列车自动控制系统维护

1. 广州地铁实现全球首次全车 30 路高清视频监控

不用长长的望远镜,借助 30 路高清监控摄像机与 EUHT 超高速无线通信技术,也能在控制中心实时看到地铁内的所有状况,且有超高带宽、低时延、无死角等特点,能做到及时打击、震慑不法行为,使地铁内安保水平得到质的提升。

2017 年 12 月 28 日,广州地铁四条线路同步开通运营。其中,14 号线知识城支线采用广东新岸线科技有限公司 EUHT 技术,实现了全球首次对全车 30 路高清视频的监控,全程图像清晰、流畅、无卡顿,在传输路数与传输质量上都有大幅度的提升。

这标志着由我国自主研发的 EUHT 技术,已经突破 5G 技术瓶颈,在 5G 最困难的超高可靠、超低时延(uRLLC)应用场景方面,已处于世界领先水平。

 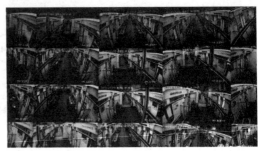

此次 EUHT 技术在广州地铁 14 号线知识城支线的商业应用,解决了车-地超宽带通信的难题,进一步提升了地铁运营安全性。14 号线地铁每节车厢都装有 4 台高清摄像机,6 节车厢共安装了 24 台高清摄像机。此外,两端司机室还各安装了 3 台高清摄像机,实现了全车 30 路高清视频监控无死角,车厢内的视频信息可以被直接传送到地铁控制中心和公安值班室,实现真正的车厢视频实时监控,从而乘客乘坐地铁将更加安全。

地铁车厢高清视频监控一直是全球地铁运营中的一个难题,很重要的原因在于车-地无线通信系统很难在列车高速移动的情况下提供高可靠、低时延的大带宽通信,车厢视频只能少量地被传回地面监视中心,大部分视频图像只能事中记录、事后查看,不是真正的车厢视频实时监控,对监控视频无法做到及时处置,对不法行为也没有形成足够的威慑力。

此次广州地铁在广东省政府的大力支持下,采用了广东新岸线科技有限公司研发的具有全球领先水平的新一代无线通信技术——EUHT 超高速无线通信技术。该技术解决了高速移动条件下高可靠、低时延、大容量的无线通信传输难题,相当于在地铁车厢和地面之间拉了一条看不见的光纤,将车厢高清监控视频连续不断地向地面传输。值得一提的是,EUHT 技术从专利、标准到核心芯片、关键设备,全部拥有完全自主的知识产权,信息安全可控、应用开发可控,是属于中国自己的、不受制于他国的原始创新、全部核心创新通信技术。

2017 年 1 月,按照相关标准设计的京津城际高铁 EUHT 系统全线建成开通,用于承载高铁旅客 Wi-Fi 上网和车厢高清视频回传业务,京津城际成为全球第一条实现超宽带无线通信网络覆盖的高速线路。EUHT 技术在京津城际高铁 120 千米全线应用,充分体现了 EUHT 的技术优势。京津城际高铁 EUHT 系统工程建成后,中国铁道科学研究院和北京交通大学先后对系统进行了测试,获得了 EUHT 全面、客观的技术性能数据。测试结果均表明,在动车组 300km/h 的运行速度下,EUHT 系统实现了大容量数据传输,且具有高可靠、低时延的技术优势。

目前,广州地铁集团有限公司正在与广东新岸线科技有限公司一起积极研究,继续发掘 EUHT 技术优势,不仅用它传输视频,还利用其大容量特性预留地铁 Wi-Fi 上网接口,未来乘坐地铁的乘客再也不用担心坐地铁时手机信号不稳定了。

2. 150s 传 25GB,深圳地铁试点超高速车-地无线通信

与往日一样,一辆从碧头站出发的 11 号线列车徐徐抵达终点福田站,进站、停车、上下客、离站。然而,与往常有所不同的是,列车上的 8 节车厢安装了 40 个高清摄像头,使得高达 25GB 的监控视频、设备监测等车载数据在短短 150s 内,就通过列车和车站的 5G 车-地设备完成了自动传输。原来,这就是深圳地铁试行的、全球领先的超高速车-地无线通信。未来,5G 技术还将在智慧地铁的各个领域落地生根,助力深圳城市智慧交通更上一层楼。

(1)150s 传输 25GB 车载数据,可快速调取地铁列车视频监控。

地铁的车-地通信,即在列车高速运行过程中,把车载数据及时传输给车站、车辆段、停车场等属地,以实现地铁运营方对乘客状况、列车设备及运行状态、隧道及弓网等情况的监测。

"为了满足乘客出行安全、便捷的需求,地铁的每一节车厢都安装着多个摄像头,少则 2个,多至 8 个,从最初的模拟到标清,又从高清升级到 4K,数据量快速增长,"深圳地铁的相关专业负责人介绍道,"技术的发展带来了新的挑战,车载数据都需要上传到地面,而其中的视频录像所占容量最大。以 11 号线为例,一趟运行 1 小时的列车大约会产生 25GB 左右的数据"。

受技术现状制约,目前车-地无线网络带宽不足,传输速率不稳定,车载数据基本无法实现及时上传,只能储存在车上的硬盘中,待列车下线后再由人工上车拷贝。这样不但耗时耗力,可靠性和实时性也无法保障,使得无法及时调度地铁,无法流畅地查看监控,成为地铁运维效率提升的限制瓶颈。

现在,5G 无线通信技术的应用无疑改变了这一切。华为技术人员介绍,"本次应用的 5G 毫米波车-地传输,可做到自动对准、自动连接、自动身份认证和自动上传,全程无须人工干预。传输速率超过 1.5GB/s,传统 4G 无线通信与之相较如同普通火车对上高铁"。此外,城轨 5G 车-地通信使用的是超高频毫米波免授权频段,其技术的先进性使得数据传输被干扰的可能性几乎为零,安全可靠。未来,深圳地铁还将部署双端设备,届时传输速率将加倍,150s 内可实现 50GB 的数据双向传输。

以往车厢的视频要靠人手动拷贝，至少需要 2 小时，而同样的数据量，通过这套系统传输只需要 150s，且不需要人工干预，不仅方便视频的及时调看，实现车厢的快捷监控，也使得列车受电弓、转向架等列车设备因监测数据自动高效的传输而实现健康管理和状态的及时分析，进一步提升了地铁运营安全性。

(2) 5G 技术开启"智慧地铁"新时代。

深圳地铁试行的 5G 车-地通信技术，是 5G 技术在全球城市轨道交通行业的率先应用。该技术部署简便，只需在列车和车站、停车场、车辆段等地增加小型智能 5G 终端，无须在地铁隧道内大规模作业，工程难度低、改造花费少、可维护性强。

5G 技术如同打开了一扇门，地铁运营生产中所有涉及数据传输的工作，都可以利用它达到一个全新的高度，其也可应用于多个智慧地铁场景。

例如，发生突发事件时，5G 车-地通信可配合人脸识别及智能行为分析，协助锁定车厢危险人员并及时判别危险行为，加强出行安全。智慧运维分析系统，则可实现设备计划维修向状态维修的升级以及全生命周期管理。5G 的种种优势不胜枚举。在不久的将来，乘客遗留物品警示、自动寻人等功能，也有望基于这一技术真正落到实处。

深圳地铁正在着力打造智慧地铁，并以智慧运维为抓手，重点建设车站智慧服务、列车拥挤度智能显示系统、车辆智慧运维平台、智能巡检等十大项目。而 5G 技术的应用，将帮助深圳地铁建设统一的高速超大带宽无线传输通道，结合云、管、端协同的全栈式云与大数据服务，实现统一存储、分类应用，同时引入图像分析、人工智能、边缘计算等先进技术，有针对性地聚焦运营管理痛点，改善乘客出行体验。

5G 技术不仅可以改善乘客出行体验，同时也为地铁的全自动运行奠定坚实的基础，未来各类新技术将全面覆盖地铁的各个领域，进一步提高轨道交通系统自动化、智能化、可靠性程度，助力深圳智慧交通、智慧城市的飞速发展。

在学习 DCS 子系统相关知识的同时，要结合智慧地铁、5G 技术要求，不断增强自己的责任担当意识，在以后的工作中敢于攻坚克难，不断创新思维，做到精益求精。

任务一　DCS 子系统认知

任务描述

图 4-1-1 是 DCS 网络结构图，分析图中各模块组成及功能，找出图中都有哪些接口，说明各接口之间是怎样进行数据传输的。

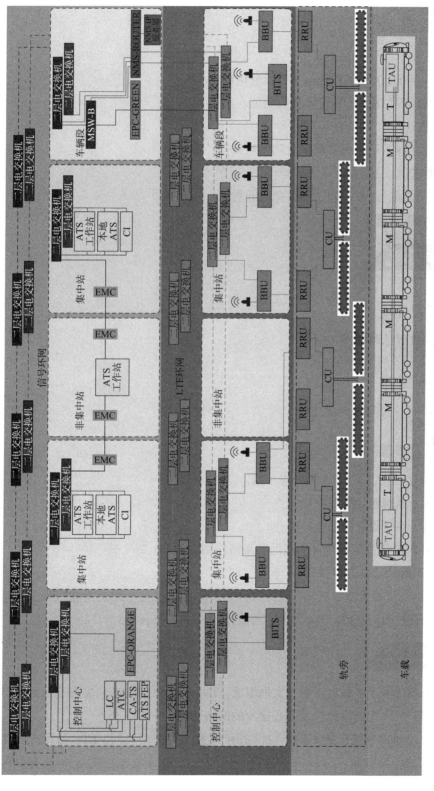

图4-1-1　DCS网络结构图

任务要求

知识要求：
(1) 可以叙述 DCS 子系统由哪些设备构成；
(2) 能够阐明 DCS 子系统设备的功能。

技能要求：
能够描绘 DCS 子系统各模块之间的联系拓扑图。

素养要求：
(1) 增强规则、纪律、团队合作、竞争的意识；
(2) 加强安全意识。

任务实施

一、学习环境

多媒体教室，信号实训中心。

二、学时安排

建议 2~4 个学时。

三、学习步骤

(1) 分组讨论，以 4~6 人为一个小组。
① DCS 子系统包含哪些模块？
② DCS 子系统设备的功能有哪些？
③ 绘制 DCS 子系统各模块之间的联系拓扑图。
(2) 按照附录三中的表格，制作学习工作单。
(3) 小组内互相协助考核学习任务，组内互评；根据其他小组成员在成果展示活动中的表现及结果进行组间互评。完成附录二中的附表 2-1 至附表 2-3。

知识导航

DCS 有线传输子系统由工业以太网组成，提供传输网络功能，将实现全线所有设备集中站、非设备集中站、车辆段和控制中心接入的网络连接。

DCS 无线通信系统包括车载无线设备和轨旁无线基站，通过 LTE 漏缆无线传输方式建立车载和轨旁设备间可靠的通信连接。轨旁无线基站通过光缆与 DCS 有线传输系统相连。

管理子系统主要监控IP及LTE设备。使用DCS的人员有网络管理员、维护监督员以及车载和轨旁维护员,其中网络管理员负责网络的管理和配置,维护监督员负责监督DCS维护活动,车载和轨旁维护员负责DCS设备的维护。

DCS使用的有线传输技术的实现基于以太网工业交换机的骨干网与接入网。无线传输采用运行在1.8GHz频段的TD-LTE技术。

DCS通信系统的设计为信号CBTC的应用提供通信连接。DCS通信系统为轨旁应用设备之间、车载ATP/ATO和轨旁设备之间提供通信接口,如图4-1-2所示。

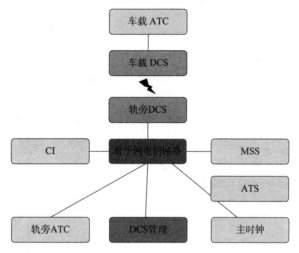

图4-1-2　DCS网络与其他系统的接口示意图

一、DCS有线网络子系统

DCS有线网络子系统主要有骨干网拓扑和以太网VLAN结构两种形式。

1. 骨干网拓扑

DCS有线传输系统的骨干网网络采用基于工业以太网技术的多业务网络解决方案,利用骨干网交换机的MRP协议(快速重置协议)来实现光纤保护,确保信号间的通信有更高的可靠性。通常会在每个集中站设置两台信号骨干网交换机及两台交换机,全线各集中站间通过骨干网光纤组成4个相互独立的环状网络。骨干网光缆环的上半部分光纤与下半部分光纤需要铺设在不同的隧道内以避免灾难性事故的发生。

DCS有线传输系统共需4根单模光缆组环,信号网光缆上骨干网和非集中站ATS工作站最多使用12芯、备用12芯光纤通道。LTE网光缆上骨干网使用4芯光纤通道、备用4芯。骨干网及LTE有线网的光缆结构如图4-1-3所示。

工业以太网交换机将安装在沿线的集中站、OCC(调度控制中心)、停车场和车辆段。对于单个网络而言,将使用一根光缆中的2芯:一芯用于发送(Tx),一芯用于接收(Rx)。

红、蓝骨干网和维护网光缆环分别独立使用4芯(用2备2)。工业以太网结构示意图如图4-1-4所示。

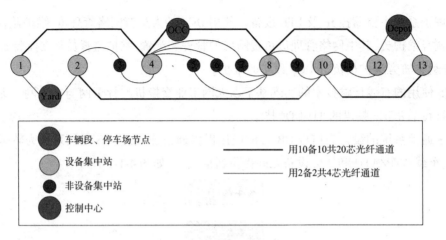

图 4-1-3 骨干网及 LTE 有线网的光缆结构图

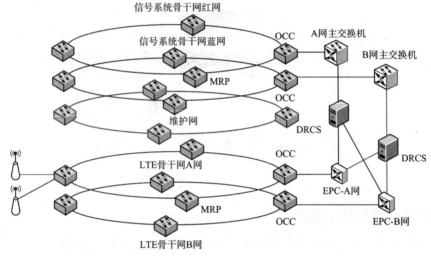

图 4-1-4 工业以太网结构示意图

图 4-1-5 为信号骨干网交换机与 LTE 骨干网交换机连接示意图。在该集中站,每个骨干网交换机分别有 2 个光纤接口用于连接两端的骨干网交换机,LTE 交换机分别有 2 个光纤接口用于连接两端的 LTE 交换机。

每个集中站都设置有 2 台信号骨干网二层电交换机和 2 台 LTE 骨干网二层电交换机。LTE 骨干网二层电交换机用于连接远程的 LTE 设备(RRU),组成 LTE 的网络,信号骨干网二层电交换机用于骨干网组网并连接本地与非集中站的设备。LTE 的基站设备在控制中心和车辆段分别与橙网和绿网的 EPC(核心网)相连,再通过 DCS 主交换机将信号转至 VLAN 中。

2. 以太网 VLAN 结构

1) VLAN 划分

以太网通过划分几个独立的 VLAN 来隔离不同的数据流,其中 SIG VLAN(蓝和红)用于建立 ZC、LC 和车载 CC 及 CBI 之间信息交换的通信通道,全线各设备集中站、车辆段、OCC 均可接入;ATS VLAN(浅灰和深灰)用于建立 ATS 设备及 CBI 非安全设备之间信息交换的通信通道,全线各设备集中站、车辆段、OCC 及非设备集中站均可接入;MSS VLAN 用于建立 MSS(维护支持系统)子系统内部设备之间的通信通道,全线各设备集中站、车辆段、OCC 均可接入;NMS(网络管理系统) VLAN 用于 DCS 子系统内所有子网的管理。VLAN 的划分原理如图 4-1-6 所示。SIG 蓝网、SIG 红网、ATS 浅灰色网、ATS 深灰色网、MSS 绿网和 NMS 网划分在不同的 VLAN 以隔离数据流,以防错误连接到某个 VLAN 的未知设备,以及避免与其他 VLAN 内的设备之间通信,能够有效地防止网络风暴的产生。信号子网、ATS 子网和 NMS 子网共用电接口交换机,数据流通过 VLAN 相互隔离。SIG 网和 ATS 网信息传输相互独立,通过各自的 VLAN 实现信息传输。在主交换机设置路由可以使车载和轨旁的 IP 子网设备之间进行通信。

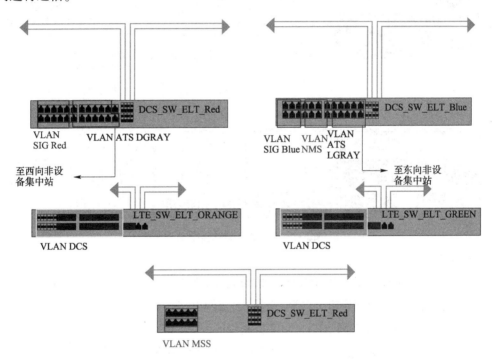

图 4-1-5　信号骨干网交换机与 LTE 骨干网交换机连接示意图

2)冗余原则

为了提供两个独立的通信通道,以太接入网络中所有设备都是冗余的。红网、ATS 深灰网共用红网电交换机;蓝网、ATS 浅灰网、NMS 网共用蓝网电交换机;MSS 绿网使用单独的电交换机;每台轨旁信号设备都同时连接红网、蓝网交换机;红网、蓝网之间没有转换,两个网络始终启用并用于设备之间的通信;深灰网、浅灰网传输通道带宽各为 500MB/s,两者为冗余关系。OCC、正线设备集中站、非集中站、车辆段 ATS 分机等的设备通过深灰网、浅灰网进行通信。

为了确保网络高可用性以及环状拓扑的冗余性,红网、蓝网采用了 MRP 协议。这种协议将确保一个无环拓扑。这种协议的重置时间低于 50ms。单个交换机故障或一根纤芯断掉不会影响冗余网络的通信。

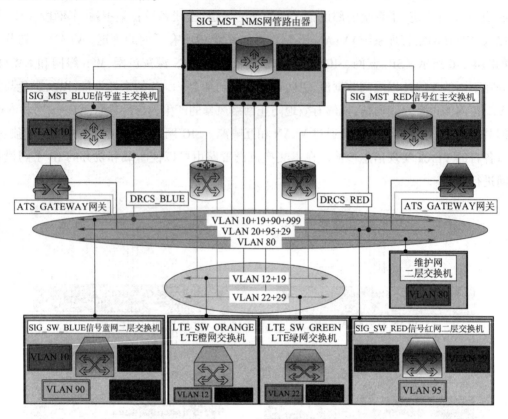

图 4-1-6　VLAN 划分原理示意图

3）设备安装

工业以太网交换机的安装机柜位于车站设备室，车站设备室同时也会安装信号设备。机柜内的设备包括以太网交换机、红网电交换机、蓝网电交换机、红网主交换机、蓝网主交换机、EPC［核心网，安装于车辆段、OCC（调度控制中心）等］、BITS（安装于车辆段、OCC）、BBU（基带处理单元）、光纤熔纤盘［用于熔接和分配光纤（光纤安装于试车线上）］。

二、DCS 无线网络子系统

DCS 无线网络用于承载车载和轨旁 CBTC 系统间信号数据流的通信，采用 LTE 技术无线组网，它由位于轨旁的 BBU、RRU、漏缆，信号机房的核心网 EPC 以及车载天线、车载终端 TAU 组成。在漏缆的布设方案中，会在轨旁敷设一根 1.8GHz 专用漏缆用来传输 CBTC 信号。

1. 特点

相对于目前工作在 ISM 频段的 802.11 系列无线技术上的 CBTC 系统，LTE 技术在可靠性、可用性等方面有明显的优势。

（1）基于专用频率资源，从根本上避免 CBTC 无线通信系统受到无序的干扰。

(2) LTE 系统是一个完备的移动通信系统,包括移动通信基本的系统功能,比如移动性管理、移动用户(车载终端)管理、网络管理等。通过系统架构的优化设计,可以极大程度地提高 CBTC 系统的可用性。

(3) 采用 LTE 技术承载 CBTC 信号,单站覆盖距离超过 1km,减少了轨旁设备。

(4) 设备配置灵活,系统频率带宽可以是 1.4MHz、3MHz、5MHz、10MHz、15MHz 和 20MHz,可灵活组网。

(5) 具备无缝和无损切换机制,避免现有车-地通信硬切换带来的一些性能损失。

2. 原理及优势

UE 接入 LTE 网络后,eNodeB 给 UE 下发信号强度监测测量配置信息,UE 根据测量配置信息进行信号强度监测,当监测到信号强度满足测量配置信息中的门限值时,UE 会给 eNodeB 上报测量报告消息,eNodeB 根据报告消息触发切换,让 UE 从源小区切换到信号强度较高的目标小区,如图 4-1-7 所示。

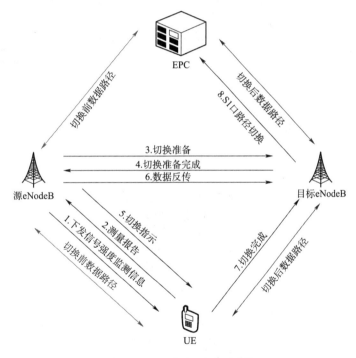

图 4-1-7 LTE 的小区切换示意图

3. 车载无线设备

每辆列车内车头车尾各安装一个无线 TAU 终端,每个 TAU 终端与一个对应的 LTE 网连接,用于传输 CBTC 业务的数据,每个无线终端连接两个位于车体上方的天线(用于与漏缆进行无线信息传输),如图 4-1-8~图 4-1-11 所示。

4. 轨旁无线设备

图 4-1-12 是关于 LTE 轨旁基站的详图,RRU 供电方式为集中站一对一供电;RRU 光缆

连接方式为集中站一对一连接；耦合单元与漏缆连接，耦合器的防护等级为IP65。

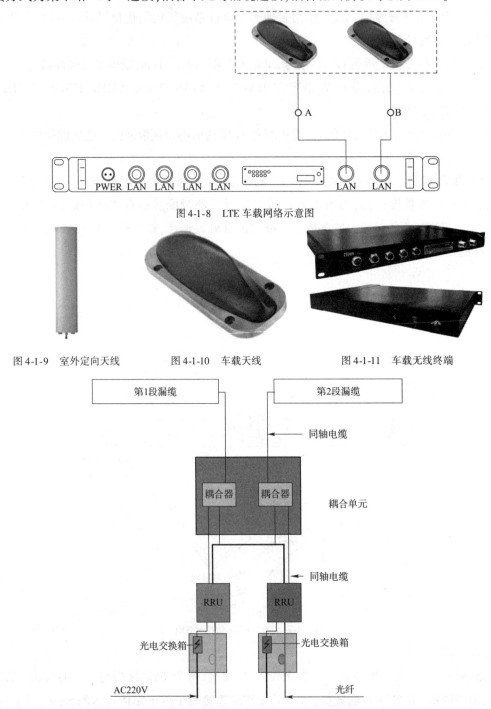

图 4-1-8　LTE 车载网络示意图

图 4-1-9　室外定向天线　　图 4-1-10　车载天线　　图 4-1-11　车载无线终端

图 4-1-12　轨旁 RRU 及耦合单元连接示意图

无源耦合单元将两路无线信号耦合为单一信号，该无线频率信号通过 RF 射频电缆在漏缆内传输。无源耦合单元和 RRU 在隧道内一般安装在墙壁上，如果在其他区域（开阔地或高架),将根据实际情况确定安装位置和方式。

5. 车-地双向通信设备

DCS 车-地通信采用漏缆和天线方案,为 CBTC 业务提供冗余的无线传输通道。

DCS 无线方案通过以下方式实现 CBTC 业务网络冗余。

物理上提供相互独立的 LTE A(橙网)和 LTE B(绿网)两套无线网络设备,轨旁每个无线点包含 LTE A 和 LTE B 两个射频拉远单元;列车车头、车尾分别配置红、蓝车载无线设备。

车辆每端头的 TAU 同时在线,分别连接不同频率 LTE 网络,若 TAU1 通信链路故障,还有 TAU2 通信链路,增加了 DCS 车-地无线系统的冗余度和可靠性。

漏缆是一种车-地双向无线通信的载体。它是一种特殊的同轴电缆,其外导体上开有用于辐射的周期性槽孔,使得电磁波可以部分穿透到电缆外部,电缆外的电磁波也可以感应到内部。此外,漏缆的场强覆盖比较均衡,具有传输频带宽、可靠性高、抗干扰能力强等特点。

6. 冗余

DCS 无线网络采用 LTE 综合无线网络,需保持冗余结构,由 LTE A(橙网)和 LTE B(绿网)组成。无线系统的冗余结构应能保证任一轨旁或车载无线设备故障(包括单个 RRU 的故障、单个轨旁设备电源的故障)均不影响系统的正常工作。

LTE 无线网布设一根漏缆,红网、蓝网信号通过耦合器同时馈入漏缆中。

7. 频率带宽及加密

DCS 无线系统如果采用基于 LTE 的双频点方案,总共使用的频率带宽应在 1795~1805MHz 范围内,使用 2 个 5MHz 组网来承载 CBTC,橙网使用 1795~1800MHz,绿网使用 1800~1805MHz。

如果车-地之间采用明文传输数据,由于无线系统的开放性,其他无线用户能够窃听到所传输的数据。因此需要对车-地之间的数据传输进行加密,以防信息泄露。

LTE 无线网络在安全性方面,采用 4 种加密算法,即空加密算法、SNOW 3G 加密算法、AES 加密算法(目前 Wi-Fi 系统也采用此加密算法)、祖冲之加密算法。

8. 布置规则

(1) 正线隧道。

LTE 网络信号可以采用漏缆覆盖,上、下行隧道分别沿着隧道侧壁方向铺设漏缆,相邻的红网、蓝网 LTE 基站之间采用贯通缆的部署方式,如图 4-1-13 所示。每个站点在站台一侧的上、下行隧道中各部署一对橙网、绿网 LTE 的 RRU,每对橙网、绿网 LTE 的 RRU 的两个天线端口先分别进行合路,然后连接到漏缆的前后两个方向,这样每条漏缆上都有橙网、绿网双频 LTE 信号覆盖。

(2) 正线岔区、存车线。

正线岔区、存车线为地下隧道和试车线,可采用漏缆的方式进行无线覆盖,用馈线进行过轨处理,实际操作需根据现场情况调整。

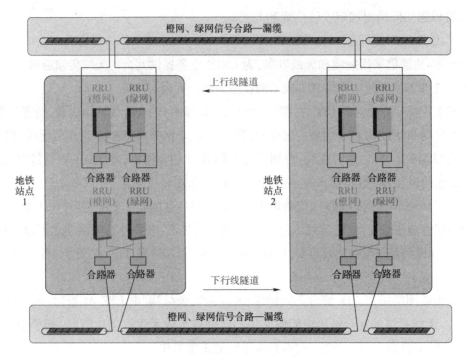

图 4-1-13　漏缆覆盖设计

（3）露天区域。

车辆段、出入段线为地面区域，可以采用定向天线进行无线覆盖，在出入段线的洞口处安装无线 RRU，具体位置可根据现场情况适当调整。

任务拓展

请分析图 4-1-14 中的 DCS 子系统由哪些设备构成，功能有哪些。

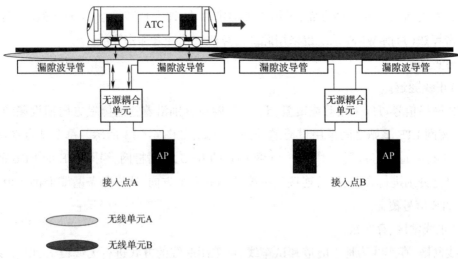

图 4-1-14　DCS 子系统

任务二　DCS 子系统维护

任务描述

表 4-2-1 是 DCS 子系统的日常维护表格，请说出 DCS 子系统维护内容都有哪些，以及如何进行维护作业。

DCS 子系统日常维护　　　　　　　　　　　　　表 4-2-1

设备名称	作业内容	标准	现场状态或参数	备注
DCS 机柜	运行状态检查	指示灯显示正常；设备工作状态正常，无报警，无异常	正常□　异常□	
	外观检查	外观完好，无裂纹、刮花或破损	正常□　异常□	
	外部清洁	设备表面清洁，无积尘	正常□　异常□	
问题记录				

任务要求

知识要求：
(1) 熟悉 DCS 子系统维护的内容、要求、使用工具；
(2) 了解 DCS 子系统标准维护作业流程。

技能要求：
(1) 掌握 DCS 子系统维护的周期、内容和要求；
(2) 能够选用正确的工具，对 DCS 子系统设备进行日检、月检和年检。

素养要求：
(1) 遵守职业道德，增强工作责任感；
(2) 养成良好的规范检修操作习惯；
(3) 养成团队合作精神并学习大国工匠精神。

任务实施

一、学习环境

信号实训室，多媒体。

二、学时安排

建议 4~6 个学时。

三、学习步骤

(1) 分组讨论,以 4~6 人为一个小组完成工作任务。

(2) 每个小组根据所学知识点,归纳总结并进行操作:

① 制订 DCS 子系统的定期维护工作计划,进行维护作业前的准备(注意团队合作和操作规范)。

② 根据所学检修流程,对 DCS 子系统设备进行日检、月检和年检,并填写检修记录表,如表 4-2-2、表 4-2-3 所示。

(3) 按照附录三中的表格,制作学习工作单。

(4) 评价反馈。

小组内互相协助考核学习任务,组内互评;根据其他小组成员在成果展示活动中的表现及结果进行组间互评,完成附录二中的附表 2-1 至附表 2-3。

DCS 子系统设备月检记录表　　　　　表 4-2-2

地点:　　　　　检修人:　　　　　检修日期:　　年　月　日

设备名称	作业内容	标准	现场状态或参数	备注
DCS 机柜	运行状态检查	指示灯显示正常;设备工作状态正常,无报警,无异常	正常□　异常□	
	外观检查	外观完好,无裂纹、刮花或破损	正常□　异常□	
	各部清洁	各机笼内部清洁,无积尘	正常□　异常□	
	设备运行检查	风扇运行正常,无异响	正常□　异常□	
		引接扁平电缆线插接正确,不打折	正常□　异常□	
		引入与引出端子有编号,标签清晰	正常□　异常□	
	交换机、防火墙清洁	设备表面干净、清洁,无灰尘	正常□　异常□	
问题记录				

续上表

备品、备件消耗记录				
序号	名称	单位	实际使用数量	备注

DCS 子系统设备年检记录表　　　　　　　　表 4-2-3

地点：　　　　　　检修人：　　　　　　检修日期：　　年　月　日

设备名称	作业内容	标准	现场状态或参数	备注
DCS 机柜	运行状态检查	指示灯显示正常；设备工作状态正常，无报警，无异常	正常□　异常□	
	外观检查	外观完好，无裂纹、刮花或破损	正常□　异常□	
	各部清洁	各机笼内部清洁，无积尘	正常□　异常□	
	设备运行检查	风扇运行正常，无异响	正常□　异常□	
		设备线缆、电源线、地线连接良好，安装牢固，无表皮破损，无锈蚀，线缆标识清晰	正常□　异常□	
		引入与引出端子有编号，标签清晰	正常□　异常□	
	网络端口清洁	端口清洁，无积尘	正常□　异常□	
问题记录				
备品、备件消耗记录				
序号	名称	单位	实际使用数量	备注

知识导航

一、LTE 设备构成

LTE 无线骨干网负责车-地系统之间经由 LTE 系统的列车控制报文交换。LTE 设备由室外设备和室内设备构成，室外设备主要为 RRU，室内设备有 LTE 网管工作站和 LTE 机柜。

二、LTE 设备维护

1. LTE 室外设备维护

1）检修流程

LTE 室外设备检修流程为：作业前准备→登记请点→检修→复查试验→销点。

2）工器具准备

LTE 室外设备检修作业所需工器具如表 4-2-4 所示。

LTE 室外设备检修作业所需工器具　　　　　　表 4-2-4

名称	数量	名称	数量
活动扳手	1	清洁布	若干
12 件(套)一字螺丝刀、十字螺丝刀	1	除锈剂(镀锌喷漆)	1
万用表	1	毛刷	2
扎带(包)	2		

3）作业原则

（1）在检修作业开始前应召开安全交底工作会议，同时形成相应记录。

（2）作业安全准备，作业负责人采取安全作业的具体措施并做好安全预想。

（3）作业前须检查检修工器具及安全防护用品状态，发现状态不良的，应立即停用。

（4）作业过程中严格执行"三不动""三不离"等基本安全制度。

（5）作业结束后，应填写相应检修作业表格，与车控室值班员、车场值班员确认该设备显示无异常后，做好现场出清。

4）作业内容

（1）登记请点。

到车控室登记请点，经批准后方可在作业点开始检修作业。

（2）年检。

①RRU 外观检查：外观完好，固定无松动，设备无变形，密封完好，标识标牌完好牢固，如图 4-2-1 所示。

②RRU 卫生清洁：表面洁净，无污物，无腐蚀。

③RRU 内部检查：RRU 内部各尾纤插头，电线、网线插头紧固，如图 4-2-2 所示。

图 4-2-1　RRU 外观检查　　图 4-2-2　RRU 内部检查

④参数测试:电气测试,电压和各项参数测量。

⑤漏缆外观检查:漏缆固定,卡箍扎带无缺失;漏缆无变形、弯折等损坏现象;漏缆与RRU连接处牢固,转换头防雨措施可靠。

5)作业收尾

(1)清点、整理工器具,清扫现场,保证作业工器具无遗漏、作业现场无异物。

(2)填写设备检修表。

(3)作业完成后,联系正线车控室值班员、车辆段值班员确认设备无异常后,销点离开。

2. LTE机柜维护

1)检修流程

LTE机柜检修流程为:作业前准备→登记请点→检修→复查试验→销点。

2)工器具准备

LTE机柜检修作业所需工器具如表4-2-5所示。

LTE机柜检修作业所需工器具　　　　　　　　　表4-2-5

名称	数量	名称	数量
吹吸尘机	1	清洁布	若干
维护专用笔记本	1	绝缘胶带(卷)	1
12件(套)一字螺丝刀、十字螺丝刀	1	毛刷	2
万用表	1	扎带(包)	1

3)作业原则

(1)操作人员必须坚持"三不动""三不离"原则。

(2)操作人员必须严格按照作业时间进行操作。

(3)做好作业信息记录。

4)作业内容

(1)登记请点。

到控制中心调度大厅登记请点,经批准后方可在作业点开始作业。

(2)日检。

①设备外观检查:机柜保持稳固,不倾斜,表面平整,不脱漆,柜门开关良好;设备表面无灰尘。

②设备运行状态检查。

a. 交换机指示灯显示正常,如图4-2-3所示。

b. 1588时钟显示正常,如图4-2-4所示。

c. NE08E、核心网交换机检查:状态指示灯显示正常,网口指示灯绿色闪烁;线缆无磨损,固定良好,如图 4-2-5 所示。

图 4-2-3　交换机指示灯检查

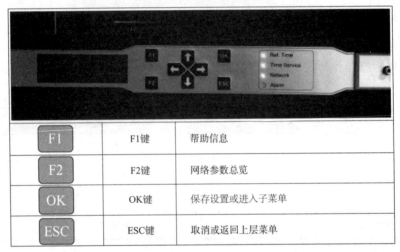

F1	F1键	帮助信息
F2	F2键	网络参数总览
OK	OK键	保存设置或进入子菜单
ESC	ESC键	取消或返回上层菜单

图 4-2-4　1588 时钟显示检查

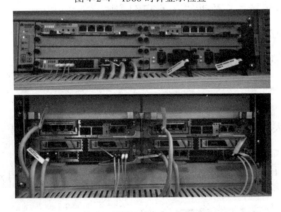

图 4-2-5　NE08E、核心网交换机检查

③卫生清洁:用吹吸尘机、毛刷、清洁布等对机柜外表进行清洁,使设备清洁,无灰尘。

(3)月检。

①机柜内部检查。

a. 目测线缆无磨损,固定良好,插接紧固;外观完好,设备运行状态正常,安装牢固,如图 4-2-6 所示。

图 4-2-6　LTE 机柜线缆检查

b. FODB 检查:未使用的端口用胶塞封闭;光纤插接牢固,无破损、弯曲过小等现象,如图 4-2-7 所示。

图 4-2-7　FODB 检查

c. 电源检查:电源指示灯显示正常,电源线插接牢固,无破损,如图 4-2-8 所示。

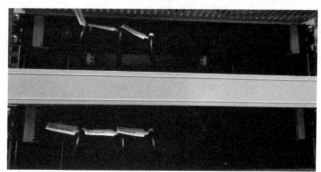

图 4-2-8　电源检查

d. 风扇检查:电源线连接牢固,且接触良好;风扇工作正常,无异响,如图 4-2-9 所示。

图 4-2-9　风扇检查

e. 地线检查:地线连接牢固,且接触良好,如图 4-2-10 所示。

图 4-2-10　地线检查

②卫生清洁：用吹吸尘机、毛刷、清洁布等对机柜内部进行清洁，使设备清洁，无灰尘。

(4) 年检。

①检查标识及设备铭牌：标识齐全、清楚，设备铭牌安装牢固、清洁。

②网络端口清洁：端口清洁，无积尘，如图 4-2-11 所示。

图 4-2-11　网络端口清洁

③数据备份：若交换机进行了重新配置，则用硬盘对交换机配置文件进行完整备份，做成镜像文件（软件升级后须在一周内完成备份）。

④功能测试：设备启动正常，键盘、鼠标等操作正常；通道网络连接正常；能够通过 KVM 正常登录服务器且显示正常；系统应用程序运行正常。

5) 作业收尾

(1) 清点工器具。

作业完毕后，整理并清点检修现场工器具，确保工器具齐全、无遗漏。

(2) 办理销点手续。

待作业工器具齐全到行调处销点。

三、DCS 子系统设备构成

DCS 子系统由轨旁有线网络、车载有线网络以及车-地无线网络组成，主要分布于室内和室外，室内设备主要有机柜和网管工作站。

四、DCS 子系统设备维护

1. 检修流程

DCS 子系统设备检修流程为：作业前准备→登记请点→检修→复查试验→销点。

2. 工器具准备

DCS 子系统设备检修作业所需工器具如表 4-2-6 所示。

DCS 子系统设备检修作业所需工器具　　　　　　表 4-2-6

名称	数量	名称	数量
吹吸尘机	1	清洁布	若干
维护专用笔记本	1	绝缘胶带（卷）	1
12 件（套）一字螺丝刀、十字螺丝刀	1	毛刷	2
万用表	1	扎带（包）	1

3. 作业原则

（1）操作人员必须坚持"三不动""三不离"原则。

（2）操作人员必须严格按照作业时间进行操作。

（3）做好作业信息记录。

4. 作业内容

1）登记请点

到控制中心调度大厅登记请点，经批准后方可在作业点开始作业。

2）日检

（1）设备外观检查。

机柜保持稳固，不倾斜，表面平整，不脱漆，柜门开关良好；设备表面无灰尘。

（2）设备运行状态检查。

①交换机指示灯显示正常，如图 4-2-12 所示。

图 4-2-12　交换机指示灯检查

②UNTP 时钟显示正常。

③防火墙、接入交换机检查：状态指示灯显示正常，网口指示灯绿色闪烁；线缆无磨损，固定良好，如图 4-2-13 所示。

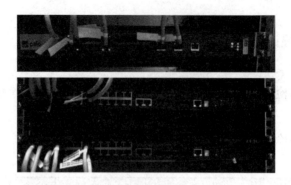

图 4-2-13　防火墙、接入交换机检查

（3）卫生清洁。

用吹吸尘机、毛刷、清洁布等对机柜外表进行清洁,使设备清洁,无灰尘。

3）月检

（1）机柜内部检查。

①目测线缆无磨损,固定良好,插接紧固；外观完好,设备运行状态正常,安装牢固,如图 4-2-14 所示。

图 4-2-14　机柜内部线缆检查

②FODB 检查：未使用的端口用胶塞封闭；光纤插接牢固,无破损、弯曲过小等现象,如图 4-2-15 所示。

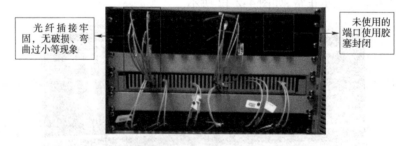

图 4-2-15　FODB 检查

③电源检查：电源指示灯显示正常,电源线插接牢固,无破损。

④地线检查：地线连接牢固,且接触良好。

（2）卫生清洁。

用吹吸尘机、毛刷、清洁布等对机柜内部进行清洁,使设备清洁,无灰尘。

4)年检

(1)检查标识及设备铭牌。

标识齐全、清楚,设备铭牌安装牢固、清洁。

(2)网络端口清洁。

端口清洁,无积尘。

(3)数据备份。

对交换机配置文件进行完整备份,并进行标识(软件升级后须在一周内完成备份)。

5. 作业收尾

(1)清点工器具。

作业完毕后,整理并清点检修现场工器具,确保工器具齐全、无遗漏。

(2)办理销点手续。

待作业工器具齐全到行调处销点。

任务拓展

请查阅地铁故障数据,分析 DCS 子系统的故障类型及解决方法。

项目五 维护支持(MSS)子系统认知与维护

城市轨道交通列车自动控制系统维护

根据交通运输部对外发布的2022年城市轨道交通运营数据,截至2022年12月31日,全国(不含港澳台)有53个城市共开通运营城市轨道交通线路290条,运营里程达9584公里,车站共有5609座,实际开行列车2528万列次,完成客运量175.9亿人次,进站量109.1亿人次,全年未发生一般及以上运营安全责任事故。2020年,我国新增城市轨道交通线路39条,新增运营里程1240.3公里,较2019年增长20.1%;新增天水、三亚、太原3个首次开通运营城市轨道交通的城市。受新冠疫情影响,2020年全年完成客运量较2019年下降约62.9亿人次,下降了26.4%;随着复工复产持续推进,城市轨道交通客运量逐步回升,第四季度已恢复至上年同期的94.1%,城市轨道交通对保障城市正常运行发挥了重要作用。

检修人员在作业过程中常常有一些高难度操作,尽管检修人员的操作技术已炉火纯青,但如果有一种发明可以代替人工操作,岂不妙哉?

这样的想象在广州电务段真的实现了!2020年12月1日,全路首个列控车载监测设备——人工智能化监测站,在广铁集团广州电务段广州南列控车载车间正式投入使用,这标志着列控车载监测设备向人工智能化新阶段迈进了一步。

这个人工智能化监测站有哪些亮点?

亮点一:智能监测更高效

过去,列车进库后,由电务职工监测列车组车顶、车底、车内的列控车载设备是否良好,并进行相应的检修和维护。因车载设备只存在于首尾车厢(1节和8节),所以监测人员需绕车一周,加上检查时间,整个监测流程往往需要花费1小时以上。

现在,人工智能化监测站采用智能机械监测与人工监测相结合的方式,摄像头会自动抓拍车顶和车底处车载设备的悬挂件(包括天线、雷达、速度传感器等),并生成照片,系统会根据照片自动生成监测报告,由监控中心工作人员对报告内容进行精准分析,仅需8分钟左右就可以完成监测工作,大大压缩了监测时间。

目前,车顶和车底监测已经基本实现了智能系统代替人工监测,一定程度上规避了人工登车顶监测、带电监测等的风险,提高了作业安全性。

亮点二:人工补充监测精确复核

除了智能化自动监测系统的应用,人工补充监测也有了新的"实用好物"——智能看车手电筒。智能看车手电筒内安装有与监控中心相呼应的App,监控室工作人员通过电脑监测发现问题后,将列车的车组号等信息导入系统,然后给智能看车手电筒中的App发送"任务"。

现场监测人员可在App中自行领取"任务",然后到达指定位置,精确复核。如果确定车组列控设备有问题,就联系检修人员处理故障,清障后重点监测该列车的线上运行情况。如果没有问题,就拍照回传。

亮点三:不用停车即可分析故障

智能监测系统的最大特点是可以对行驶中的列车进行即时故障分析。过去,行驶中的列车若出现问题,则需要靠站停稳后再由工作人员上车下载数据,然后回到地面分析,或者等待列车入库后再下载数据,故障分析存在滞后性。

现在,智能监测系统嵌入了数据下载端,在列车行驶的过程中即可抓取数据,缓解了故障处理延时的情况;列控车载设备的"常规体检"也不再像以前那么频繁,修程修制的频率从"五次入库监测一次"降低到"十检一"。

列车组电务车载设备智能化监测站投入使用以来,已运用于3个车间16个工区,提供了监测作业、实时监控、智能监测、AMS和专项分析五大功能,实现了智能化、一体化、可视化办公。随着设备的不断成熟、完备,智能化监测站将对提高生产效率和设备维护质量产生更多的积极效果。

从列车"恒温"检修库到智慧公寓、智慧食堂,各种高科技让轨道行业人的职场环境越来越好,这样的人工智能你觉得如何?

任务一　MSS 子系统认知

任务描述

图 5-1-1 是 MSS 子系统构成图,认识图中设备功能及设备之间的相互关系,了解接口之间是怎样进行数据传输的。

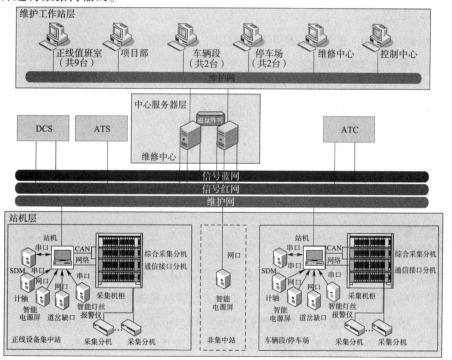

图 5-1-1　MSS 子系统构成图

任务要求

知识要求：
(1) 可以说出 MSS 子系统的构成；
(2) 能够阐明 MSS 子系统各设备的功能。

技能要求：
能够运用 MSS 子系统的监测原理，对相应设备进行监测。

素养要求：
(1) 提高分析问题和解决问题的能力；
(2) 学习先进的高科技理念，以行业的快速发展为荣。

任务实施

一、学习环境

多媒体教室，信号实训中心。

二、学时安排

建议 4~6 个学时。

三、学习步骤

(1) 分组讨论，以 4~6 人为一个小组完成以下工作任务。
① MSS 子系统包含哪些模块？
② MSS 子系统设备的功能是什么？
③ 利用 MSS 子系统监测原理，监测不同的设备。
(2) 按照附录三中的表格，制作学习工作单。
(3) 评价反馈。

小组内互相协助考核学习任务，组内互评；根据其他小组成员在成果展示活动中的表现及结果进行组间互评。完成附录二中的附表 2-1 至附表 2-3。

知识导航

在庞大的轨道交通信号网络中，为了各系统能各司其职，正常运行，需要有一个监控系统来实时监测各部分设备的运行状况，并实时反应，这就是微机监测，即城市轨道交通中的 MSS 子系统。城市轨道交通信号维护支持系统（Maintenance Support System，MSS），可以提供信号设备监测、设备故障诊断分析和信号设备管理等功能，为城市轨道交通信号设备维护和管理提供一套完整的问题解决方案。

MSS 子系统是保障轨道交通运营安全、加强信号设备结合部管理、监测信号设备状态、发现信号设备隐患、分析信号设备故障原因、辅助故障处理、指导现场维修、反映设备运用质量、提高维保部门维护水平和维护效率的重要系统。

一、MSS 子系统构成

MSS 子系统为分布式系统，软件设备采用三层系统架构，即中心服务器层、维护工作站层、站机层，如图 5-1-1 所示。服务器通过维护网络与各设备集中站、车辆段/停车场站机进行通信；同时通过信号红网、蓝网与 DCS、ATC 接口，获取相关维护信息；通过维护网与 ATS 维护工作站接口，获取 ATS 相关报警信息。

硬件设备主要分布于以下地点：①维修中心：包括应用服务器和磁盘阵列以及打印机等设备；②正线设备集中站/车辆段/停车场：包括车站监测站机、采集机柜、采集单元以及正线工区维护工作站和打印机等；③非集中站。

1. 软件结构

1) 中心服务器层

维修中心配置有应用服务器、磁盘阵列、交换机等设备。应用服务器采用双机热备份方式，主要负责所辖终端、站机间的数据处理及转发。两台应用服务器共用一台磁盘阵列，磁盘阵列用于存储 MSS 子系统的关键维护信息，当其中一台应用服务器发生故障时，另一台应用服务器可以迅速获取磁盘阵列中的相关数据，接替其工作，不影响系统的正常使用。

（1）软件结构及功能。

中心服务器层主要包含 3 个模块，如图 5-1-2 所示。

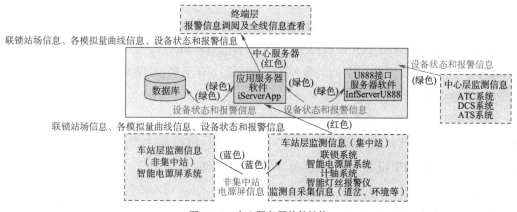

图 5-1-2 中心服务器软件结构

应用服务器软件（iServerApp）：实现全线正线包括车辆段和停车场的 MSS 功能，实现信号设备远程维护和诊断功能。iServerApp 安装于维修中心应用服务器上，主要功能如下：车站和维护工作站交互信息的数据处理及转发，全线关键数据（开关量、报警等）的存储和历史数据的调阅，升级站机，重启站机，获取站机配置，提取报表，记录系统运行信息等。

U888 接口服务器软件（InfServerU888）：主要负责中心接口系统，包括 ATC（CC/ZC/LC）、

ATS、DCS(IP)设备及板卡状态的采集和报警逻辑的处理。主要功能如下：ATC(CC/ZC/LC)、ATS、DCS(IP)设备及板卡状态采集；ATC(CC/ZC/LC)、ATS、DCS(IP)设备报警逻辑的处理；与 iServerApp 进行通信，将采集的设备及板卡状态和报警信息发送给应用服务器。

双机控制软件(Watchdog)：主要用于对服务器网络情况和机器情况进行监测，进行主、备机的判断，实现双机主备切换功能。主要功能如下：监测服务器状态；监测网卡状态；进行主备协商，实现主备机切换；监测应用程序运行状态；浮动虚拟 IP 等。

(2) 关键数据流。

关键数据流如图 5-1-2 所示，主要有以下 3 条：

①红色路径：车站层将全站状态信息、站场信息、模拟量曲线等信息上传至应用服务器；应用服务器的全部信息可由终端-站场调阅模块获取并展示，包括联锁站场展示及回放、电源屏电压、道岔动作等曲线，设备状态和报警信息。

②绿色路径：应用服务器收到车站采集层数据后，将"设备状态和报警信息"存入数据库；接口服务器接收 ATC/DCS/ATS 系统的设备状态和报警信息。应用服务器将所有的信号设备状态和报警信息汇总入数据库。终端-维护管理模块可调阅数据库中所有信号设备状态和报警信息。

③蓝色路径：该路径将非集中站电源屏信息发送给集中站站机显示，并经集中站站机转发至中心应用服务器。

2) 维护工作站层

正线集中站信号值班室、车辆段/停车场维护工区和车载工区、项目部、维修中心、控制中心各设置有一台维护工作站和打印机。维护工作站通过维护网与服务器通信，获取全线监测信息。

(1) 软件结构及功能。

维护终端层软件 iClient 部署于网管室和维修工区的维护工作站上，其主要功能为：全线站场和图形化软件的显示、调阅；历史回放；实时/历史报警信息查询；日报表、日趋势、日曲线、月曲线、年曲线显示；开关量/模拟量实时显示；报表和统计功能；班组管理；远程指导维护等。

(2) 关键数据流。

维护终端的数据流见中心服务器层关键数据流中红色部分，主要是维护终端和应用服务器进行数据交互，接口服务器转发车站的实时开关量、模拟量、报警信息、历史信息等以及向服务器下发调阅历史报警信息、报表统计等请求数据的命令。

3) 站机层

在正线设备集中站、车辆段、培训中心、试车线和控制中心分别设置有一套采集设备，包括站机(工控机、显示器)、综合采集分机、通信接口分机、采集模块和接口设备等。

(1) 软件结构及功能。

站机层软件结构如图 5-1-3 所示，MSS 站机和联锁维护机相互独立，用串口线连接以实现通信。

站机：车站监测的核心，负责车站开关量、模拟量等信息数据的采集、分类、逻辑分析处理、报警输出、统计汇总、存储回放等。站机提供人性化的人机交互接口,以图形、列表及曲线等方式给用户提供最有价值的维修状态信息,同时接收用户的输入,实现实时、交互式浏览和查询。另外,站机作为基层信息采集和命令执行单元,将车站采集的实时数据和报警信息传送到上层应用服务器,并接收上级的控制命令。

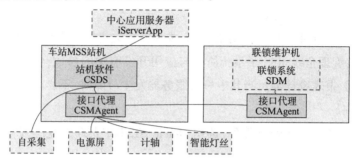

图 5-1-3　站机层软件结构图

综合采集分机:集中安装在采集机柜中,通过 CAN 总线与站机通信。采用机笼式设计,可按照车站的规模灵活配置。主要实现以下功能:熔丝报警采集、线缆绝缘测试、电源对地漏泄电流测试。

通信接口分机:每台通信接口分机拥有 8 个 RS485 和 2 个 CAN 通信接口,接收并处理各采集单元传输来的数据信息,同时通过网络通信方式将数据传给站机。

采集模块:针对道岔、信号机等不同的信号设备使用不同的采集模块。所有采集模块均采用继电器外型机构,集成单元式的数据处理模式,通信采用总线传输方式,大大提高了系统的抗干扰能力。

(2)关键数据流。

站机层数据流向图如图 5-1-4 所示。

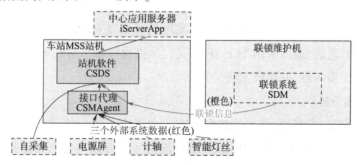

图 5-1-4　站机层数据流向图

红色路径:电源屏、计轴、智能灯丝三个外部系统将数据发给接口代理 CSMAgent,CSMAgent 将全部信息转给站机软件(CSDS)。全部信息包括设备状态和报警信息、模拟量和曲线。

橙色路径:SDM 软件将联锁信息通过 CSMAgent 转发给 CSDS,CSDS 将收到的信息上传中心应用服务器。

2. 硬件结构

1）维修中心设备

（1）应用服务器/数据库服务器。

MSS 子系统在维修中心配置有一套冗余服务器，选用 Oracle X4-2 X64 服务器，完成全线数据处理和存储工作，容量满足全线要求。

服务器存储 MSS 子系统所有的历史数据，并为客户端提供历史数据源。同时主、从服务器进行同步冗余，管理全线 MSS 子系统所有与应用开发有关的参数，包括设备定义、设备报警、设备运行时间、报表统计等。当其中一台服务器发生故障时，不影响系统的正常工作。

（2）磁盘阵列。

MSS 服务器配置有外部磁盘阵列，选用 Oracle ST2540 光纤磁盘阵列，磁盘阵列的容量足够大，并可扩展。

两台服务器共用一套磁盘阵列。MSS 子系统的所有数据都储存在该磁盘阵列中。MSS 子系统支持服务器冗余，当服务器 1 出现故障时，服务器 2 能够及时获取磁盘阵列中的相关数据，接替服务器 1 的工作。

（3）维护工作站。

维修中心设置有信号设备维护工作站。维护工作站主要面向维保用户，用于全线信号设备的远程维护和信息显示、调阅，可以查看全线信号设备状态信息及报警信息。

2）正线设备集中站/车辆段/停车场集中监测设备

（1）站机设备。

站机是车站监测的核心，负责车站 MSS 所需开关量、模拟量等信息数据的采集、分类、逻辑分析处理、报警输出、统计汇总和存储回放等，并提供了人性化的人机交互接口，以图形、列表及曲线等方式给维保用户提供最有价值的维修状态信息，同时接受用户的输入，实现实时、交互式浏览和查询。另外，站机软件作为基层信息采集和命令执行单元，和维修中心及维修工区软件进行通信，通信采用 TCP/IP 协议。站机软件将车站采集的实时数据和报警信息传送到上层应用服务器，并接收上级的控制命令。

（2）综合采集分机。

正线设备集中站、车辆段、停车场各配置有一台综合采集分机，综合采集分机集中安装在采集机柜中，与 MSS 站机之间采用 CAN 总线连接。综合采集分机采用机笼式设计，可按照车站的规模灵活配置。主要实现以下功能：熔丝报警、线缆绝缘测试、电源对地漏泄电流测试。

（3）通信接口分机。

正线设备集中站、车辆段、停车场各配置有一台通信接口分机，每台通信接口分机拥有 8 个 RS485 通信接口，接收并处理各采集单元传输来的数据信息，同时通过网络通信方式将数据传给站机。

(4)监测采集单元。

在正线设备集中站、车辆段、停车场,针对轨道、道岔、信号机等不同的信号设备使用不同的传感器,均采用集成单元式的数据处理模式,输出数字量不受电磁干扰,集中监测系统具有良好的隔离措施,不影响被监测设备的正常工作。

3)维护工作站

在维修中心设置有一套维护工作站及打印机。维护工作站通过维护网与中心应用服务器相连,可以查看全线信号设备状态信息及报警信息。

4)非集中站

非集中站电源屏信息通过通信提供的维护网络被转发给集中站站机,实现非集中站电源屏的信息采集。

二、MSS 子系统功能

MSS 子系统主要功能为就地监测和远程报警,可分为设备状态监测、设备状态回放和再现、设备参数曲线功能、报警功能、运用统计功能、备品备件管理功能等6个方面。

MSS 子系统具体功能包括对道岔/转辙机、计轴、信号机、电源设备等基础信号设备的模拟量、开关量状态进行实时监测,并及时给出报警信息;对 ATC、ATS、CI、DCS 设备状态进行实时监测,并及时给出报警信息;对站场运用状况、信号设备运用情况、作业操作记录进行实时监视、记录、存储和历史回放;以设备图形化展现方式,显示主要设备的运行状态并给出报警信息。

MSS 子系统对基础信号设备的参数进行采集,同时通过标准接口获取自身具备监测功能系统的相关监测信息,这样可避免重复采集。把各个系统的关键维护信息收集起来,进行集中管理、统一维护,实现真正的集中监测和综合维修管理。

MSS 子系统能在维修中心、正线设备集中站、车辆段/停车场、项目部、控制中心、维护工区的维护工作站实施远程设备状态监测、故障集中报警、故障诊断定位和维护管理,在现场能够使用便携计算机实施故障诊断,对设备故障诊断定位到板级。报警信息通过维护监测子系统传至维修中心的监测报警设备。

MSS 子系统在维修中心完成对列车运行的监视和整个信号系统所有设备的集中报警和操作记录等,并对本项目所有在线运行的信号设备进行维护管理,对操作员所进行的操作及操作的时间、对象、内容、结果等信息进行记录。

MSS 子系统在控制中心、维修中心、项目部、维护工区可通过维护工作站实现对整个信号系统的历史数据回放。

MSS 子系统在设备集中站、车辆段/停车场的维护工作站至少具备管辖范围内系统设备的历史数据回放功能。

MSS 子系统具备自动存储、回放和打印所有信号设备维护信息的功能,且数据保留时间不得少于1年。

MSS 子系统维修中心的监测报警设备接收、统计和处理整个信号系统的故障报警信息，具备设备故障报警的统计功能和历史数据回放功能，并能按要求生成所有信号设备报警和各单项设备的日表、月表、季表和年表，并能拷贝输出。信号设备发生故障时，维护人员能看到具体的错误信息，同时其会在相应的工作站显示相关的维护引导指令，以帮助维护人员迅速排除故障。

MSS 子系统维护工作站获取权限后能显示中心服务器发送的所有报警。这些报警可根据操作员请求定制并过滤。显示的报警不串接，即误报警不会再产生另一报警。显示的报警由中心服务器根据预定规则和错误事件发送，提供预防性和校正性维护。操作员可设置显示报警历史，也可根据自己的意愿对报警进行过滤和检索。

MSS 子系统维修中心的监测报警设备不仅具备对信号系统设备监测报警和统计报表的功能，还能对信号系统的各设备维护信息进行分析，提出对信号设备的维护管理计划，给信号设备提供维护支持。信号设备发生故障时，会在相应的工作站显示相关的维护引导指令，以帮助维护人员迅速排除故障。

信号集中监测设备具备监测基础信号设备模拟量和开关量的功能，除在相应的维护工作站进行现地显示和报警外，报警信息还会通过维护监测子系统的网络被传至维修中心的维修服务器集中存储，实现维护信息的集中统一处理，并在控制中心、维修中心、项目部、维护工区等的维护工作站进行显示、报警和打印。

列车在正线场段条件下，MSS 子系统维护工作站具备车载 CC 数据远程下载功能。

MSS 子系统监测示意图如图 5-1-5 所示。MSS 子系统在维修中心通过 SNMP 协议接收 ATS 维护工作站传送的 ATS 设备信息；MSS 子系统在维修中心通过 SNMP 协议接收 ATC 设备信息；MSS 子系统在维修中心通过 SNMP 协议从网管子系统接收 DCS 设备信息；在设备集中站、停车场、车辆段，MSS 子系统站机通过 RS-422 串口与联锁系统 SDM 连接，获取计算机联锁系统的站场显示信息、报警信息、板卡状态等，并把相关信息通过网络通道传送给维修中心的应用服务器；电源屏接口支持以串口和网络接入 MSS 子系统，主要为集中站、车辆段、停车场通过网络接口与电源接口，非集中站通过网络接口接入集中站 MSS 站机；MSS 站机对接收的信息进行记录和储存，同时将信息传送至维修中心应用服务器，维护工作站从 MSS 服务器调阅电源屏信息；智能灯丝报警仪采集灯丝断丝报警信息，并定位到每个灯位。集中站和车辆段的 MSS 站机通过标准接口与智能灯丝报警仪通信，获取各信号机灯位的断丝报警信息；在各设备集中站、车辆段、停车场，MSS 站机通过 RS-485 或 RS-422 串口与计轴维护系统通信，从计轴维护系统获取相关报警信息，在 MSS 上显示计轴区段复零按钮，按下按钮则计轴区段复零成功。

信号系统设备的监控容量除满足正线线路、车站、车辆段/停车场的建设规模外，还将在满足远期线路规模和最小行车间隔能力要求的基础上，给设备的硬件容量配置（如插槽等）留有不少于 30% 余量，软件容量配置留有不少于 30% 余量。所有计算机硬件容量在按照站场规模配置的基础上，要使控制、表示及监视对象具备 20% 以上的富余量。

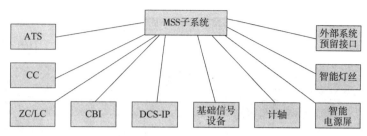

图 5-1-5　MSS 子系统监测示意图

(一) 设备状态监测

1. 区域控制器 ZC 监测

监测内容主要包括主电源单元状态、风扇单元状态、电源单元状态、计算通道状态、多媒体卡状态、ID 插头状态、以太网通信单元状态、输入输出电源单元状态等。MSS 子系统维护工作站以图形化界面直观显示 ZC 设备的实时状态,如图 5-1-6 所示。

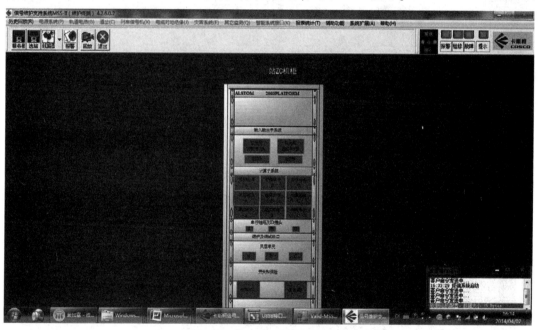

图 5-1-6　ZC 监测示意图

2. 线路控制器 LC 监测

监测内容主要包括主电源单元状态、风扇单元状态、电源单元状态、计算通道状态、多媒体卡状态、ID 插头状态、以太网通信单元状态、输入输出电源单元状态等。MSS 子系统维护工作站以图形化界面直观显示 LC 设备的实时状态。

3. 车载控制器 CC 监测

监测内容主要包括信标天线状态、编码里程计状态、VIOM 安全输入输出模块状态、车载交换机状态、风扇单元状态、车轮打滑状态等。MSS 子系统维护工作站以图形化界面直观显示 CC 设备的实时状态,如图 5-1-7 所示。

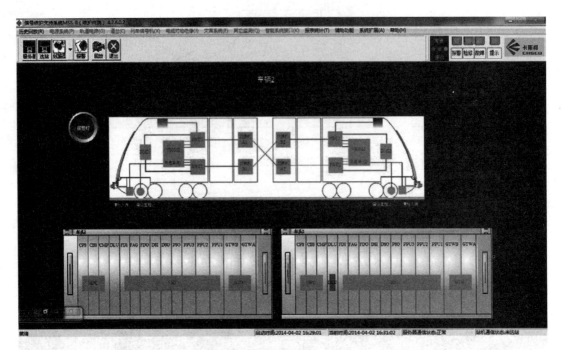

图 5-1-7 CC 监测示意图

4. ATS 监测

监测内容主要包括 CATS 状态、LATS 状态、ATS 工作站状态、ATS 数据库服务器状态、DTI 设备状态、ATS 大屏接口计算机状态、ATS 外部接口状态等。MSS 子系统维护工作站以图形化界面直观显示 ATS 设备的实时状态,如图 5-1-8 所示。

图 5-1-8 ATS 监测示意图

5. DCS 监测

监测内容主要包括无线 AP 状态，AP、Switch 温度超限报警，AP、Switch 流量超限报警，车载调制解调器状态，电交换机状态。MSS 子系统维护工作站以图形化界面直观显示 DCS 设备的实时状态，如图 5-1-9 所示。

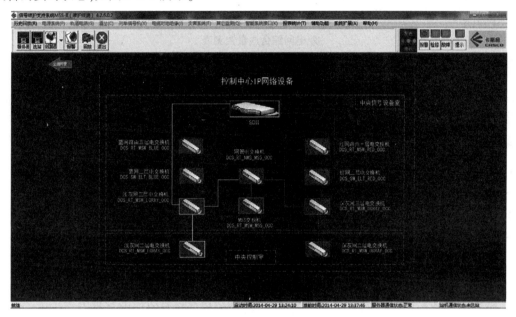

图 5-1-9 DCS 监测示意图

6. 联锁 CI 监测

维护台通过计算机联锁接口实现对联锁设备状态的监测。主要监测内容包括：联锁设备网络状态；联锁板卡状态，包括输入板、输出板等，一旦出现故障，可以定位到板卡级；站场显示信息，包括道岔、信号机、区段、按钮、站台门等的状态信息；告警信息，包括挤岔、熔丝、灯丝断丝等。MSS 子系统维护工作站以图形化界面直观显示联锁 CI 设备的实时状态。

7. 计轴监测

维护台通过计轴监测箱接口实现对计轴设备状态的监测。主要监测内容包括：区段占用、出清，复零按钮按下状态，传感器通道状态，计轴板、放大板、输出板状态。

8. 电源监测

维护台通过智能电源屏接口实现对电源设备状态的监测。主要监测内容包括：模拟量实时值，包括电源(含 UPS)输入、输出电压和电流等信息；设备状态，包括输入、输出空开，接触器状态等；其他告警信息。MSS 子系统维护工作站以图形化界面直观显示电源设备的实时状态，以表格形式显示模拟量实时值信息。

9. 灯丝断丝监测

维护台通过智能灯丝报警仪接口实现对信号机灯丝状态的监测，可以定位到每个灯位。

10. 外电网综合质量监测（包括控制中心）

1）外电网综合质量监测

在配电箱侧采集外电网相电压、电流、频率、相位角、功率等模拟量信息，同时根据采集到的信息给出瞬间断电、断相、错序等告警，从而实现对外电网的实时状态监测。模拟量实时值显示如表 5-1-1 所示。

外电网综合质量监测表　　　　　　　表 5-1-1

序号	设备名称	外电网BC线电压(V)	外电网CA线电压(V)	外电网A线电压(V)	外电网B线电压(V)	外电网C线电压(V)	外电网A线电流(A)	外电网B线电流(A)	外电网C线电流(A)	外电网频率(Hz)	外电网$P_总$(kW)	外电网$Q_总$(J)	外电网AB相角(°)
1	外电网Ⅰ	403.9	403.3	233.5	233.7	234.0	8.60	10.00	8.80	50.00	5.70	240	118.9
2	外电网Ⅱ	406.0	405.3	233.9	235.0	234.5	0.00	0.00	0.80	50.00	0.00	1310.0	119.1

2）外电网综合质量监测原理及参数

（1）外电网综合质量监测原理。

在信号系统中，外电网为电源屏供电，电源屏提供信号设备所需的各种电源。

外电网的质量会影响电源屏的电能输出质量，从而对信号设备的工作造成影响，特别是瞬间断电（断电时间在 140～1000ms 之间），会造成信号设备故障，但由于设备故障时间短暂，设备故障问题不容易被发现。外电源监测通过对外电网的监测，为信号设备的供电质量分析提供依据。

外电网综合质量采集包括电压采集和电流采集，电压采集点在配电箱空开外侧。电流采集使用开口式电流传感器，采集外电网配电箱空开输入或输出电流，如图 5-1-10 所示。

（2）外电网综合质量监测参数。

①监测量程：AC380V 电压，量程范围 0～500V；AC220V 电压，量程范围 0～300V；电流量程范围，0～100A；频率量程范围，0～60Hz；功率量程范围，0～30kW。

②监测精度：电压 ±1%，电流 ±2%，频率 ±0.5Hz，相位角 ±1%，功率 ±1%。

③监测方式：周期巡测（周期≤1s），变化测。电流采用开口式电流互感器监测。

④采样速率：断相、错序、瞬间断电开关量的采样速率为 50ms/s；电压、电流的采样速率为 250ms/s。

⑤报警：输入电压大于额定值的 15% 或小于额定值的 20% 时报警并记录；输入电压小于额定值的 65%，时间超过 1000ms 时断相/断电报警并记录；输入电压小于额定值的 65%，时间超过 140ms 但不超过 1000ms 时瞬间断电报警并记录；对于三相（380V）输入电源，相序错误时错序报警并记录。

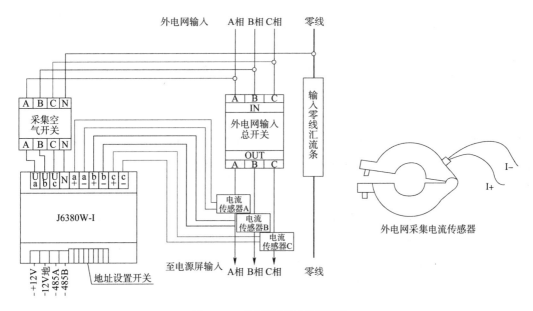

图 5-1-10 外电网质量采集原理图

11. 电缆对地绝缘监测

1) 电缆对地绝缘监测测试界面

在分线盘处,对道岔、信号机等信号设备的电缆回线(不对耐压低于500V的设备进行测试)进行全程对地绝缘测试。测试界面如图5-1-11所示。

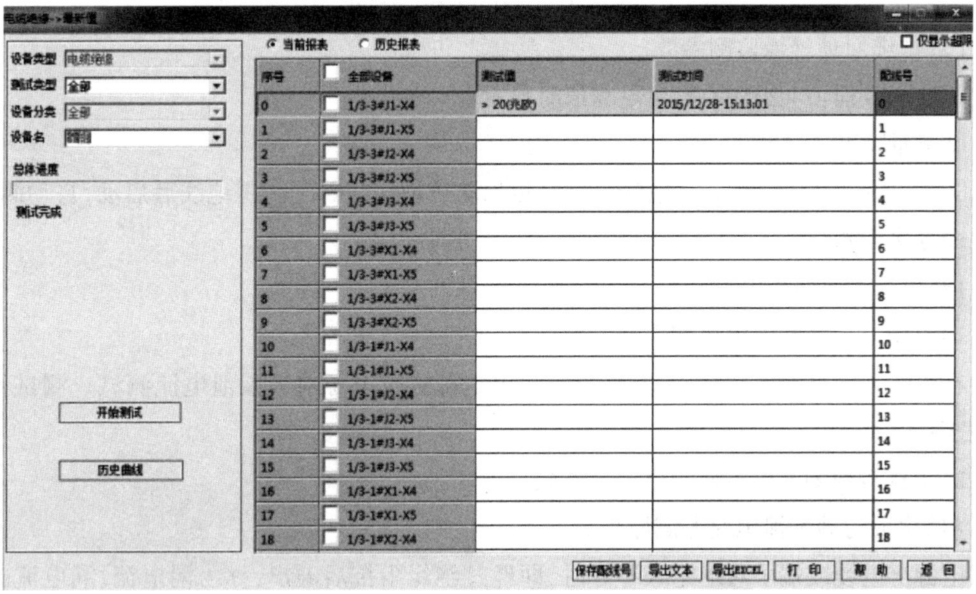

图 5-1-11 电缆对地绝缘监测界面

2) 电缆对地绝缘监测原理及参数

(1) 电缆对地绝缘监测原理。

信号设备分为室内和室外设备,室内外设备之间通过控制电缆连接。如果电缆对地绝缘不好,轻则造成室外设备质量下降,影响正常工作;重则导致电源屏保险丝烧断,引发规模性设备故障。所以,对分线盘电缆进行对地绝缘测试是监测系统的重要功能之一。另外,电缆对地绝缘测试还可以代替人工摇表测试,节省人力,降低现场维护人员的劳动强度。

对地绝缘测试原理如图 5-1-12 所示,被测的电缆芯线通过继电器接点选路网络与电子绝缘表相连。将发出的 500V 直流高压加到需要测试的电缆芯线上,并将电缆芯线全程对地绝缘电阻接入测试回路,此时电子绝缘表内的采样电阻与电缆对地绝缘电阻串联,通过计算采样电阻上电压的大小,就可得出电缆对地绝缘电阻的阻值。

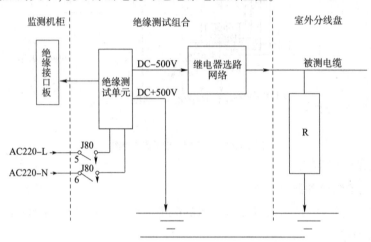

图 5-1-12　对地绝缘测试原理图

(2)电缆对地绝缘监测参数。

①监测量程:0～20MΩ,超出量程值时显示">20MΩ"。

②测量精度:±10%。

③测试方式:人工确认天气状况良好,拔出防雷地线或断开防雷地线后启动、自动测量;人工命令多路测试。

12. 电源对地漏泄电流监测

1)电源对地漏泄电流监测界面

在电源屏输出端处,对电源屏各稳压输出电源进行电源对地漏泄电流测试。测试界面如图 5-1-13 所示。

2)电源对地漏泄电流监测原理及参数

(1)电源对地漏泄电流监测原理。

电源屏电缆或端子对地绝缘不好时,即经过绝缘阻抗后溢出,称为漏电流,漏电流会对电气设备造成电气伤害。电源对地漏泄电流监测只测试电源屏隔离输出的电源电缆,电源屏输入和不稳压备用为非隔离电源,不测漏电流。

电源屏输出电源对地漏电流的测试电路与电缆对地绝缘测试共用一套测试继电器组合,只是在电缆对地绝缘测试继电器组合的基本层(E 层),增加两个漏电流测试继电器。

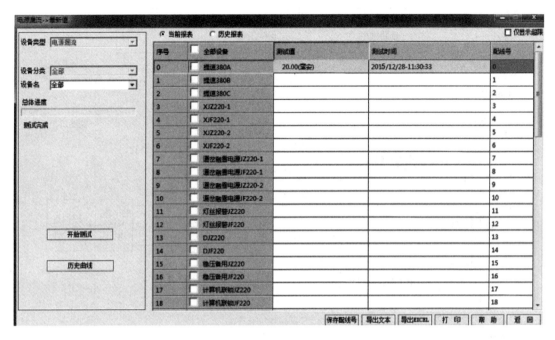

图 5-1-13　电源对地漏泄电流监测界面

JA0 为区分测试电缆对地绝缘和测试电源漏电流的条件，J90 为区分测试交流漏电流和直流漏电流的条件。测交流电源漏电流时在 50Ω 电阻上取样，测直流电源漏电流时在 1kΩ 电阻上取样。

将取样电压信号转换成标准模拟电平，经综合采集分机模拟量输入板送至 CPU 进行 A/D 转换和数据处理。

电源对地漏泄电流测试原理图如图 5-1-14 所示，测试电路中串联了较大的保护电阻（1kΩ）和保护熔断器。

（2）电源对地漏泄电流监测参数。

①监测量程：AC,0~300mA；DC,0~10mA。

②测量精度：±10%。

③测试方式：在天窗点内人工启动，通过 1kΩ(DC)/50Ω(AC) 电阻测试电源对地漏泄电流值；人工命令多路测试。

13. 转辙机监测

1) 转辙机监测界面

在道岔组合处对各组道岔 1DQJ、DBJ、FBJ 继电器状态进行监测，测试界面如图 5-1-15 所示。

对于交流转辙机，采集了其道岔动作电流值，还采集了频率、电压等参数，其实时值显示如表 5-1-2 所示。

图 5-1-14 电源对地漏泄电流测试原理图

开关量查询

实时状态 历史变化

特选开关量(右侧全体表中双击添加，下表中双击删除)

码位	状态	设备名称	分机
2003	↓	P2504-1DQJ	自采集道岔码位
2004	↑	P2504-DBJ	自采集道岔码位
2005	↓	P2504-FBJ	自采集道岔码位

名称查找： 类型：全部 分机号：自采集道岔码位

码位	状态	设备名称	分机
2003	↓	P2504-1DQJ	自采集道岔码位
2004	↑	P2504-DBJ	自采集道岔码位
2005	↓	P2504-FBJ	自采集道岔码位
2006	↓	P2502-1DQJ	自采集道岔码位
2007	↓	P2502-DBJ	自采集道岔码位
2008	↑	P2502-FBJ	自采集道岔码位
2009	↓	P2507-1DQJ	自采集道岔码位
2010	↓	P2507-DBJ	自采集道岔码位
2011	↑	P2507-FBJ	自采集道岔码位
2012	↓	P2505-1DQJ	自采集道岔码位
2013	↓	P2505-DBJ	自采集道岔码位
2014	↑	P2505-FBJ	自采集道岔码位
2015	↓	P2506-1DQJ	自采集道岔码位
2016	↑	P2506-DBJ	自采集道岔码位
2017	↓	P2506-FBJ	自采集道岔码位
2018	↓	P2515-1DQJ	自采集道岔码位
2019	↑	P2515-DBJ	自采集道岔码位
2020	↓	P2515-FBJ	自采集道岔码位
2021	↓	P2513-1DQJ	自采集道岔码位
2022	↓	P2513-DBJ	自采集道岔码位

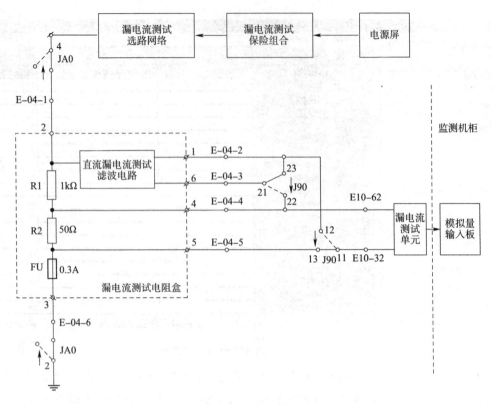

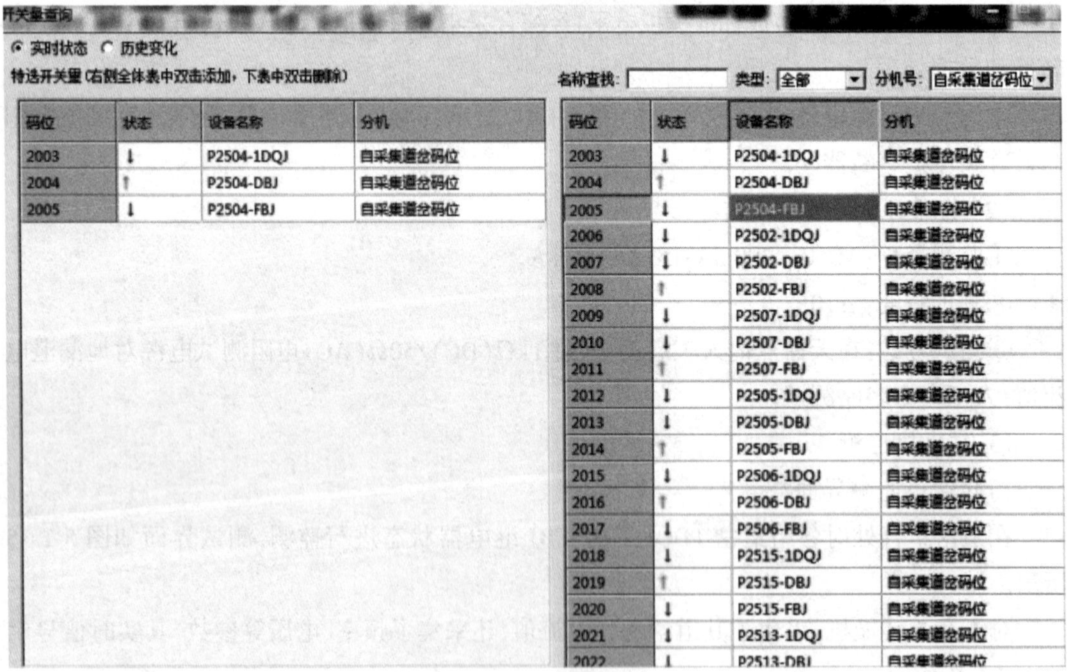

图 5-1-15 道岔继电器状态监测界面

交流转辙机动作实时值　　　　　　　　　　　　　　　　　表 5-1-2

序号	设备名称	1路频率（Hz）	U1a 相电压（V）	U1b 相电压（V）	U1c 相电压（V）	U1ab 线电压（V）	U1bc 线电压（V）	U1ca 线电压（V）
1	P02220…	50.00	242.3	243.5	241.7	417.1	419.0	419.7
2	P02220…	50.00	242.1	243.5	241.6	418.4	418.6	419.4
3	P02220…	49.90	241.9	243.2	241.5	417.4	419.7	419.3
4	P02220…	49.90	242.3	243.7	242.0	417.6	420.2	420.6
5	P02220…	49.90	242.0	243.2	241.9	416.8	419.4	419.7
6	P02220…	50.00	242.0	243.4	241.4	418.0	419.2	419.2
7	P02220…	49.90	242.1	243.4	241.9	417.1	419.5	419.7
8	P02220…	49.90	242.0	243.2	241.6	416.8	419.3	419.7
9	P02220…	49.90	242.2	243.5	241.7	417.4	419.9	420.1
10	P02220…	50.00	242.3	243.3	241.6	418.4	419.3	419.2

另外，以曲线的形式直观显示转辙机动作过程的相关参数，如图 5-1-16 所示，也可以根据需要设置参考曲线、摩擦曲线，保存、调阅及导出故障案例等。

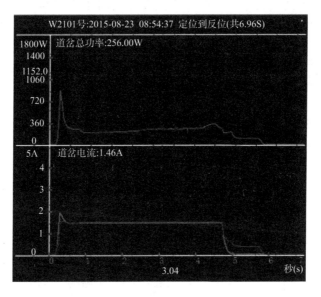

图 5-1-16　交流转辙机动作曲线示意图

2）转辙机监测原理

1DQJ 开关量采集原理如图 5-1-17 所示。采集 1DQJ 状态可以准确判断道岔动作时间，是分析转辙机状态的一个重要依据。正常情况下，1DQJ 没有空接点，因此只能用开关量采集器进行隔离，采集半组空接点。

开关量采集器内部为一个感应线圈，通过感应与 1DQJ 节点构成的回路的闭合状态，判断 1DQJ 继电器的吸起、落下情况。

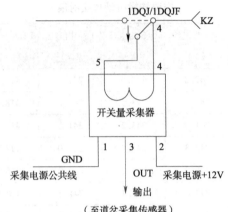

图 5-1-17　1DQJ 开关量采集原理图

当 1DQJ 落下时,开关量采集器 4 和 5 间回路闭合,端子 3 上输出 12V 直流电压。

当 1DQJ 吸起时,开关量采集器 4 和 5 间回路断开,端子 3 上不输出 12V 直流电压。

三相交流转辙机功率采集原理如图 5-1-18 所示,道岔功率采集器安装在组合架上,一个采集器采集一台转辙机的三相电压、三相电流、1DQJ 和表示开关量。电压的采集位置为 DBQ 的 11、31、51 接点,Ua、Ub、Uc 平时在不扳动道岔时不直接与外线相接,经由 1DQJ 和 1DQJF 接点断开外线,只有在道岔扳动时,1DQJ 吸起过程中,该采集点才与外线接通。

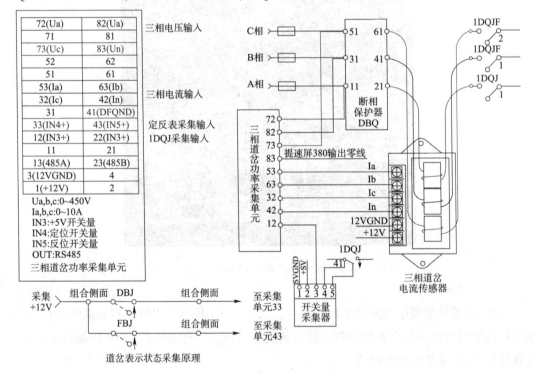

图 5-1-18　三相交流转辙机功率采集原理示意图

电流采集位置为 DBQ 输出与 1DQJ 之间。采用互感器方式,穿芯后采集电流。当 1DQJ

动作时,会产生开关量状态的变化,启动传感器采集电机动作时的电压值和电流值,在传感器内部进行隔离转换,每40ms计算出有功功率,并顺次记录下来,等待一次完整动作结束(以1DQJ落下为标志,单条曲线最长可采集40s),以总线通信方式将电压、电流(250ms一个点)、有功功率(40ms一个点)、1DQJ以及DB/FB状态送往站机进行处理。站机显示1条总功率加3条分电流,同时实时显示电压等信息,采集DBJ、FBJ一组空节点来判断道岔转换方向,采集12V电源由监测系统自身电源提供。

3)转辙机监测参数

(1)监测量程:动作电流0~10A(单机)。

(2)动作时间:0~40s(单机)。

(3)功率:0~5kW(单机)。

(4)测量精度:电流,±2%;功率,±2%;时间,小于或等于0.1s。

(5)测量方式:根据1DQJ条件进行连续测试。

(6)采样速率:40ms/s。

14.道岔表示电压监测

1)道岔表示电压监测

在分线盘处,采集道岔表示数据采集的交、直流电压实时值,如表5-1-3所示。

道岔表示电压监测表   表5-1-3

序号	定位直流(V)	定位交流(V)	反位直流(V)	反位交流(V)
1	21.79	61.32	0.00	12.21
2	19.34	60.10	0.00	12.21
3	22.38	60.30	0.14	15.90
4	21.97	59.40	0.13	14.12
5	21.67	59.76	0.00	13.70
6	22.10	59.68	0.00	11.78
7	22.26	59.50	0.00	13.25
8	0.00	11.30	21.77	60.92
9	0.00	14.24	21.77	60.92
10	22.31	60.37	0.00	10.64
11	21.78	61.16	0.00	11.94
12	21.74	61.30	0.00	14.21

2)道岔表示电压监测原理

交流道岔表示电压采样位置:定表电压采样位置,分线盘X2、X4;反表电压采样位置,分线盘X3、X5。

道岔表示电压采集四根线引入道岔表示零散定型组合侧面,经继电器底座进入继电器内部,经过隔离防范后进入采集器母板。采用现场总线方式通过光隔后进入接口通信分机。

采集器的工作电源经过保险防护后配线到道岔表示采集零散定型组合,如图5-1-19所示。

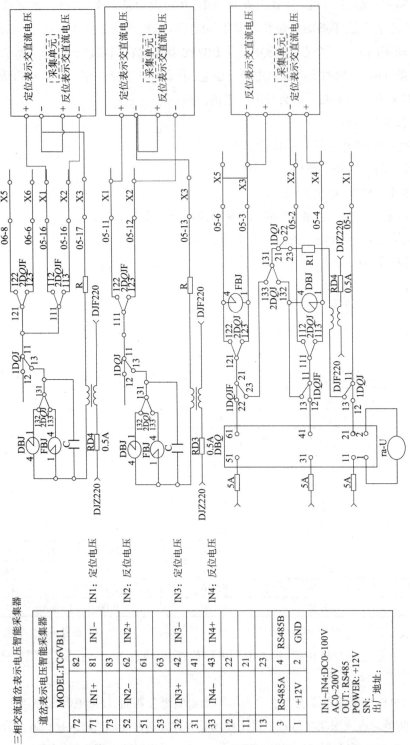

图5-1-19 道岔表示电压监测原理示意图

3）道岔表示电压监测参数

（1）监测量程：DC,0~100V；AC,0~200V。

（2）监测精度：±1%。

（3）测量方式：站机周期巡测（周期小于或等于2s），变化测。

（4）采样速率：500ms/s。

15．列车信号机点灯回路电流监测

1）列车信号机点灯回路电流监测数据采集

在列车信号机点灯回路采集灯丝继电器（1DJ、2DJ）电流，如表5-1-4所示。

信号机点灯回路电流监测表　　　　　表5-1-4

序号	设备名称	信号机1DJ电流(mA)	信号机2DJ电流(mA)
1	X01A	127.2	—
2	X02A	129.1	0.00
3	X03A	128.5	—
4	X04A	129.6	0.00
5	X05A	127.1	—
6	X06A	131.1	0.00
7	X08A	130.9	0.00
8	X10A	128.7	0.00
9	X12A	128.6	0.00
10	X96A	128.6	—
11	X97A	126.8	—

2）列车信号机点灯回路电流监测原理

为了使监测设备不影响联锁电路，采用电流传感器测试点灯回路电流，将DJ的点灯去线穿过电流传感器，经电磁感应在传感器输出两端产生感应电压，采集单元通过测试其感应电压的大小，得出回路中的电流值。

每个采集单元采集4组列车信号机点灯回路电流，采集单元与电流传感器在采集组合上间隔安装，一个零散定型组合可以安装5个采集单元和5个电流传感器。列车信号机电流采集单元1s采集4个点，如图5-1-20所示。

3）列车信号机点灯回路电流监测参数

（1）监测量程：0~300mA。

（2）监测精度：±2%。

（3）测试方式：电流互感器穿心采集，站机周期巡测（周期小于或等于2s），变化测。

（4）采样速率：500ms/s。

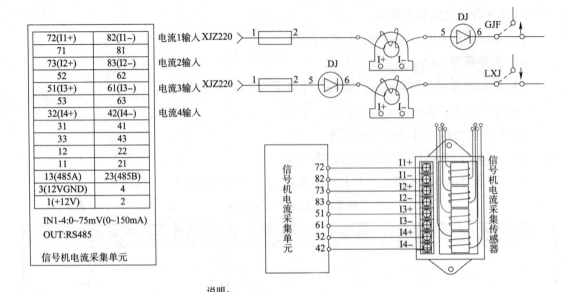

说明：
1. 电流传感器为无源模块，安装在信号机电流采集组合内部，输出接电流采集单元。
2. 每个信号机电流采集单元最多可采集4路信号机电流。

图 5-1-20　列车信号机点灯回路电流采集原理图

16. 温、湿度监测（包括控制中心）

1）温、湿度监测

在信号设备室，对室内温、湿度进行采集，如表5-1-5所示。

温、湿度监测表　　　　　　　　　　　　　　表5-1-5

序号	设备名称	环境值
1	温度采集-1	24.40（℃）
2	温度采集-2	24.79（℃）
3	温度采集-3	20.43（℃）
4	湿度采集-1	52.46（%RH）
5	湿度采集-2	48.37（%RH）
6	湿度采集-3	56.83（%RH）

2）温、湿度监测原理

通过对室内环境温、湿度的监测，获取温、湿度数据，达到人工或自动调节室内温、湿度的目的，从而使信号设备在性能参数所规定的范围内工作，降低设备故障率，延长设备使用寿命。

温、湿度传感器采用总线传输方式传输温、湿度数据，多个温、湿度传感器并联至通信接口分机，如图5-1-21所示。

3）温、湿度监测参数

（1）温度监测量程：-1～60℃。

(2)温度监测精度：±1℃。

(3)测试方式：站机周期巡测,周期小于或等于1s。

(4)湿度监测量程：0~100%RH。

(5)湿度监测精度：±3%RH。

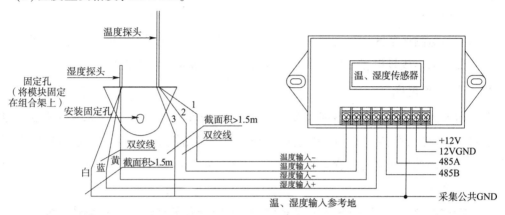

图5-1-21　温、湿度采集设备原理图

17.组合架熔丝监测

1)组合架熔丝监测

采集组合架报警器状态,如某组合架空开跳闸或熔丝断丝,可及时给出告警。

2)组合架熔丝监测原理

通过采集组合架报警器状态监测组合架熔断器状态。直接采集组合架报警器状态将减少重复采集,避免不必要的浪费,如图5-1-22所示。

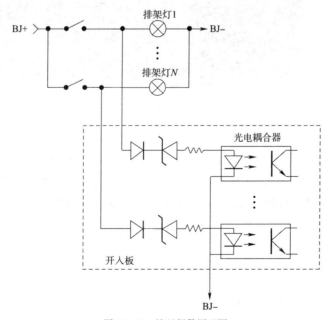

图5-1-22　熔丝报警原理图

18. 站台门监测

在集中站,站台门采集包括站台门相关的电压和状态采集。相关电压采集是在集中站信号设备室分线柜采集开门控制电压、关门控制电压、锁紧表示电压、切除表示电压。站台门相关开关量采集是采集 KMJ、GMJ、PDKJ、PDQCJ 继电器状态。

19. 道岔缺口监测

道岔缺口监测设备的主要功能:转辙机功率曲线实时监测,转辙机缺口视频监测,将转辙机的重要参数形成日报、月报、年报表,转辙机各种参数超限声光报警。

(二) 回放和再现

各站机及维护工作站都具备回放及再现功能,既可实时显示当前的站场图及设备图状态,也可回放历史状态,便于辅助用户进行故障分析。各站机及维护工作站也可根据需要截取某个时间段内的历史文件保存为再现文件,再现文件不会被滚动删除,可永久保存。回放如图 5-1-23 所示。

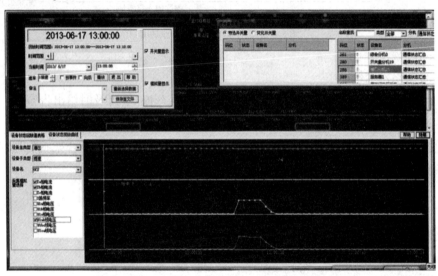

图 5-1-23 回放示意图

(三) 曲线功能

系统根据采集的模拟量实时值生成相应的曲线,主要包括转辙机动作电流曲线、功率曲线,信号机电流日、月、年曲线,电源屏电压/电流日、月、年曲线等,同时可进行时间设置,方便进行曲线查询;可进行跨设备曲线查询,便于对比分析;可对曲线进行保存或者打印,如图 5-1-24 所示。

(四) 报警功能

1) 报警级别

根据故障性质,MSS 子系统故障报警分为以下四级:

A 类报警:涉及行车安全。

B 类报警:影响列车运行和设备正常工作。

C 类报警:不影响列车运行和设备的正常工作,非重要设备的报警。

预警:电气性能超限、计数超限、计划维护等预警。

本系统采用声光等方式进行报警提示,A 类、B 类报警须经人工确认后才能停止报警。MSS 子系统报警的生成不影响列车运行和被监测设备的正常工作。

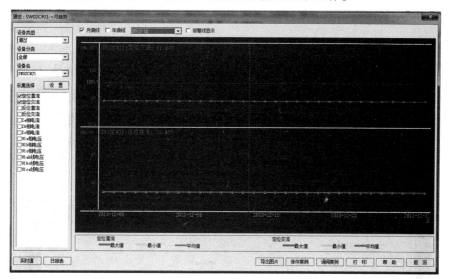

图 5-1-24　曲线功能示意图

2)报警生成

报警可以通过 MSS 子系统监测过程中的设备状态变化自动生成。

3)报警显示

MSS 子系统必须定义错误码和描述错误的配置文件,系统初始化时加载该配置文件。

信号设备的告警与线路图相关,即当某车站或中心机房的信号设备出现故障时,将在线路图相关位置进行提示,例如通过闪烁、语音播报等方式提醒维护人员;根据电气特性变化趋势、设备状态及运用趋势等进行逻辑判断并预警,预警显示为特定颜色。预警信息可在维修中心和相应的维护工作站上显示。

设置报警信息提示窗口,当发生挤岔、信号灯丝断丝、电源设备故障、UPS 电池过放电、轨道区段故障、计算机设备故障、计算机系统启用备机等故障时,配合报警音响,给出故障提示信息,说明故障内容。

4)报警处理

在运营结束时,由 MSS 子系统收集、整理当天在线运营的有关列车的故障报警信息,在车辆段/停车场车载工区的维护工作站终端上显示或打印,并生成报表,供车载信号设备维护管理人员参考并制订维护计划。

每个系统生成的报警都必须由维护调度人员确认,而维护调度人员可以选择是否需要处理报警并进行维护操作；任何报警报告都可以通过打印机输出。MSS 子系统应能自动生成维修登记表，并根据报警信息自动填入相应的设备、位置、故障类型等。此登记表也可通过控制中心向维修人员人工发出。

维修中心的监测报警工作站平时显示全线的线路及车站布局，故障报警时，出现故障车站的图标将以红色显示，点进去之后可以看到故障设备以红色显示。维护调度人员点击报警车站后，MSS 子系统自动提供下拉菜单并显示报警的内容。

(五) 运用统计功能

MSS 子系统具备关键设备统计功能，包括设备故障统计、按钮运用统计、信号机开放统计、道岔动作次数统计等，并能按要求导出、打印，同时生成运用统计曲线，如图 5-1-25 所示。

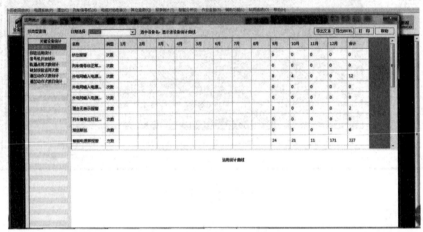

图 5-1-25　报表统计功能示意图

(六) 备品备件管理功能

MSS 子系统提供备品备件管理功能。

任务拓展

以上知识针对的是卡斯柯型号的 MSS 子系统构成及功能，请借阅多媒体或者网络百科，自行查阅其他型号的 MSS 子系统由哪些设备构成，各设备功能有哪些。例如北京交控的 MSS 系统、西门子的 MSS 系统等。

任务二　MSS 子系统维护

任务描述

表 5-2-1 是 MSS 子系统的设备日检记录表，请说出 MSS 子系统维护内容都有哪些，以及如何进行维护作业。

MSS 子系统设备日检记录表 表 5-2-1

地点： 检修人： 检修日期： 年 月 日

序号	设备名称	作业内容	标准	现场状态或参数	备注
1	微机监测工作站	运行状态检查	显示器显示正常,键盘、鼠标功能正常,指示灯显示正确,无报警;询问用户,确认设备无异常	正常□ 异常□	
		网络连通情况检查	各设备均能接入双网正常工作,服务器与工作站的连接正常	正常□ 异常□	
2	微机监测机柜	运行状态检查	指示灯显示正常;设备工作状态正常,无报警,无异常	正常□ 异常□	
		外观检查	外观完好,无裂纹、刮花或破损	正常□ 异常□	
		外部清洁	设备表面清洁,无积尘	正常□ 异常□	
		监测调阅	查看各类曲线、日报表及报警信息,了解设备状态	正常□ 异常□	
问题记录					

任务要求

知识要求：

(1)掌握 MSS 子系统需要维护的内容及标准；

(2)掌握 MSS 子系统维护周期。

技能要求：

(1)能根据维护作业流程进行精准操作；

(2)能够选用正确的工具,并会维护 MSS 子系统设备。

素养要求：
(1)养成严谨的工作态度；
(2)学习劳模精神，为行业的发展贡献自己的一份力量。

任务实施

一、学习环境

信号实训室，多媒体。

二、学时安排

建议 4~6 个学时。

三、学习步骤

(1)分组讨论，以 4~6 人为一个小组完成工作任务。
(2)根据所学知识点，归纳总结并进行操作：
①MSS 子系统维护内容有哪些？
②MSS 子系统维护作业流程是怎样的？
③制订 MSS 子系统定期维护工作计划，进行维护作业前的准备(注意团队合作和操作规范)。
④根据所学检修流程，对 MSS 子系统设备进行日检、月检和年检，并填写检修记录表，如表 5-2-2、表 5-2-3 所示。
(3)按照附录三中的表格，制作学习工作单。
(4)评价反馈。
小组内互相协助考核学习任务，组内互评；根据其他小组成员在成果展示活动中的表现及结果进行组间互评，完成附录二中的附表 2-1 至附表 2-3。

MSS 子系统设备月检记录表　　　　　表 5-2-2

地点：　　　　　检修人：　　　　　检修日期：　　年　　月　　日

序号	设备名称	作业内容	标准	现场状态或参数	备注
1	微机监测工作站	运行状态检查	显示器显示正常，键盘、鼠标功能正常，指示灯显示正确，无报警；询问用户，确认设备无异常	正常□　异常□	
		网络连通情况检查	各设备均能接入双网正常工作，服务器与工作站的连接正常	正常□　异常□	

续上表

序号	设备名称	作业内容	标准	现场状态或参数	备注
1	微机监测工作站	工作站重启	重启后应用软件功能正常	正常□ 异常□	
		外设插接件检查	插接板插接牢固,各接口螺栓紧固,连接线牢固,无断线,无破损,接触良好	正常□ 异常□	
		散热风扇检查	风扇运行正常,无异响	正常□ 异常□	
		电源及线缆检查	设备线缆和电源线连接牢固,无断线,无接触不良,无表皮破损	正常□ 异常□	
		紧固连接件	连接良好,无锈蚀	正常□ 异常□	
		卫生清洁	无积尘、无污迹	正常□ 异常□	
		显示器检查	显示图像清晰、色彩鲜艳,明暗度、对比度适中;显示窗口大小合适、方正;调整功能正常	正常□ 异常□	
		音响检查	音箱发音清晰,无噪声,音量适中;调整功能正常	正常□ 异常□	
2	微机监测机柜	运行状态检查	指示灯显示正常;设备工作状态正常,无报警,无异常	正常□ 异常□	
		外观检查	外观完好,无裂纹、刮花或破损	正常□ 异常□	
		外部清洁	设备表面清洁,无积尘	正常□ 异常□	
		各部清洁	各机笼内部清洁、无积尘	正常□ 异常□	
			键盘、鼠标表面干净,操作灵活	正常□ 异常□	

续上表

序号	设备名称	作业内容	标准	现场状态或参数	备注
2	微机监测机柜	内部检查	风扇安装牢固,无松动,运行正常,无异响	正常□ 异常□	
			引接扁平电缆线插接正确,不打折	正常□ 异常□	
			各接线端子及紧固零件无松动,焊头焊接牢固	正常□ 异常□	
			配线排列整齐,无破皮,各部端子无松动,线头无伤痕	正常□ 异常□	
			引入与引出端子有编号,标签清晰	正常□ 异常□	
		设备运行检查	各显示终端图像清晰、色彩鲜艳,明暗度、对比度适中,电源指示灯、电源开关正常;调整功能正常	正常□ 异常□	
			打印机的指示灯及开关正常,连接良好,打印命令有效,打印效果良好	正常□ 异常□	
			键盘、鼠标表面干净、清洁,无灰尘,内部无尘,操作灵活	正常□ 异常□	

问题记录					

备品、备件消耗记录					
序号	名称	单位	实际使用数量	备注	

MSS 子系统设备年检记录表　　　　　　　　　　表 5-2-3

地点：　　　　　　检修人：　　　　　　检修日期：　　年　　月　　日

序号	设备名称	作业内容	标准	现场状态或参数	备注
1	微机监测工作站	运行状态检查	显示器显示正常,键盘、鼠标功能正常,指示灯显示正确,无报警;询问用户,确认设备无异常	正常□　异常□	
		网络连通情况检查	各设备均能接入双网正常工作,服务器与工作站的连接正常	正常□　异常□	
		工作站重启	重启后应用软件功能正常	正常□　异常□	
		外设插接件检查	插接板插接牢固,各接口螺栓紧固,连接线牢固,无断线、无破损,接触良好	正常□　异常□	
		散热风扇检查	风扇运行正常,无异响	正常□　异常□	
		线缆检查	设备线缆连接牢固,无断线,无接触不良,无表皮破损	正常□　异常□	
		设备表面清洁	设备表面干净、清洁,无灰尘	正常□　异常□	
2	微机监测机柜	运行状态检查	指示灯显示正常;设备工作状态正常,无报警,无异常	正常□　异常□	
		外观检查	外观完好,无裂纹、刮花或破损	正常□　异常□	
		外部清洁	设备表面清洁,无积尘	正常□　异常□	

续上表

序号	设备名称	作业内容	标准	现场状态或参数	备注
2	微机监测机柜	各部清洁	工控机各部清洁	正常□ 异常□	
			各机笼内部清洁,无积尘	正常□ 异常□	
			键盘、鼠标表面干净,操作灵活	正常□ 异常□	
		设备运行检查	各显示终端图像清晰、色彩鲜艳,明暗度、对比度适中,电源指示灯、电源开关及调整功能正常	正常□ 异常□	
			查看电缆绝缘实测值、历史报表,对地漏电流实测值、历史报表	正常□ 异常□	
			打印机的指示灯及开关正常,连接良好,打印命令有效,打印效果良好	正常□ 异常□	
			键盘、鼠标表面干净、清洁,无灰尘,内部无尘,操作灵活	正常□ 异常□	
		内部检查	风扇安装牢固,无松动,运行正常,无异响	正常□ 异常□	
			引接扁平电缆线插接正确,不打折	正常□ 异常□	
			各接线端子及紧固零件无松动,焊头焊接牢固	正常□ 异常□	
			配线排列整齐,无破皮,各部端子无松动,线头无伤痕	正常□ 异常□	
			引入与引出端子有编号,标签清晰	正常□ 异常□	
			各防雷元件外观完好	正常□ 异常□	

续上表

序号	设备名称	作业内容	标准	现场状态或参数	备注
2	微机监测机柜	板件检查	各接线端子及紧固零件无松动	正常□ 异常□	
			槽路插拔电路板不卡阻、不松动,引接线插接良好、稳固	正常□ 异常□	
			各种手柄安装牢固,扭动灵活	正常□ 异常□	
		线缆检查	地线连接良好、安装牢固,无表皮破损	正常□ 异常□	
			地线与防雷元件监测:防雷地不大于4Ω,设备地小于1Ω	正常□ 异常□	
			压线螺栓紧固,无断股(断股不超过1/5股),无锈蚀	正常□ 异常□	
问题记录					
备品、备件消耗记录					
序号	名称	单位	实际使用数量	备注	

知识导航

1. 检修流程

MSS 子系统设备检修流程为:作业前准备→登记请点→检修→复查试验→销点。

2. 工器具准备

MSS 子系统设备检修作业所需工器具如表 5-2-4 所示。

MSS 子系统设备检修作业(月检、年检)所需工器具 表 5-2-4

名称	型号	单位	数量
一字螺丝刀	6×300	把	1
十字螺丝刀	PH1×75	把	1
十字螺丝刀	PH2×200	把	1
防静电手环	接点电阻 1MΩ	个	1
数字万用表	—	个	1
万可端子专用螺丝刀	2.0×75	把	1
活动扳手	6′	把	1
斜口钳	6′	把	1
吹吸尘机	—	个	1
电烙铁	—	把	1
兆欧表	500V	个	1

3. 作业原则

(1)操作人员必须坚持"三不动""三不离"原则。

(2)操作人员必须严格按照作业时间及标准执行。

(3)做好检修作业记录。

4. 作业内容

1)登记请点

到车控室登记请点,经批准后方可在作业点开始作业。

2)日检

(1)机柜外观及风扇检查。

设备外观完好,机柜内风扇转动时没有异响,且没有积尘。设备外表干净、清洁,无灰尘,无污迹,如图 5-2-1 和图 5-2-2 所示。

图 5-2-1 机柜外观检查

图 5-2-2 风扇检查

（2）设备运行状态检查。

各类机柜板卡灯位显示正常,微机监测维护工作站无报警。对微机监测综合柜各指示灯状态进行检查,并在维护工作站上查看报警信息,如图 5-2-3 所示。

①采集电源板：正常情况下,12V 电源的 5VI、−12V、+12V、5V 四个灯均亮起,面板温度接近室内温度。

②绝缘测试板：正常情况下,面板上的电源灯常亮,工作灯秒闪,主/备灯和故障灯熄灭,收灯、发灯闪烁。1～24 号灯为继电器开出控制表示灯,灯亮代表相应的继电器被吸起。

③综合采集板：正常情况下,面板上的电源灯常亮,工作灯秒闪,主/备灯和故障灯熄灭,收灯、发灯闪烁。1～16 号灯亮代表相应位采集到相关开关量信息。

④三相道岔采集板：正常情况下,面板上的电源灯常亮,工作灯秒闪,主/备灯和故障灯熄灭,收灯、发灯闪烁。1、4、

图 5-2-3 机柜板卡指示灯检查

7、10 号灯亮代表相应道岔 1DQJ 状态采集正常（扳动道岔时灭灯）,2、5、8、11 号灯亮代表相应道岔定位表示灯采集正常,3、6、9、12 号灯亮代表相应道岔反位表示灯采集正常。

⑤直流道岔采集板：正常情况下,面板上的电源灯常亮,工作灯秒闪,主/备灯和故障灯熄灭,收灯、发灯闪烁。1、4、7、10 号灯亮代表相应道岔 1DQJ 状态采集正常（扳动道岔时灭灯）,2、5、8、11 号灯亮代表相应道岔定位表示灯采集正常,3、6、9、12 号灯亮代表相应道岔反位表示灯采集正常。

⑥电源、24V 指示灯常亮,工作指示灯秒闪,CAN 收指示灯、CAN 发指示灯快速闪烁为正常。在执行绝缘测试过程中,绝缘、500V 测指示灯亮；在执行漏电流测试过程中,直流漏电流、交流漏电流指示灯相应点亮,如图 5-2-4 所示。

图 5-2-4 绝缘漏电流综合组合正面视图

3)月检

(1)设备运行状态检查。

在微机监测界面上查阅电缆绝缘实测值、历史报表、对地漏电流实测值,如图 5-2-5 所示。

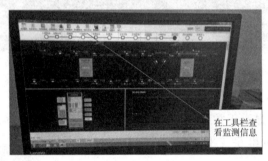

图 5-2-5 微机监测界面

(2)机柜内部检查。

打开机柜后门,目测检查机柜内部器件、配线是否有损伤,接头是否牢固,如图 5-2-6 ~ 图 5-2-8 所示。

图 5-2-6 绝缘漏电流综合组合背面配线端子

图 5-2-7 电源端子组合　　　　　图 5-2-8 保险端子组合

（3）过滤网清洗。

工控机过滤网需要每个月清洗一次。清洗方法：用螺丝刀拧开工控机面板左侧一字半圆头螺栓，掀开面板，取出海绵过滤网，用自来水冲洗，晾干后重新安装固定，如图 5-2-9 所示。

（4）外观清洁。

使用抹布清洁机柜表面，使设备表面无积尘、无污点、无水迹、无杂物。

4）年检

（1）内部元器件检查。

交换机每个网口有 2 个指示灯，上边灯亮表示接入 100MB 接口，闪烁表示数据收发；下边灯亮表示接入 10MB 接口，闪烁表示数据收发，如图 5-2-10～图 5-2-12 所示。

图 5-2-9　工控机过滤网清洗

图 5-2-10　交换机指示灯检查

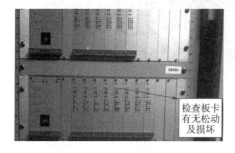

图 5-2-11　采集板正面检查

图 5-2-12　道岔表示电压采集器检查

（2）外部监测设备检查。

外电网正常工作时电源灯常亮，工作灯秒闪，CAN 收、发灯闪烁，故障灯熄灭。当故障灯常亮时，应查看外电网监测箱上是否有报警信息。

若Ⅰ路、Ⅱ路中某路电压值为零而其余各路均正常显示时，用一字螺丝刀拧下图 5-2-13 中黑色螺帽内的保险管，对着光查看其是否已损坏。

图 5-2-13　外电网监测箱

开关量采集器、电流采集模块、传感器插接件无松动，防松措施良好，如图 5-2-14 和图 5-2-15 所示。

图 5-2-14　24V 接点状态采集器　　　　图 5-2-15　交流道岔电流采集模块

（3）线缆及地线检查。

①焊头焊接牢固，无断线，无接触不良，无锈蚀，无表皮破损。使用吹吸尘机清理机柜内部，做到表面无灰尘，如图 5-2-16 所示。

②地线及防雷元件外观良好，劣化显示功能正常，标识及铭牌无脱落，如图 5-2-17 所示。

图 5-2-16　绝缘漏电流测试组合背面配线　　　　图 5-2-17　地线汇流排

（4）内部清洁。

机柜及工控机内部无积尘，表面无灰尘；导线槽无灰尘，铭牌无缺失，线缆无破损。需要

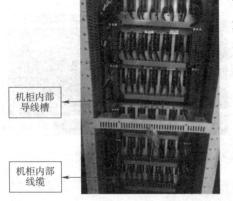

请点进行作业，同意后方可进行作业；作业时必须佩戴防静电手腕带或防静电手套，做好防静电措施，避免静电损坏设备；必须断电后才可在机柜内部进行清扫除尘，如图 5-2-18 所示。

5. 作业收尾

（1）清点、整理工具，清扫现场，保证工具无遗漏、作业现场无异物。

（2）填写设备检修记录表。

（3）作业完成后，联系 DCC 调度员确认设备无异常后，销点离开。

图 5-2-18　内部清洁

任务拓展

MSS 子系统检修规程如表 5-2-5 和表 5-2-6 所示,根据所学知识点,结合表格中信号设备检修规程,自行查阅资料,仿照 MSS 站机季检表格,制定 MSS 服务器机柜、MSS 工作站季检和年检的检修内容和检修标准。

MSS 子系统检修规程（一） 表 5-2-5

序号	设备	规程
1	MSS 站机	周检
2		季检
3		年检
4	MSS 工作站	周检
5		季检
6		年检
7	MSS 服务器机柜	周检
8		季检
9		年检

MSS 子系统检修规程（二） 表 5-2-6

序号	检修内容	检修标准
1	机柜外观检查	外观完好,无倾斜,无裂纹,铭牌、标识清晰,密封良好
2	机柜表面检查	表面无尘
3	机柜各部件安装检查	各部件插接良好,无松脱,采集模块防松卡固定良好
4	采集模块标识检查	清晰、齐全、正确
5	机柜配线及采集线缆屏蔽层接地端子检查	接口指示灯正常,端子紧固良好,无松脱
6	重启 MSS 站机	重启站机,工作正常
7	MSS 站机的系统硬盘、内存、CPU 占用率检查	内存占用小于 60%,CPU 占用小于 30%,各硬盘可用空间应大于 20GB
8	时间同步检查	与时钟系统时间同步,±5s
9	使用 PING 命令 PING 相应服务器	PING 连接正常,可 PING 通线上设备
10	监测设备运行状态检查	风扇运行良好,无异响;防雷指示标识状态显示绿色;各部件指示灯显示正确,运行正常

任务三　MSS 子系统操作

任务描述

图 5-3-1 是 MSS 子系统操作界面,MSS 子系统如何操作?MSS 子系统操作界面都有哪些内容?

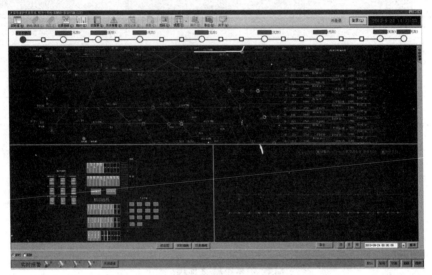

图 5-3-1　MSS 子系统操作界面

任务要求

知识要求:
(1)掌握 MSS 子系统操作方法;
(2)熟悉 MSS 子系统操作界面。

技能要求:
会操作 MSS 子系统。

素养要求:
(1)提高分析问题、解决问题的能力;
(2)为城市轨道交通的发展自豪,并愿意投身其中,贡献自己的力量。

任务实施

一、学习环境

信号实训室,多媒体。

二、学时安排

建议 4~6 个学时。

三、学习步骤

（1）分组讨论，以 4~6 人为一个小组完成工作任务。

（2）根据所学知识点，归纳总结并进行操作：

①MSS 子系统操作内容有哪些？

②MSS 子系统如何操作？

③根据所学知识，练习操作 MSS 子系统。

（3）按照附录三中的表格，制作学习工作单。

（4）评价反馈。

小组内互相协助考核学习任务，组内互评；根据其他小组成员在成果展示活动中的表现及结果进行组间互评，完成附录二中的附表 2-1 至附表 2-3。

知识导航

MSS 子系统终端采用分区组合式界面模式。通过将界面分区，用户可以在工作中同时获得多个参考数据，从而提高软件的易用性。

主界面包括标题栏、菜单栏、线路图、站场图、状态图/实时曲线/历史曲线、日/月/年趋势、设备选择窗口、实时/回放切换区、实时报警信息区、显示模式切换区。

当主界面右侧活动面板弹出时，默认界面如图 5-3-2 所示。

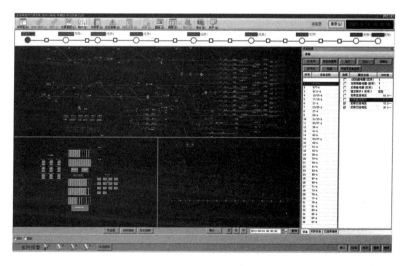

图 5-3-2　活动面板界面

一、标题栏及菜单栏

（一）标题栏

标题栏在主界面最上方，显示项目名称。

（二）菜单栏

菜单栏包括三部分：菜单部分、登录部分、时间显示部分，如图 5-3-3 所示。

图 5-3-3　菜单栏

1. 菜单部分

实时值：打开实时值窗口，显示本系统内所有监测对象电气特性的实时值。

绝缘/漏电流：打开绝缘测试/漏电流测试操作窗口。

记录曲线：打开记录曲线窗口，显示道岔动作曲线。

统计：打开统计窗口，对关键设备运用的次数和关键事件发生的次数进行统计。

日报表：打开日报表窗口，显示监测对象电气特性一天内的最大值、最小值、平均值。

历史报警：打开历史报警窗口，查询历史报警，提供多种条件查询方式。

浏览记录：打开浏览记录窗口，显示对各窗口浏览时间的统计信息。

参数：打开参数窗口，对监测对象电气特性相关配置参数进行修改。

图纸：可以将一些需要的图纸存放在固定目录下，系统可以显示这些图纸，方便查看。

视图：提供设备选择及监测主界面多种显示模式的切换。

用户：打开用户窗口，修改用户信息、设置用户权限信息。

导出：导出当前界面截图。

关于：系统的简要介绍，包括版本等信息。

2. 登录部分

用于用户登录及用户登录后显示当前用户，参照用户登录/注销。

3. 时间显示部分

以醒目的方式显示当前的年/月/日/时/分/秒。

二、线路图

线路图用于显示当前线路包含的所有站，如图 5-3-4 所示，并根据站的类型区分非当前设备集中站图标、当前显示的设备集中站图标、其他站（包括 ET 站）图标。在得到相应用户权限后，用户可以点击站图标进行当前站切换。

图 5-3-4　线路图界面

三、站场图

站场图界面通过开关量状态来显示道岔、信号机、轨道等设备的状态,以及排进路等信息。站场图界面如图 5-3-5 所示。

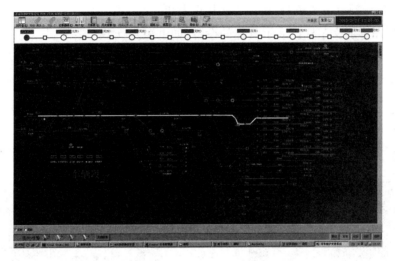

图 5-3-5 站场图界面

在站场图界面上,当用户想拖动站场图仔细查看某一部分时,可以使用鼠标对站场图进行上下左右拖动,也可以使用鼠标滚轮对站场图进行放大和缩小。站场图常用操作如下:

(1)提示设备名称:将鼠标移动到站场图的轨道、信号机、道岔等设备元素上时,鼠标处会显示设备名称,如图 5-3-6 所示。

图 5-3-6 提示设备名称

(2)切换设备:将鼠标移动到站场图的轨道、信号机、道岔等设备元素上时,鼠标处会显示浮动按钮,点击对应按钮,则切换设备为当前点击的信号设备,效果等同于"设备选择窗口"中切换设备的操作。

四、状态图/实时曲线/历史曲线

状态图/实时曲线/历史曲线区域在主界面左侧下方,点击相应的显示控制按钮即可进行相应显示。

1.状态图

设备的运行状态图,包括电源屏设备、微机联锁设备、ATS 设备、临站设备等与信号集中

监测系统的连接状态和设备的运行状态。室内设备运行状态图中,通过设置连接线的颜色来表示设备之间的连接状态:

(1)当连接线颜色为绿色时,表示设备连接正常;

(2)当连接线颜色为红色时,表示连接出现故障或异常;

(3)当连接线颜色为灰色时,表示连接状态未知。

用长方形图形加文字标识表示具体的设备,如电源屏、CTC等;通过设置长方形图形的颜色来表示具体设备的运行状态,其状态显示规则同室外设备,如图5-3-7所示。用户可以用左键双击标识不同设备的长方形图形来查看该设备具体的工作状态。用户每天只需对发生故障和异常的设备进行查看和分析就能满足日常维护的需要。当设备运行正常时,显示绿色;当设备存在故障或异常时,显示红色;当设备状态未知时,显示灰色。

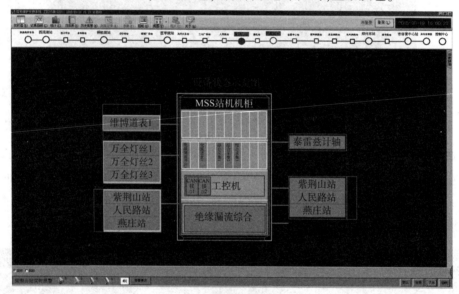

图5-3-7 状态图

2. 实时曲线

实时曲线窗口以动态曲线的形式实时显示当前设备的电气参数变化趋势,如图5-3-8所示。

实时曲线显示包括开关量属性的状态显示和模拟量属性的实时曲线显示。开关量属性的状态由表示开关量的图形元素的颜色表示;模拟量属性的实时曲线是以每秒钟的模拟量数值画成的曲线,纵坐标为测试值,横坐标为时间。实时曲线的背景为网格,默认每格单位为1s,可通过鼠标滚轴缩放,每格时间显示范围为100ms至1min。曲线区域内的每个"点"都可以以"提示文本框"的形式提示"坐标值",提示内容为"模拟量值、单位值、时间、日期(日)"。

3. 历史曲线

历史曲线窗口与实时曲线窗口相似,但其显示当前设备的电气参数过去的变化趋势,如图5-3-9所示。

图 5-3-8　实时曲线

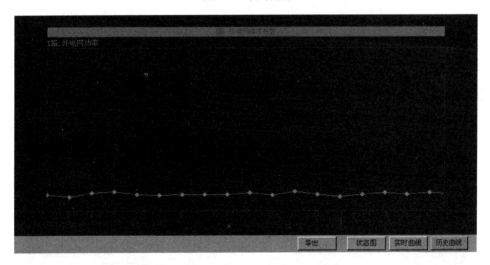

图 5-3-9　历史曲线

五、日/月/年趋势

日/月/年趋势区域在主界面右侧下方,可通过点击相应的显示控制按钮显示相应曲线图。日/月/年趋势根据用户选择的相应设备及查询时间进行显示。在查询时间设置框内输入时间,并点击查询按钮即显示日/月/年趋势。在查看趋势图时,鼠标可在曲线上游移以查看更详细的信息。

1. 日趋势

一天的监测设备电气特性变化趋势如图 5-3-10 所示。

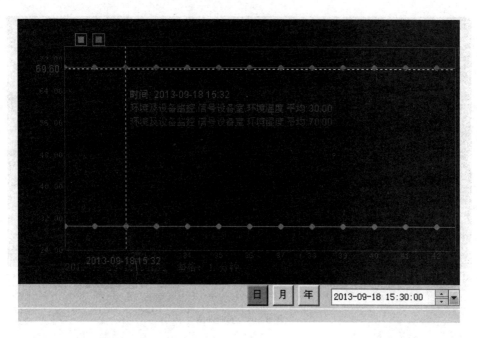

图 5-3-10　日趋势

2. 月趋势

月趋势是系统依据每小时统计的监测设备电气特性变化的最大值、最小值、平均值绘制出来的曲线,用于展示当前设备一定时间内的变化趋势,如图 5-3-11 所示。

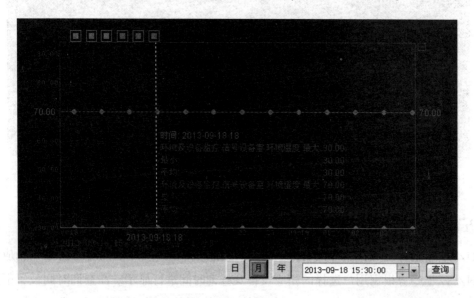

图 5-3-11　月趋势

3. 年趋势

年趋势是系统依据每日统计的监测设备电气特性变化的最大值、最小值、平均值绘制出来的曲线,用于展示当前设备较长时间内的变化趋势,如图 5-3-12 所示。

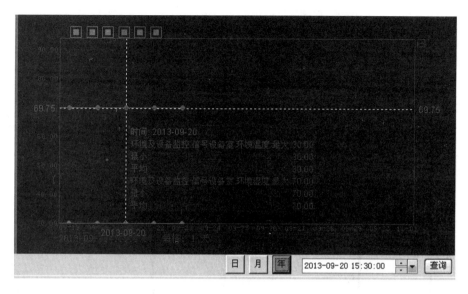

图 5-3-12 年趋势

六、设备选择窗口

设备选择窗口提供控制日/月/年趋势、实时曲线、历史曲线显示的监测设备电气特性的窗口。

设备选择窗口位于主界面右侧,是一个右侧停靠窗口。默认初始化状态为缩进停靠。

点击"Tab"键则弹出设备选择停靠窗口,如图 5-3-13 所示。

鼠标离开设备选择停靠窗口区域 2~5s 后,停靠窗口自动缩入边框。设备选择窗口分为 3 个子窗口,分别为"设备""关联设备""已选择曲线"。

1. "设备"子窗口

"设备"子窗口用于选择需要在日/月/年趋势、实时曲线、历史曲线中显示的监测设备的电气特性,如图 5-3-14 所示。

本子窗口分为三部分:设备类型选择区(上部)、设备选择区(左下)、属性显示区(右下)。

控制流程:首先选择需要关注的设备类型,然后选择需要关注的设备,最后在属性显示区勾选需要在主界面曲线区域展示的属性。可同时勾选多个属性。

设备过滤:在设备选择区列表的第一行,可以根据序号或者设备名称,查询过滤出需要选择的设备。

2. "关联设备"子窗口

"关联设备"子窗口提供控制功能,将已经选择的相关联的监测设备的电气特性同时添加至窗口;提供各相关但又不同的监测设备的电气特性对比,以便于进行设备关联分析从而解决问题,如图 5-3-15 所示。在左侧选择相应的监测设备,在右侧勾选需要关注的电气特性即可添加相应对比曲线至曲线区域。

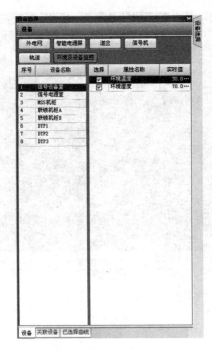
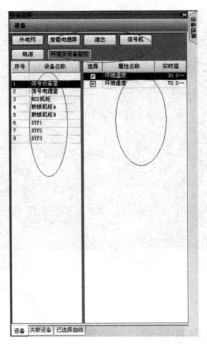

图 5-3-13　设备选择窗口　　　　　图 5-3-14　"设备"子窗口

3. "已选择曲线"子窗口

"已选择曲线"子窗口显示当前被选中在曲线区域显示的曲线,并提供一定的属性控制方法,如图 5-3-16 所示。

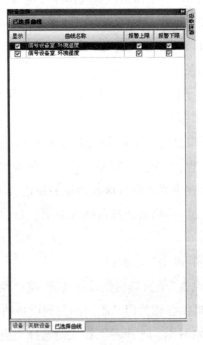

图 5-3-15　"关联设备"子窗口　　　　图 5-3-16　"已选择曲线"子窗口

本窗口通过勾选或取消勾选来控制显示曲线及相应属性。在存在报警上下限显示的曲线区域,可通过勾选或取消勾选的方式来控制是否显示报警上下限。

七、实时/回放切换区

实时/回放切换用于控制主界面显示的实时状态及回放状态的切换。实时/回放切换区位于主界面左侧下方,在状态图/实时曲线/历史曲线区域,如图 5-3-17 所示。

图 5-3-17 实时/回放切换区

系统启动默认为实时状态。点击"回放",则切换至回放状态。在回放状态下,点击"实时",则主界面切换至实时状态。

八、实时报警信息区

当有新的报警发生时,实时报警列表窗口会主动弹出报警信息。实时报警信息区如图 5-3-18 所示。

图 5-3-18 实时报警信息区

点击"报警提醒"铃铛,可以查看相应的报警信息。新报警使用不同的底色对不同等级报警及已恢复报警进行标识。报警处理窗口如图 5-3-19 所示。

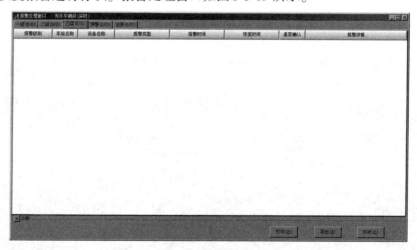

图 5-3-19 报警处理窗口

点击"语音报警"开关,可以控制语音是否输出。选择"实时报警"框会弹出"控制设置",用于设置暂停"实时报警"框弹出,短时间内不影响其他用户在主界面进行的操作。

九、显示模式切换区

显示模式切换提供快速切换主界面显示模式功能,显示模式包括默认显示模式、站场显示模式、状态图显示模式、曲线显示模式、趋势显示模式,如图 5-3-20 所示。

图 5-3-20　显示模式切换区

其默认显示模式如图 5-3-21 所示。

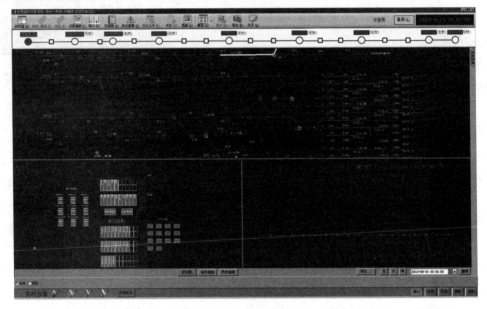

图 5-3-21　默认显示模式

站场显示模式下,显示内容同站场图,如图 5-3-22 所示。

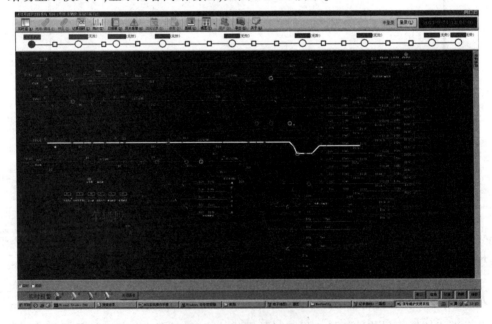

图 5-3-22　站场显示模式

状态图显示模式下,显示内容同状态图,如图 5-3-23 所示。

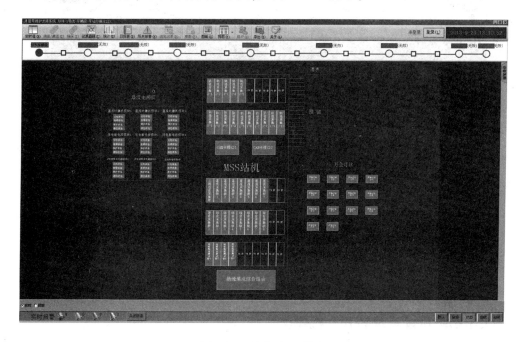

图 5-3-23 状态图显示模式

曲线显示模式下,显示内容同实时曲线,如图 5-3-24 所示。

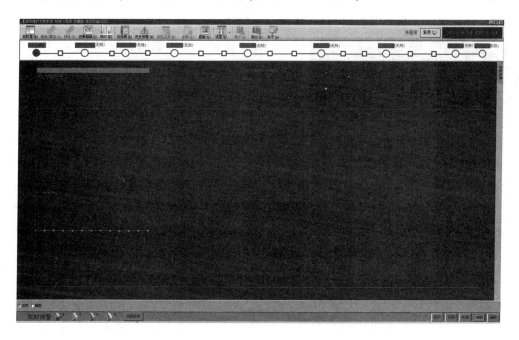

图 5-3-24 曲线显示模式

趋势显示模式下,显示内容同历史曲线及日/月/年趋势,其中左上曲线图显示历史曲线,左下显示日趋势,右上显示月趋势,右下显示年趋势,如图 5-3-25 所示。

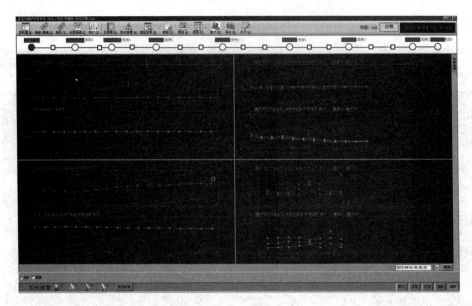

图 5-3-25 趋势显示模式

十、车站站机设备及其开关机操作

1. 车站站机设备

车站站机完成车站内信号设备监测信息的采集、处理、存储和与维护中心服务器的网络连接等。车站站机设备由工控机与 KVM 显示一体机(显示器、鼠标、键盘三合一)构成。

图 5-3-26 KVM 显示一体机

KVM 显示一体机如图 5-3-26 所示,包含显示器、键盘、鼠标,具有占用空间小、推拉方便的特点。

2. 开关机操作规范

开机步骤:开机之前首先检查采集机电源开关(机柜正面)在关闭位置,绝缘漏电流综合组合电源开关(机柜背面偏下)在关闭位置,KVM 电源开关(机柜背面中部)在打开位置。从机柜背面向上打开电源端子组合左侧第一个空气开关,则工控机加电,从机柜正面拉出 KVM 显示一体机,查看工控机系统启动状况。等工控机正常启动后,打开绝缘漏电流综合组合电源开关,接着打开采集机电源开关。观察绝缘漏电流综合组合指示灯正常,观察采集机电源指示灯正常,各采集板工作指示灯正常;站机程序启动正常,与各采集机通信正常,与其他系统接口通信正常,则开机完成。如果不需要继续观察站机界面,把 KVM 显示一体机合上,推入机柜,关闭柜门。

关机步骤:从机柜中抽出 KVM 显示器,掀开,鼠标点击操作系统桌面左下角的"关机",然后点击"确定"。关闭 KVM 显示一体机电源,关闭各采集机电源,关闭绝缘漏电流综合组合左侧第一个空气开关。

任务拓展

图 5-3-27 为道岔曲线实时显示图，根据本项目任务三"知识导航"所学内容，说明如果要查看别的日期道岔动作信息，如何操作；如果要查看其他的道岔，如何操作；如果要查看某道岔当天的所有动作时间，如何操作；如果要对同一组道岔某一时刻的三组动作曲线进行比较，如何操作。

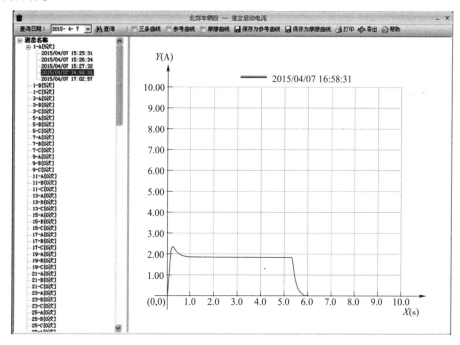

图 5-3-27　道岔曲线实时显示图

项目六　城市轨道交通列车自动控制系统典型故障案例

通过前面城市轨道交通列车自动控制系统五个模块内容的学习，同学们应已了解并掌握了列车 CBTC 系统、ATP/ATO 系统、ATS 系统、DCS 系统、MSS 系统相关知识。如何将所学知识运用到实践中，将理论与实践相结合？本项目将分别从车载、轨旁、ATS、DCS 等模块引入城市轨道交通列车自动控制系统典型故障案例，以供大家学习。

任务一　车载系统典型故障处理

故障 1　ATC 显黄故障

一、故障概况

××年××月××日××时××分，通号调控接×××次列车司机××位置 DMI（信号屏，图 6-1-1）显示××端列车自动控制系统图标显黄，不影响行车，OCC 通知车辆、信号专业派人处理，××时间信号专业在××站上行添乘查看。××时间信号专业在××站折返××线复位成功。××时间列车驾驶员分别在××位置报列车自动控制系统图标黄绿闪烁，1s 后恢复，该列车在××站折返线转备。运营结束后，信号人员上车查看数据并下载车载数据进行分析，确认第一次列车自动控制系统显黄

图 6-1-1　车载司机显示屏显示情况

故障（图 6-1-2）原因为车载 CMP（核心处理器）板 ATP 软件运行异常，第二次列车自动控制系统黄绿闪烁故障原因为 2 端编码里程计故障（图 6-1-3），更换 CMP 板及编码里程计后故障恢复，××月××日末班车跟跑运行正常。本次故障未造成网络舆情及乘客投诉。

车载_04	2端编码里程计	B级报警	编码里程计断开连接
车载_36	红网Modem	B级报警	设备故障
车载_36	蓝网Modem	B级报警	设备故障
车载_29	红网Modem	B级报警	设备故障
车载_29	蓝网Modem	B级报警	设备故障
车载_04	1头安全输入输出模块VIO板	A级报警	VIO与MPC1失去通信
车载_06	蓝网Modem	B级报警	设备故障
车载_04	2头安全输入输出模块VIO板	A级报警	VIO收到两头MPC的ATP错误信息
车载_04	1头安全输入输出模块VIO板	A级报警	VIO收到两头MPC的ATP错误信息
车载_06	红网Modem	B级报警	设备故障
车载_03	蓝网Modem	B级报警	设备故障

图 6-1-2　MSS 显示 ATC 显黄相关故障告警

二、处理经过

××时间通号调控报×××次列车在××位置列车自动控制系统图标显黄。

××时间通号调控通知信号专业前往现场。

××时间信号专业在××站上行添乘查看。

××时间信号专业在××站折返××线复位成功。

××时间列车驾驶员分别在××位置报列车自动控制系统图标黄绿闪烁,1s后恢复,该列车在××站折返线转备。

运营结束列车回库后,下载数据并进行分析,确认第一次列车自动控制系统显黄故障原因为车载CMP板ATP软件运行异常,第二次列车自动控制系统黄绿闪烁故障原因为2端编码里程计故障,更换CMP板及编码里程计(图6-1-4)后故障恢复,××月××日末班车跟跑运行正常。

图6-1-3　故障编码里程计　　　　图6-1-4　更换后的编码里程计

三、处置分析

(1)通过查看MSS子系统告警,发现××××次列车先后出现ATP子系统运行错误告警及编码里程计故障告警,判断ATC显黄故障方向分别为CMP板(核心处理器板)ATP软件运行异常及编码里程计故障,如图6-1-2所示。

(2)对于××时间ATC显黄,通过分析车载PPU(电源及处理器单元)数据,发现故障日志信息"GTW_MANAGEMENT_ATP2_IN_ERROR18074982020/09/05 11:04:09",判断故障原因为2端CMP板ATP软件运行异常,导致ATC显黄。同时,分析车载DLU(数据存储单元)数据,同样发现2端ATP停止刷新,导致ATC显黄,因此判断ATC显黄原因为2端ATP软件运行异常,如图6-1-5所示。

(3)对于××时间××××次列车ATC图标黄绿闪烁故障,拆下2端编码里程计进行人工模拟测试,复现故障;检查编码里程计接头无异常;分析DLU数据,发现编码里程计状态"Odometer ready"值为"False",即编码里程计故障,判断故障原因为编码里程计故障,如图6-1-6所示。

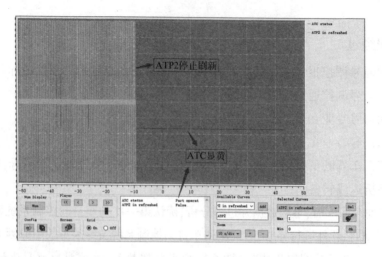

图 6-1-5　车载数据分析显示 CMP 板 ATP 软件运行异常

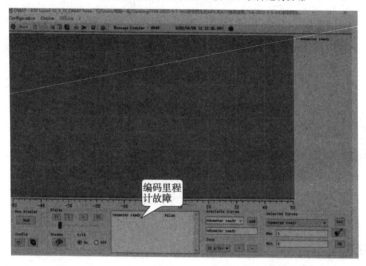

图 6-1-6　车载数据分析显示编码里程计故障

图 6-1-7　编码里程计接头正常

（4）拆下 2 端编码里程计，人工转动编码里程计，测试编码里程计功能，复现了 ATC 显黄的故障现象（黄绿闪烁）。

（5）检查编码里程计接头，未发现异常，如图 6-1-7 所示。

（6）根据故障原因分析，更换××××次列车××端 CMP 板及编码里程计，列车重启初始化正常、静态测试正常，晚上末班车跟跑，列车运行状态正常。

综上所述，两次 ATC 显黄的故障原因分别为车载 CMP 板 ATP 软件运行异常及 2 端编码里程计故障，更换××××次列车××端 CMP 板及 2 端编码里程计后故障恢复。

四、原因分析

故障发生期间列车车载设备内外部环境正常、备件材料正常、制度较为完善、人员使用操作正常，因此排除环境原因、材料原因、规章制度原因、人为原因，但是编码里程计故障原因未明确，需将编码里程计寄回厂家检测，根据提供的检测报告进一步分析。

五、整改措施

针对本次故障，CMP板ATP软件运行异常原因未明确，将CMP板寄回厂家检测，并要求厂家提供检测报告。编码里程计故障原因未明确，将编码里程计寄回厂家检测，并要求厂家提供检测报告。

故障2 DMI白屏故障

一、故障概况

××年××月××日××时××分，通号调控接行调报×××次列车在××站上行DMI白屏，司机重启后恢复正常。列车回场后信号专业排查故障原因为DMI内部软件卡死，重启车载设备后恢复正常。本次故障未造成列车晚点等影响，无网络舆情及乘客投诉。

二、处理经过

××年××月××日××时××分，通号调控接行调报×××次列车在××位置演练时司机报DMI白屏，司机重启后恢复正常。××时××分，信号值班人员到达现场。××时××分，信号人员查看MSS未发现信号设备异常。

××年××月××日××时××分，信号人员检查信号设备状态正常，设备连接线紧固，重启后初始化测试正常，判断故障原因为DMI软件运行异常。

三、技术分析

1. 车载硬件设备状态

列车回库后，信号人员第一时间请点，上车检查车载硬件设备状态，查看车载板卡灯位状态显示正常。

2. DMI连接线紧固检查

信号人员检查DMI连接线紧固无松动，检查DMI连接设备状态正常。

3. 数据分析

信号人员下载DMI数据，发现没有当天日志文件，已将数据发送给厂家进一步分析，要求××月××日前回复数据分析报告。

四、处置分析

信号人员接报故障后响应迅速,过程汇报和故障处置得当。

五、原因分析

综上,初步判断 DMI 显示白屏的原因为 DMI 软件运行异常,重启车载设备后故障排除,恢复正常。

六、整改措施

下载数据发送给厂家进一步分析软件运行异常原因,要求厂家××月××日前回复 DMI 无日志原因及 DMI 软件运行异常原因。

任务二　ZC/LC 典型故障处理

故障 1　自动驾驶模式紧急制动故障

一、故障概况

××年××月××日××时××分,××××次列车驾驶员报列车在××站约 300m 处自动驾驶模式产生紧急制动,司机确认安全后动车。

二、处理经过

××年××月××日××时××分,信号值班人员接调控报×××次列车在××站至××站区间,以 AMC 模式超速紧制。

××时××分,信号值班人员到达 MSS 信号设备房查看×××次列车状态。

××时××分,信号值班人员下载远程数据。

××时××分,信号值班人员查看远程数据发现列车××时××分××秒发生紧急制动且 EBRD 落下,但远程数据参数较少,计划待列车回库后下载数据进行详细分析。

三、技术分析

1. 列车紧急制动分析

查看 ATO 数据发现,在××时××分××秒,EBRD 低电平,表示施加了紧急制动,如图 6-2-1 所示。

查看 ATP 数据发现,在××时××分××秒,041 端、042 端移动授权数据时长(EOA data age)均为 5.2s,表示移动授权数据超过 5s 没有更新,如图 6-2-2 所示。

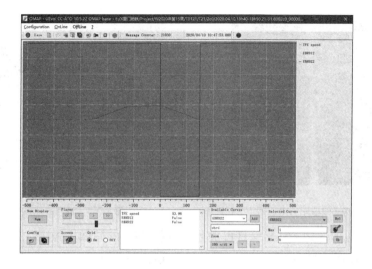

图 6-2-1　ATO 数据

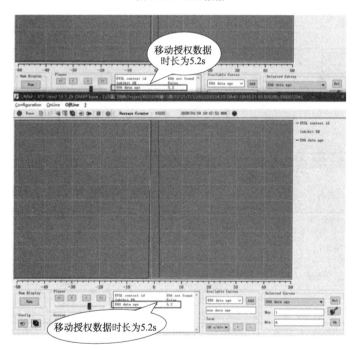

图 6-2-2　ATP 数据

根据相关规定,在发生以下事件(情况)时,CC 设备将实施紧急制动:CBTC 模式下车-地通信中断大于或等于 5s。车-地通信中断小于 5s 时,列车运行不受影响。

2. 列车车-地通信中断大于 5s 分析

鉴于××××次列车于高架段发生车-地通信中断,存在车-地通信受到干扰的可能。信号人员于××月××日晚请点检查轨旁无线设备,发现轨旁无线单元 TRE 天线上悬挂着异物,如图 6-2-3 所示。将异物清理后,发现其为一组鱼钩和钓坠,如图 6-2-4 所示。

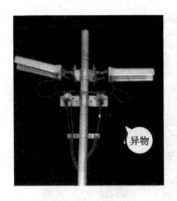 

图 6-2-3　轨旁无线单元 TRE 天线上悬挂异物　　　　图 6-2-4　清理的异物

×××次列车于××月××日再次上线运营,在××站做场强测试,发现蓝网从 1408 切换至 1410 前 6s 内信号断断续续,红网从 1406 切换至 1408 前信号中断约 3s,如图 6-2-5 所示。

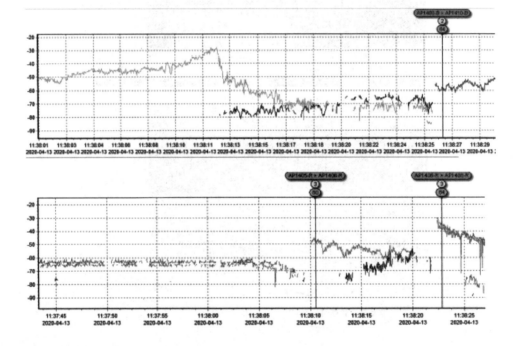

图 6-2-5　场强测试

四、处置分析

信号人员接报故障后响应迅速,过程汇报和故障处置得当。

五、原因分析

综上所述,该故障原因为×××次列车车-地通信中断大于 5s,导致列车紧急制动。

检查轨旁无线设备,发现轨旁无线单元 TRE 天线上悬挂着一组鱼钩和钓坠,已将异物清理。车-地通信中断大于 5s 的原因初步判断为无线受扰,需进一步排查干扰源。

六、整改措施

清理轨旁无线单元 TRE 天线上悬挂的异物。

故障 2　应答器故障

一、故障概况

××年××月××日××时××分,××××次列车驾驶员报列车在××站前上行区间自动驾驶模式产生不明原因紧急制动,司机确认安全后动车。

二、处理经过

××年××月××日××时××分接调控报×××次列车在××站前上行区间自动驾驶模式产生不明原因紧急制动。

××时××分,信号××工班值班人员××到达信号设备室。

××时××分,信号××工班值班人员××查看设备室内 MSS 服务器,未发现车辆异常告警且设备状态显示正常。

××时××分,信号××工班值班人员××查看设备室内列车运行回放。

××时××分,信号××工班值班人员××回复调控人员,经远程监控查看信号设备正常,计划待列车回库后下载数据进行进一步的排查分析。

三、技术分析

1. 025 端请求紧急制动分析

025 端在××时××分××秒丢失定位,请求紧急制动。车载设备通过信标天线和编码里程计以及 CPS(核心信标系统)板卡共同完成列车定位。查看编码里程计和 CPS 板的运行数据未发现异常,如图 6-2-6 所示。初步判断为信标天线硬件故障导致 025 端丢失定位。

2. 026 端请求紧急制动分析

026 端在××时××分××秒移动授权丢失,请求紧急制动。根据前期××站紧急制动故障的分析,移动授权丢失是由该版本车载 ATC 软件问题导致,计划在××月通过信号系统升级解决。

3. EOA 未发现分析

列车两端 CMP 板卡的时钟同步计算存在差异,备用端 CMP 认为本端 EOA 失效,导致 EOA 没发现。备用端在收到 ZC 给出的 EOA 信息时仅用了一个计算周期便完成计算确认,而主用端的 CMP 却需要两个计算周期完成,此时备用端与主用端存在一个周期的差别,两端互传时钟同步信息时,备用端收到的 EOA 的时间戳会是上一个周期。

在 ATC 层面,这种情况是不被允许的,一旦发生将会引发 ZC exception(自保护宕机)。因此,备用端 CMP 为了不影响 ZC 的正常运行,会认为此周期的 EOA 信息是无效的。

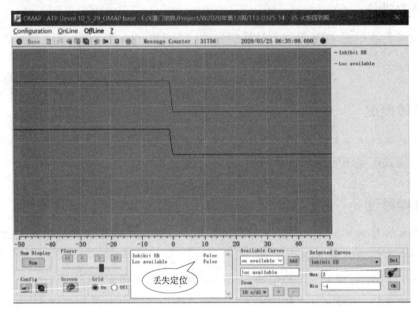

图 6-2-6 编码里程计数据

四、处置分析

信号人员接报故障后响应迅速,过程汇报和故障处置得当。

五、原因分析

综上所述,该故障原因为××××次列车 025 端丢失定位,026 端移动授权丢失,两端同时请求紧急制动,导致列车紧急制动。

六、整改措施

更换 025 端信标天线,并将原信标天线返厂检测。移动授权失效问题已反馈给设备厂家,让其解决信号系统升级问题。

任务三　ATS 子系统典型故障处理

故障 1　××站 LATS-B 机与 CATS 服务器通信中断故障

一、故障概况

××年××月××日××时××分,工班自查发现,MSS 显示××站 LATS-B 机发生故障或与 CATS 服务器通信中断，1min 后自动恢复。故障时 LATS-B 机为备机，该故障未对系统功能产生影响。

二、处理经过

××年××月××日××时××分，自查发现，MSS 显示××站 LATS-B 机故障或与 CATS 服务器通信中断，1min 后自动恢复。

××年××月××日××时××分，现场多次进行 LATS 软件、硬件重启试验，倒机切换操作，设备均无异常，已下载 ATS 数据待进一步分析。

三、技术分析

1. 现场检查

（1）查看 MSS，发现有××站 LATS-B 机单机与 CATS 服务器通信中断的告警。

（2）查看 SDM 维护告警信息发现，××站 LATS-B 机与其他系统设备通信中断，如图 6-3-1 所示。

12	网络状态	▓▓站	2020-10-24 14:14:34.151	[▓▓站-->LATS-B机]:B网通信恢复
13	网络状态	联锁B机	2020-10-24 14:14:34.151	[联锁B机-->LATS-B机]:A网通信恢复
14	网络状态	联锁A机	2020-10-24 14:14:33.151	[联锁A机-->LATS-B机]:A网通信恢复
15	网络状态	▓▓站	2020-10-24 14:14:33.151	[▓▓站-->LATS-B机]:A网通信恢复
16	网络状态	操作A机	2020-10-24 14:14:33.151	[操作A机-->LATS-B机]:A网通信恢复
17	网络状态	联锁B机	2020-10-24 14:13:00.498	[联锁B机-->LATS-B机]:A网通信中断
18	网络状态	联锁A机	2020-10-24 14:13:00.498	[联锁A机-->LATS-B机]:A网通信中断
19	网络状态	联锁B机	2020-10-24 14:13:00.498	[联锁B机-->LATS-B机]:A网通信中断
20	网络状态	联锁A机	2020-10-24 14:13:00.498	[联锁A机-->LATS-B机]:A网通信中断
21	网络状态	▓▓站	2020-10-24 14:13:00.287	[▓▓站-->LATS-B机]:B网通信中断
22	网络状态	LATS-A机	2020-10-24 14:13:00.287	[LATS-A机-->LATS-B机]:A网通信中断
23	网络状态	▓▓站	2020-10-24 14:13:00.287	[▓▓站-->LATS-B机]:A网通信中断
24	网络状态	▓▓站	2020-10-24 14:13:00.181	[▓▓站-->LATS-B机]:A网通信中断
25	网络状态	操作B机	2020-10-24 14:13:00.181	[操作B机-->LATS-B机]:B网通信中断
26	网络状态	操作A机	2020-10-24 14:13:00.181	[操作A机-->LATS-B机]:B网通信中断
27	网络状态	LATS-A机	2020-10-24 14:13:00.088	[LATS-A机-->LATS-B机]:B网通信中断
28	网络状态	▓▓站	2020-10-24 14:13:00.088	[▓▓站-->LATS-B机]:A网通信中断
29	网络状态	操作B机	2020-10-24 14:13:00.088	[操作B机-->LATS-B机]:A网通信中断

图 6-3-1　××站 LATS-B 机通信中断告警信息

2. 原因分析

本次通过对通信传输过程中所有节点进行分析，查找故障原因，分析过程如下：

发现××站 LATS-B 机与联锁 A/B 机、其车站 ATS 工作站、××站 LATS-A 机均网络通信中断，如图 6-3-2 所示，初步判断为××站 LATS-B 机故障。

查看 ATS 应用服务器、LATS-A/B 机系统软件日志发现，LATS-B 机在××时××分无系统运行日志，且与其他设备通信中断。

检查××站 LATS-B 机板卡及外部连接线缆，未发现异常。

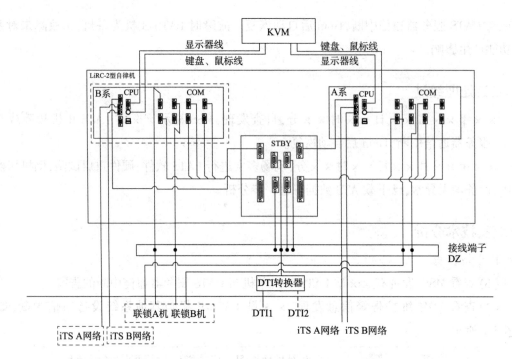

图 6-3-2　LATS-B 机通信系统图

查看 LATS-B 机本地日志发现有 sigtrace 文件生成,该文件在 LATS 自动重启时产生,且 LATS 故障时间与自动重启所需时间一致,判断该 LATS-B 机发生自动重启。

运营结束后,多次进行 LATS 软件、硬件重启试验,倒机切换操作,设备功能正常。

四、处置分析

故障发生后,在 MSS 上发现故障告警,确认故障告警排除后,未及时上报车间,对故障敏感度不够。

五、原因分析

查看系统日志及本地日志,发现 LATS-B 机软件自动重启。自动重启原因待查,已拷贝数据,正在联系厂家对数据进行进一步分析。

六、整改措施

该问题已纳入遗留问题库,要求厂家提供自动重启原因;要求××年××月××日前提供分析报告;要求厂家分析 LATS-B 机作为备机出现故障时,ATS 工作站无告警的原因。

故障 2　××站 DTI 故障

一、故障概况

××年××月××日××时××分,通号调控自查发现 MSS 有××站 DTI 故障或与

LATS 分机/集中站接口机通信中断的告警,现场检查发现 DTI 功能正常,但 LATS 出现双主机的现象。本次故障未造成列车晚点等影响,无网络舆情及乘客投诉。

二、处理经过

××年××月××日××时××分,通号调控自查发现 MSS 有××站 DTI 故障或与 LATS 分机/集中站接口机通信中断的告警,并通知班组。

××时××分,信号××工班人员回复,经现场查看设备状态无异常,初步判断为误报警,待请点排查故障。

××时××分,信号××工班人员到达现场,查看 DTI,发现上下行 DTI 显示正常。

××时××分,信号技术岗通知调控调取 ATS 监视工作站中的设备详细状态,发现 DTI 显红,同时发现 ATS 监测显示 LATS 出现双主机现象。值班人员现场确认设备确实出现双主机故障,值守至运营结束。

××年××月××日××时××分,对 LATS-A 机、LATS-B 机、切换板进行倒切、重启、更换板卡操作,设备未恢复;对 LATS-A 机、LATS-B 机、切换板之间的串口线进行检查,发现插接紧固,线缆及端子无异常;对切换板上至 LATS-A 机 CPU 板的串口线重新插接、紧固并重启 LATS-A 机后,设备恢复正常。

三、技术分析

1. MSS 告警

查看 MSS,发现有××站 DTI 故障或与 LATS 分机/集中站接口机通信中断的告警,如图 6-3-3 所示。进一步查看前几日告警,发现自××年××月××日××时××分开始出现此类告警,且班组填写原因为"误告警"。

图 6-3-3　××月××日 MSS 告警

2. ATS 设备状态显示及告警

(1)查看 ATS 维护工作站中设备详细状态(此状态显示也可在车控室 HMI 上查看),如图 6-3-4 所示,发现××站上下行 DTI 状态指示灯显红(正常为绿色)。LATS-A 机和 LATS-B 机的状态指示灯均为绿色(绿色代表主机,黄色代表备机,正常情况下为一主一备)。

(2)查看 ATS 告警,发现自××年××月××日××时××分,频繁出现 LATS-B 机升级为主机的告警,且没有 LATS-A 机升级为主机或降为备机的告警,该告警与 DTI 第一次出现异常的时间点相同,如图 6-3-5 所示。××年××月××日最后一次出现 LATS-B 机为主机的告警时间为××时××分,如图 6-3-6 所示。可判断从该时间起,××站 LATS 持续出现双主机的情况。

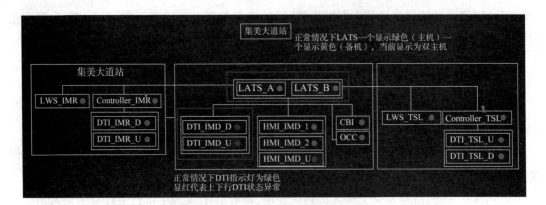

图 6-3-4 ATS 维护工作站上设备详细状态

告警和事件日志分析报告
（2020-05-23 00:00:00——2020-05-23 23:59:59）

时间	类型	子类型	级别	确认状态	确认时间	确认地点	确认人	内容
2020/05/23 17:14:41	系统事件		B级告警	未确认				███站 LATS服务器 B升级为主机
2020/05/23 17:25:48	系统事件		B级告警	未确认				███站 LATS服务器 B升级为主机
2020/05/23 17:27:04	系统事件		B级告警	未确认				███站 LATS服务器 B升级为主机
2020/05/23 17:27:12	系统事件		B级告警	未确认				███站 LATS服务器 B升级为主机
2020/05/23 17:27:17	系统事件		B级告警	未确认				███站 LATS服务器 B升级为主机
2020/05/23 17:27:23	系统事件		B级告警	未确认				███站 LATS服务器 B升级为主机
2020/05/23 17:35:11	系统事件		B级告警	未确认				███站 LATS服务器 B升级为主机
2020/05/23 17:43:08	系统事件		B级告警	未确认				███站 LATS服务器 B升级为主机
2020/05/23 17:44:54	系统事件		B级告警	未确认				███站 LATS服务器 B升级为主机
2020/05/23 17:48:38	系统事件		B级告警	未确认				███站 LATS服务器 B升级为主机
2020/05/23 20:58:36	系统事件		B级告警	未确认				███站 LATS服务器 B升级为主机
2020/05/23 20:59:10	系统事件		B级告警	未确认				███站 LATS服务器 B升级为主机

图 6-3-5 ××月××日第一次出现 LATS-B 机升级为主机的告警

时间	类型	级别	确认状态	内容
2020/05/25 01:53:04	系统事件	B级告警	未确认	███站 LATS服务器 B升级为主机
2020/05/25 01:53:15	系统事件	B级告警	未确认	███站 LATS服务器 B升级为主机
2020/05/25 01:53:24	系统事件	B级告警	未确认	███站 LATS服务器 B升级为主机
2020/05/25 01:53:28	系统事件	B级告警	未确认	███站 LATS服务器 B升级为主机
2020/05/25 01:53:38	系统事件	B级告警	未确认	███站 LATS服务器 B升级为主机
2020/05/25 01:53:44	系统事件	B级告警	未确认	███站 LATS服务器 B升级为主机
2020/05/25 01:54:06	系统事件	B级告警	未确认	███站 LATS服务器 B升级为主机
2020/05/25 01:54:20	系统事件	B级告警	未确认	███站 LATS服务器 B升级为主机
2020/05/25 01:54:41	系统事件	B级告警	未确认	███站 LATS服务器 B升级为主机
2020/05/25 01:55:06	系统事件	B级告警	未确认	███站 LATS服务器 B升级为主机
2020/05/25 01:55:31	系统事件	B级告警	未确认	███站 LATS服务器 B升级为主机
2020/05/25 01:55:37	系统事件	B级告警	未确认	███站 LATS服务器 B升级为主机
2020/05/25 01:55:42	系统事件	B级告警	未确认	███站 LATS服务器 B升级为主机
2020/05/25 01:56:34	系统事件	B级告警	未确认	███站 LATS服务器 B升级为主机
2020/05/25 01:56:47	系统事件	B级告警	未确认	███站 LATS服务器 B升级为主机
2020/05/25 01:56:50	系统事件	B级告警	未确认	███站 LATS服务器 B升级为主机
2020/05/25 01:57:30	系统事件	B级告警	未确认	███站 LATS服务器 B升级为主机
2020/05/25 01:57:32	系统事件	B级告警	未确认	███站 LATS服务器 B升级为主机
2020/05/25 01:57:55	系统事件	B级告警	未确认	███站 LATS服务器 B升级为主机
2020/05/25 01:58:18	系统事件	B级告警	未确认	███站 LATS服务器 B升级为主机
2020/05/25 01:58:32	系统事件	B级告警	未确认	███站 LATS服务器 B升级为主机
2020/05/25 02:02:09	系统事件	B级告警	未确认	███站 LATS服务器 B升级为主机
2020/05/25 02:11:50	系统事件	B级告警	未确认	███站 LATS服务器 B升级为主机
2020/05/25 03:19:24	系统事件	B级告警	未确认	███站 LATS服务器 B升级为主机

图 6-3-6 ××月××日最后一次出现 LATS-B 机升级为主机的告警

3. 现场设备检查情况

对现场设备进行检查,发现切换板上显示 LATS-A 机为主机,如图 6-3-7 所示,但两台服务器的程序均显示为 master(主机),同时有与切换板通信故障的告警。

图 6-3-7　切换板显示 LATS-A 机为主机

4. 现场处理情况分析

(1)对 LATS-A 机、LATS-B 机、切换板进行倒切、重启、更换板卡操作,设备未恢复,如图 6-3-8 所示。

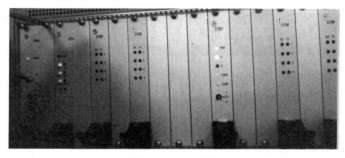

图 6-3-8　LATS 板卡

(2)对 LATS-A 机、LATS-B 机、切换板之间的串口线进行检查,发现插接紧固,线缆及端子无异常,如图 6-3-9 所示。

(3)对切换板上至 LATS-A 机 CPU 板的串口线重新插接、紧固并重启 LATS-A 机后,设备恢复正常。

四、处置分析

(1)故障在××月××日已出现,但××月××日才发现。原因为:①调控日检表中明确需要查看 LATS 状态,且注明 LATS 主、备机如何用颜色区分,但调控巡检时未及时发现 LATS 状态显示异常。②班组发现 DTI 故障告警频繁出现,未及时汇报给

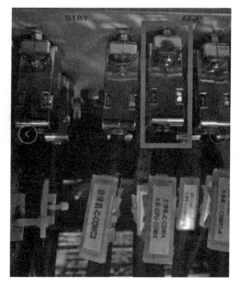

图 6-3-9　串口线检查

工班长和技术岗,缺乏对故障的敏感性。

(2)班组人员接报故障后,未到现场查看,就根据前一天的检查情况,回复现场检查未发现异常,初步判断为误告警。

(3)技术岗未能及时对班组故障回复进行审核。

五、原因分析

初步判断出现双主机的原因为 LATS-A 机与切换板通信异常,导致系统判断 LATS-A 机为非主机,所以 LATS-B 机自动升级为主机。因 DTI 与 LATS 的接口在切换板上,通信异常导致系统对 DTI 的状态采集出现异常。

导致 LATS-A 机与切换板通信异常的原因需要联系厂家进行进一步分析,已拷贝数据并要求厂家××月××日前反馈数据分析结果。

六、整改措施

加强对 C 类故障的管理。要求厂家××月××日前反馈数据分析结果。

任务四　DCS 子系统典型故障处理

故障 1　室内无线系统终端上提示无线服务器告警故障

故障现象:列车前方已知无线区域故障。

故障处理步骤如下。

步骤 1:

(1)列车在 CBTC 模式下运行;

(2)司机被告知前方无线区域故障(图 6-4-1);

图 6-4-1　无线区域故障

(3)列车在故障无线区域前方停车。

步骤 2:

(1)列车停在信号机前方,信号机为允许状态;

(2)司机将当前激活驾驶室 BM/CBTC 选择开关旋至 BM 位,进入 BM 模式;

(3)RM1 模式灯点亮后,司机按压 RM1 模式按钮,进入 RMF 模式;

(4)列车以 RMF 模式运行至下一个 BM 初始化信标。

步骤3：

列车一旦监测到初始化信标,就自动转换为BM-PM模式。

步骤4：

(1)列车运行到正常无线区域停车,DMI显示CBTC可用符号"C";

(2)司机将当前激活驾驶室BM/CBTC选择开关旋至CBTC位,取消BM模式,进入CBTC模式;

(3)列车以CBTC模式运行。

故障2　列车通信丢失故障

一、故障现象

运营期间,行车调度报ATS系统界面显示××站下行区间,CBTC列车突然紧急制动导致停车,列车车次窗由通信车(绿色)显示为非通信车(蓝色),列车精确位置(黄光带)消失,驾驶模式未知,司机报告行调,并按照流程进行应急处置。

二、应急处置

(1)司机将牵引手柄回零并尝试重新建立模式,列车信号屏显示仅RM模式可选。司机报行调后选RM模式(限速25km/h)动车,此时ATS显示非通信车车次窗向前步进,前方信号机由灭灯转为绿灯点亮(CBTC列车接近,信号机灭灯;降级车接近,信号机点亮)。正常列车的运行速度可为70~75km/h。

(2)列车以RM模式运行至前方站台区段时,列车与轨旁ATP建立无线通信,列车车次窗恢复为通信车(绿色),恢复列车精确位置显示(黄光带),驾驶模式仍显示为仅RM可选。此时,列车虽建立了车-地通信,但因未具备升级CBTC级别的条件(未完成列车头尾端筛查),暂未完全升级为CBTC列车,故仅能以RM模式驾驶。

(3)列车以RM模式完全进入站台区域后,列车尾端进入站台,车载ATP完成尾端筛查,列车正式升级为CBTC运行模式,且信号屏显示有ATP模式(CBTC控制级下的手动驾驶)可选。司机选择ATP模式后,列车驾驶模式升级为CBTC-ATP。比照运行时刻表,该列车到达火车站下行站台时,已晚点58s。

(4)列车建立CBTC-ATP模式(手动驾驶)后,列车再次提示有CBTC-ATO驾驶模式可选,司机选择后列车升级为CBTC-ATO模式(CBTC自动驾驶)。此时,设备故障消除,列车运行完全恢复正常,但该列车已晚点58s。

三、故障分析

列车运营结束,夜间回库后下载车载ATP/ATO系统数据进行分析,数据显示在发生故障时,列车与地面的无线通信连接突然中断。进一步分析无线网管数据,显示故障发生时轨旁对应位置的一个无线天线(AP)的信号场强较弱,且已低于标准范围。综合分析可知,本次故障原因为轨旁无线天线场强较弱,引起列车天线与轨旁天线之间的连接中断,导致列车紧急制动停车。

四、故障影响

由于该通信中断故障发生在站间距较小的区间,司机操作得当,未造成2min以上晚点。但若发生在一个长大区间(如站间距在1.5km及以上),列车以限速25km/h的RM模式通过长大区间,则势必会在长大区间多耗时3~4min,即列车到达下一个站台时将晚点3~4min。若该区间的位置又距离终点站较近时,列车难以在后续较短的距离内将晚点时间赶回来,至少会造成2~5min晚点,最终可能引发乘客投诉,并将影响与服务指标相关的绩效考核。

五、故障总结

列车通信丢失类故障,大多数情况下影响较小,无须地面人员上车辅助进行应急处理,设备故障原因当时无法准确锁定或排除,列车经过故障地点后,一般可恢复CBTC模式正常运行。该类故障在国内城市轨道交通信号系统中较为常见,所以,国内城市轨道交通信号系统在设计之初,一般都会要求具备CBTC降级后的点式运行模式。

故障3 红网无线调制解调器故障

一、故障概况

××年××月××日××时××分,通号调控员报××站至××站区间轨旁AP8(无线接入点)通信中断,可能影响列车车-地通信造成列车在区间紧急制动,OCC发布抢修令组织信号专业派人处理。××日××时××分,信号专业回复故障原因为TRE(轨旁无线设备)××个红网无线调制解调器故障,更换后设备恢复正常。

二、处理经过

××年××月××日××时××分,调控网管自查发现××站轨旁AP8显红告警。已通知信号工班人员。

××时××分,综调发布抢修令更换××个红网无线调制解调器以处理该故障。

××时××分,抢修人员回复需要更换TRE无线调制解调器。

××时××分,抢修人员到TRE××处更换红网无线调制解调器。

××时××分,抢修人员更换完毕撤离轨行区。

××月××日,信号人员检查发现TRE××处红网无线调制解调器故障,更换无线调制解调器后故障排除。

三、技术分析

1. TRE 工作原理

如图 6-4-2 所示,室内交换机中的信息通过 ODF 熔纤盒传输到室外 TRE 内光缆盒中,再通过无线调制解调器传递到天线。

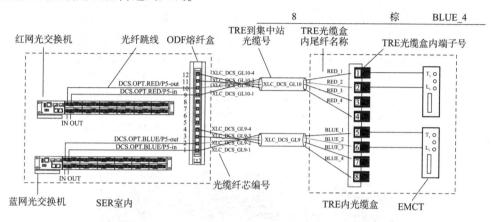

图 6-4-2　TRE 工作原理图

2. 故障排查

查看 DCS 维护终端发现 AP8 显红,如图 6-4-3 所示,查找图纸发现 AP8 对应 TRE××处,如图 6-4-4 所示。抢修人员赶往现场发现无线调制解调器灯位显示异常(如图 6-4-5 所示,圈线标记),电缆剥皮后重新插接,故障修复。

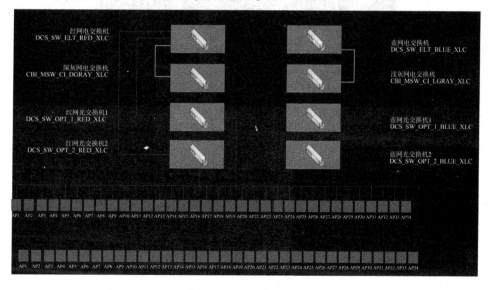

图 6-4-3　DCS 维护终端

四、原因分析

经调查发现 TRE××处红网无线调制解调器故障,更换无线调制解调器后故障排除。

TRE011401	DCS_AP_BLUE_1_XLC	10.32.8.1	12	DCS_AP_RED_1_XLC
TRE011402	DCS_AP_BLUE_2_XLC	10.32.8.2	12	DCS_AP_RED_2_XLC
TRE011403	DCS_AP_BLUE_3_XLC	10.32.8.3	12	DCS_AP_RED_3_XLC
TRE011404	DCS_AP_BLUE_4_XLC	10.32.8.4	12	DCS_AP_RED_4_XLC
TRE011405	DCS_AP_BLUE_5_XLC	10.32.8.5	12	DCS_AP_RED_5_XLC
TRE011406	DCS_AP_BLUE_6_XLC	10.32.8.6	12	DCS_AP_RED_6_XLC
TRE011407	DCS_AP_BLUE_7_XLC	10.32.8.7	12	DCS_AP_RED_7_XLC
TRE011408	DCS_AP_BLUE_8_XLC	10.32.8.8	12	DCS_AP_RED_8_XLC
TRE011409	DCS_AP_BLUE_9_XLC	10.32.8.9	12	DCS_AP_RED_9_XLC
TRE011410	DCS_AP_BLUE_10_XLC	10.32.8.10	12	DCS_AP_RED_10_XLC
TRE011411	DCS_AP_BLUE_11_XLC	10.32.8.11	12	DCS_AP_RED_11_XLC
TRE011412	DCS_AP_BLUE_12_XLC	10.32.8.12	12	DCS_AP_RED_12_XLC
TRE011501	DCS_AP_BLUE_13_XLC	10.32.8.13	12	DCS_AP_RED_13_XLC
TRE011502	DCS_AP_BLUE_14_XLC	10.32.8.14	12	DCS_AP_RED_14_XLC
TRE011503	DCS_AP_BLUE_15_XLC	10.32.8.15	12	DCS_AP_RED_15_XLC
TRE011504	DCS_AP_BLUE_16_XLC	10.32.8.16	12	DCS_AP_RED_16_XLC
TRE011505	DCS_AP_BLUE_17_XLC	10.32.8.17	12	DCS_AP_RED_17_XLC
TRE011506	DCS_AP_BLUE_18_XLC	10.32.8.18	12	DCS_AP_RED_18_XLC

图 6-4-4　AP8 对应 TRE 位置

图 6-4-5　无线调制解调器故障图

五、整改措施

无线调制解调器送回厂家检测。

附录

附录一　部分专业术语中英文对照表

部分专业术语中英文对照表　　　　　　　　　　　　　附表 1-1

英文简称	英文全称	中文含义
ATC	Automatic Train Control	列车自动控制
ATP	Automatic Train Protection	列车自动防护
ATO	Automatic Train Operation	列车自动驾驶
ATS	Automatic Train Supervision	列车自动监控
ATR	Automatic Train Regulation	列车自动调整
ATB	Automatic Turn Back	自动折返
AP	Automatic Protection	自动防护
AES	Advanced Encryption Standard	高级加密标准
BSS	Basic Service Set	基本功能设置
BTN	Backbone Telecommunication Network	骨干网电信网络
BBU	Baseband Unit	基带处理单元
CATS	Central ATS	中心 ATS
CI(CBI)	Computer Based Interlocking	计算机联锁
CBTC	Communication Based Train Control	基于通信的列车控制
CAD	Computer Aided Dispatch	计算机辅助列车调度
CC	Carborne Controller	车载控制器
CSR	Cab Selection Relay	驾驶室选择继电器
DCS	Data Communication System	数据通信系统
DMI	Driver Machine Interface	列控车载设备人机界面
DSU	Database Storage Unit	数据库存储单元
EOA	End of Authority	授权终点
ESA	Emergency Stop Area	紧急停车区域
ESP	Emergency Stop Plunger	紧急关闭按钮
EMC	Ethernet Media Converter	以太网媒体转换器
EPC	Evolved Packet Core	演进的分组核心网
eNodeB	Evolved Node B	基站
FEP	Front End Processor	通信前置机

续上表

英文简称	英文全称	中文含义
GFP	Generic Framing Procedure	通用成帧协议
HMI	Human Machine Interface	人机操作界面
IP	Internet Protocol	因特网协议
IBP	Integrated Backup Panel	综合后备盘
ISCS	Integrated Supervisory Control System	综合监控系统
iTS	Intelligent Train Supervision system	智能列车监控系统
KVM	Keyboard Video Mouse	切换器
LAN	Local Area Network	局域网
LATS	Local ATS	本地 ATS（车站 ATS）
LC	Line Controller	线路控制器
LRU	Line Replaceable Unit	线路可替换单元
LCS	Local Control Station	现地控制工作站
MCS	Manual Cab Signal	人工车载信号
MIB	Maintenance Information Base	维护信息库
MSS	Maintenance Support System	维护支持系统
MAC	Medium Access Control	媒体接入控制
NE	Network Element	网元
NMS	Network Management System	网络管理系统
NTP	Network Time Protocol	网络时间协议
OCC	Operation Control Center	调度控制中心
OMC	Operation Management Control	操作管理控制
PA	Public Address	公共广播
PIS	Passenger Information System	乘客信息系统
PSD	Platform Screen Door	站台屏蔽门
PTI	Positive Train Identification	主动列车识别
PL	Performance Level	运行等级
PER	Packet Error Rate	误包率
PPU	Power and Processor Unit	电源和处理器单元
RM	Restricted Mode	限制模式
RS	Rolling Stock	车辆
RSSI	Received Signal Strength Indication	信号接收强度指示
RTS/CTS	Ready To Send/Clear To Send	准备发送

续上表

英文简称	英文全称	中文含义
SER	Signaling Equipment Room	信号设备室
SCADA	Supervisory Control and Data Acquisition	监测控制与数据采集
SIL	Safety Integrity Level	安全级别
SNMP	Simple Network Management Protocol	简单网络管理协议
SSID	Service Set Identifier	设置服务标识符
SGD	Static Guideway Database (Track description)	静态轨旁数据库(轨道描述)
STDE	Secondary Train Detection Equipment	次级列车监测设备
TIMS	Train Integrated Management System	列车集成管理系统
TSR	Temporary Speed Restriction	临时限速
TLE	Track Layout Editor	站场图编辑器
TDT	Train Depart Timer	发车计时器
TOD	Train Operator Display	列车驾驶员显示器
UPS	Uninterruptible Power System	不间断电源
VLAN	Virtual Local Area Network	虚拟局域网
WAN	Wide Area Network	广域网
ZC	Zone Controller	区域控制器
ZLC	Zone Line Center	区域线路中心

附录二 评 价 表

活动过程评价小组自评表　　　　　　　　　　　　　　　　　　附表 2-1

班级		姓名		日期	年 月 日
评价指标	评价要素			分数	分数评定
信息检索	能有效利用网络资源、工作手册查找有效信息,能用自己的语言有条理地解释、表述所学知识,能将查找到的信息有效地运用到工作中			10	
感知工作	熟悉各自的工作岗位,认同工作价值;在工作中能够获得满足感			10	
参与状态	与教师、同学之间相互尊重、理解;与教师、同学之间能够保持多向、丰富、适宜的信息交流			10	
	探究学习、自主学习不流于形式,处理好合作学习和独立思考的关系,做到有效学习;能提出有意义的问题或能发表个人见解;能按要求正确完成任务;能够倾听、协作、分享			10	
学习方法	工作计划、操作技能符合相关规范要求;获得了进一步发展的能力			10	
工作过程	遵守管理规定,操作过程符合现场管理要求;平时上课的出勤情况和每天完成工作任务情况良好;善于多角度思考问题,能主动发现、提出有价值的问题			15	
思维状态	能发现问题、提出问题、分析问题、解决问题、创新问题			10	
自评反馈	按时、按质完成工作任务;较好地掌握了专业知识点;具有较强的信息理解能力和分析能力;具有较为全面、严谨的思维能力并能条理明晰表述成文			25	
自评分数					
有益的经验和做法					
总结、反思、建议					

<h2 style="text-align:center">活动过程评价小组互评表</h2>

附表 2-2

班级		被评组名		日期	年　月　日	
评价指标	评价要素				分数	分数评定
信息检索	该组能有效利用网络资源、工作手册查找有效信息				5	
	该组能用自己的语言有条理地去解释、表述所学知识				5	
	该组能将查找到的信息有效地运用到工作中				5	
感知工作	该组成员熟悉各自的工作岗位,认同工作价值				5	
	该组成员在工作中能获得满足感				5	
参与状态	该组成员与教师、同学之间相互尊重、理解				5	
	该组成员与教师、同学之间能够保持多向、丰富、适宜的信息交流				5	
	该组成员的探究学习、自主学习不流于形式,能处理好合作学习和独立思考的关系,做到有效学习				5	
	该组能提出有意义的问题或发表个人见解				5	
	该组能按要求正确完成任务;能够倾听、协作、分享				5	
学习方法	该组工作计划、操作技能符合规范要求				5	
	该组获得了进一步发展的能力				5	
工作过程	该组遵守管理规定,操作过程符合现场管理要求				5	
	该组平时上课的出勤情况和每天完成工作任务情况良好				5	
	该组成员善于多角度思考问题,能主动发现、提出有价值的问题				15	
思维状态	该组能发现问题、提出问题、分析问题、解决问题、创新问题				5	
自评反馈					10	
互评分数						
简要评述						

教师评价表

附表 2-3

序号	评价项目	自我评价	小组互评	教师评价	综合评价
1	学习准备				
2	任务分工				
3	规范操作				
4	完成质量				
5	关键操作要领掌握				
6	完成速度				
7	7S 管理				
8	参与讨论主动性				
9	沟通协作				
10	展示汇报				

附录三　学习工作单

学 习 工 作 单　　　　　　　　　　　　　　　　附表 3-1

工作单	
任务	

班级		姓名	
学习小组		工作时间	
内容			

参 考 文 献

[1] 田爱军,李凡甲.城市轨道交通列车自动控制系统[M].西安:西安电子科技大学出版社,2020.
[2] 李俊娥.城市轨道交通列车自动控制系统维护[M].北京:电子工业出版社,2019.
[3] 张建平.城市轨道交通列车运行自动控制系统[M].成都:西南交通大学出版社,2017.
[4] 张丽.列车运行自动控制系统设备维护[M].成都:西南交通大学出版社,2013.
[5] 蔡跃.职业教育活页式教材开发指导手册[M].上海:华东师范大学出版社,2020.